AF625459

Philipp Bartholomä | Stefan Schweyer

GEMEINDE MIT MISSION

Damit Menschen von heute leidenschaftlich Christus nachfolgen

Grundlagen und praktische Impulse

3. Auflage 2024

BRUNNEN
Verlag GmbH · Giessen

Gefördert durch den *Förderverein der Freien Theologischen Hochschule,* Gießen, und *Restauratio – Praxisinstitut für Gemeindeerneuerung und Gemeindemultiplikation.*

Sofern nicht anders angegeben, sind Bibelzitate der Bibel nach Martin Luthers Übersetzung, revidiert 2017, © 2016 Deutsche Bibelgesellschaft, Stuttgart, entnommen.

FSC www.fsc.org MIX Papier | Fördert gute Waldnutzung FSC® C083411

3. Auflage 2024

© der deutschen Ausgabe:
2023 Brunnen Verlag GmbH, Gießen
Lektorat: Uwe Bertelmann, Frauke Bielefeldt
Umschlagfoto: Trinette Reed/stocksy.com
Umschlaggestaltung: Jonathan Maul, Brunnen Verlag
Satz: Brunnen Verlag GmbH
Druck: CPI Books GmbH, Leck
Gedruckt in Deutschland
ISBN Buch: 978-3-7655-2141-6
ISBN E-Book: 978-3-7655-7678-2
www.brunnen-verlag.de

Stimmen zum Buch

Fußball ist einfach: „Das Runde muss ins Eckige“, sagte der legendäre Bundestrainer Sepp Herberger. Die Spielregeln sind klar, die Strategie ist die Herausforderung. So ist es auch mit der Mission der Gemeinde. Menschen, die Gott nicht kennen, sollen ihm begegnen und mit ihm leben lernen. Doch in einer zunehmend säkularisierten Welt wird diese Aufgabe zu einer immer größeren Herausforderung. Philipp Bartholomä und Stefan Schweyer stellen sich der heutigen Situation und haben mit dem vorliegenden Werk eine hervorragende Grundlage für eine missionarische Gemeindearbeit geschaffen. Für missionarische Gemeinden mehr als nur ein nice-to-have. Doch am Ende wird das Buch den Elchtest nur bestehen, wenn Menschen und Gemeinden lernen, das zu leben, was hier gelehrt wird.

Dr. Heinrich Derksen, Rektor des Bibelseminars Bonn

In dem Buch ist drin, was draufsteht: Gemeinde mit Mission. Wer heute christliche Gemeinde missionarisch leben will, braucht Liebe, Leidenschaft und Hirnschmalz. Das alles bieten die Autoren an und nehmen die Leserschaft mit auf eine Reise durch die missionarische Gemeindelandschaft. Sie geben einen groben Überblick über die spätmodernen, gesellschaftlichen Besonderheiten. Sie liefern inspirierende Einsichten und wegweisende Impulse aus ihrer Forschungsarbeit und persönlichen Erfahrungen, sie beschreiben Praxisbeispiele, die bis in feinste Details des Gemeindealltags führen. Achtung: Benutzen Sie das Buch nicht als Rezeptbuch. Die Autoren haben es nicht so verstanden, aber ich weiß, dass wir dazu neigen, so zu lesen, denn wir wollen schnelle Erfolge. Lesen Sie es als Meilenstein einer Bildungsreise in Sachen „Gemeinde mit Mission“.

Ansgar Hörsting, Präses Bund Freier evangelischer Gemeinden Deutschland

Ein überfälliges Buch für Praktiker, die für relevante und wirksame Gemeinden in dieser Zeit brennen und auch verstehen, dass dazu Veränderung nötig ist. Die Autoren haben genau hingeschaut, gut gefragt, klug analysiert, dann differenziert reflektiert und hoffnungsvolle Praxiserfahrungen zusammengetragen. Ein starkes Buch zur richtigen Zeit. Voller Anregungen, Herausforderungen und Inspiration.

Lothar Krauss, Pastor in der Viva Kirche Mannheim, Blogger (der-leiterblog.de) und Mitglied im Vorstand von Willow Creek Deutschland

Wer wie ich den großen Wunsch hat, dass in unseren Gemeinden viele Menschen zum Glauben an Jesus kommen, der sollte dieses Buch lesen. Es hat meine Sehnsucht nach lebendigen, missionarischen Gemeinden wieder neu befeuert und lässt mich hoffen. Die Autoren schämen sich des Evangeliums nicht und geben ganz normalen Gemeinden praktische Hilfestellungen, um ihren missionarischen Auftrag auch in einem zunehmend säkularen Kontext zu erfüllen.

David Kröker, Leiter des Bereichs „Gemeindegründung" im Christusforum Deutschland, Gemeindegründer in Euskirchen und Vorsitzender der Deutschen Evangelistenkonferenz

Wow! Endlich mal wieder ein Buch, bei dem es um das Zentrum des auftragsorientierten Gemeindeaufbaus geht. Allein schon das Inhaltsverzeichnis inspiriert und macht Hunger nach mehr. Die richtigen und wichtigen Themen rücken ins Zentrum und laden ein, gründlich und neu über den Kernauftrag der Gemeinde nach- und vorzudenken. Inspiration ist garantiert!

Reto Pelli, Pastor Prisma Kirche Rapperswil, Autor der Gemeindekampagne „42 Tage Leben für meine Freunde"

Man spürt von der ersten bis zur letzten Seite die Liebe der beiden Autoren für die Gemeinde Jesu hier und heute. Zwei praktische Theologen schaffen es, ihre denkerischen Fähigkeiten mit ihrer praktischen Gemeindeerfahrung zu kombinieren.

Für Gemeinden, die den Anschluss an ihre säkulare Kultur nicht verpassen und gleichzeitig dabei ihr missionarisches Profil nicht verlieren wollen, empfehle ich dieses inspirierende Buch als gemeinsame Pflichtlektüre von Leitern und Mitarbeitern. Wer vorher nicht (mehr) motiviert war, wird es danach definitiv wieder sein. Es ist Mut machend und praktisch, aber keinesfalls pragmatisch. Es ist gut lesbar und die konkreten Impulse sind biblisch reflektiert, anschlussfähig und leicht umsetzbar.

Dabei geht es den Autoren nicht um ein bestimmtes Modell oder eine spezielle Gemeindeform. Das Buch fordert heraus, die Schönheit von Gottes Konzept von Kirche für den eigenen Kontext neu zu durchdenken.

Immer wieder hatte ich das Gefühl, mehr von Gottes Idee von Gemeinde und von seiner Liebe zu Menschen, meinen säkularen Freunden, die er durch Gemeinde erreichen möchte, zu verstehen.

Für mich war die Lektüre ein Genuss und die Hoffnung für Gemeinde, die das Buch durch den Fokus auf die Kraft des Evangeliums vermittelt, hat ein Lächeln auf mein Gesicht und neue Begeisterung in mein Herz gebracht.

Steffen Weil, Gemeindegründer & Pastor im Bund der FeG, Coach und Trainer im Bereich Gemeindegründung und Leiter des Netzwerkes City to City in D-A-CH.

Inhaltsverzeichnis

Einleitung:
Worum es geht und für wen das wichtig ist

Dieses Buch dreht sich um eine Liebesgeschichte; um die eine großartige Liebesgeschichte, wie Gott und Mensch zusammenkommen. Es ist keine simple Story, eher ein Drama. Mit Hoch- und Tiefpunkten. Ziemlich kompliziert, so wie wir Menschen eben sind. Wir haben eine tiefe Sehnsucht nach Liebe – und sind doch so verletzt und verletzend. Wir haben große Hoffnungen und Wünsche – und sind doch so gefangen im Kreisen um das eigene Ich. Wie um alles in der Welt kann es gehen, dass Gott und Mensch einander begegnen, miteinander in Beziehung sind, einander lieben?

Unsere Hauptthese in diesem Buch lautet: *„Gemeinde mit Mission" ist eine Gemeinde mit dem Auftrag, in einem säkularen Kontext Menschen mit Gott zusammenzuführen.* Es geht also um *Gott* (→ a) und um den *Menschen* in einem spezifischen Kontext (→ b), um die *Gemeinde* als Ort der Begegnung von Gott und Mensch (→ c) und um deren *Mission*, die Sendung in die Welt (→ d).

a) Gott

Alles beginnt mit Gott. Er steht am Anfang der Welt, am Anfang unseres Lebens und unseres Glaubens. Ohne Gott wären wir nicht. Ohne ihn gäbe es keine Gemeinde. Gott selbst ist es, der die Initiative ergreift, um mit und unter den Menschen zu leben. Die Beziehung mit ihm lässt sich nicht wie ein Produkt herstellen oder durch gutes Gemeindemanagement herbeiführen. Die Liebesbeziehung mit Gott ist ein Wunder. Wir erbitten und erhoffen sie, aber wir können sie nicht „machen". Diese Tatsache begleitet uns durch unsere gesamten Überlegungen, auch wenn wir es nicht jedes Mal ausdrücklich dazuschreiben. Gott tut das Entscheidende! Er könnte es auch ohne uns. Aber es scheint ihm zu gefallen, uns einzubeziehen. Durch seinen Geist mischt er sich in unser menschliches Handeln ein und verbindet sich mit unserem Tun.

In der Zunft der Praktischen Theologie, zu der wir beide gehören, gibt es einen treffenden Fachbegriff, um diese Wirklichkeit zu beschreiben: theonome Reziprozität (wörtlich übersetzt: „von Gott gesetzte Wechselwirkung").[1] Das heißt: Es gibt eine Wechselwirkung (Reziprozität) zwischen göttlichem und menschlichem Handeln. Wie diese Wechselwirkung funktioniert, liegt nicht in der Hand des Menschen, sondern wird von Gott bestimmt (theonom). Gott verknüpft sein Handeln mit unserem Handeln, nicht weil unser Handeln so gut ist, sondern weil es Gott gefällt, mit den Menschen als seinen Ebenbildern zusammenzuwirken.

Wenn wir über Gemeindepraxis sprechen, ist uns bewusst, dass wir immer von Gott und dem Wirken seines Geistes abhängig sind. Darum hat Gebet für uns hohe Priorität. Nicht als etwas, das zusätzlich zu unserem Handeln hinzutritt, sondern als Grundhaltung, die unser ganzes Leben trägt. Die Frage lautet nicht: beten *oder* handeln? Wir handeln betend. Wenn wir uns also Gedanken machen, wie die Gemeindepraxis aussehen könnte, dann erfolgt auch das im Bewusstsein unserer Abhängigkeit von Gott.

b) Mensch

Jeder Mensch ist von Gott geliebt. Überall – zu allen Zeiten. Das gilt, auch wenn uns in diesem Buch eine ganz bestimmte Gruppe von Menschen vor Augen stehen, nämlich unsere Mitmenschen, die in einem gesellschaftlich säkularen Klima leben und davon geprägt sind. Diese Bevölkerungsgruppe wächst in unseren Breitengraden enorm.[2] Für viele unserer Zeitgenossen ist es ganz normal, so zu leben, als ob es Gott nicht geben würde. In ihrer Geschichte war die Kirche zunächst vor allem mit nichtchristlicher Religiosität konfrontiert. Im christlich geprägten Abendland war man dann stärker mit den Auseinandersetzungen um die richti-

Säkularer Kontext

ge Form des Glaubens beschäftigt, was zur Ausdifferenzierung innerhalb des Christentums führte.

Dass es heute im westlichen Kulturkreis so selbstverständlich geworden ist, nicht religiös zu sein, ist ein neueres Phänomen.[3] Daher halten wir es für lohnend, spezifisch darauf zu schauen, wie Menschen aus säkularen Kontexten mit Gott zusammenfinden können.

Allerdings leben längst nicht alle Menschen, mit denen wir es in unseren Gemeinden zu tun haben, in einem solchen säkularisierten Umfeld. Migrationsbewegungen haben dazu geführt, dass auch nichtchristliche Religiosität heute vielfältiger und stärker präsent ist als noch vor einem halben Jahrhundert. Das eröffnet neue Chancen und Möglichkeiten der kultur- und religionsübergreifenden Kommunikation des Evangeliums und für interkulturelle Gemeindearbeit.[4] Mit der Migration kommen aber auch Christen nach Europa, was mitunter zu „Reverse Mission"[5] führt: Europa wird durch Menschen aus ehemaligen Missionsländern neu evangelisiert. Die Landschaft der Migrationsgemeinden in unseren Kontexten wird vielfältig und bunter.[6] Wir freuen uns über diese bedeutsame Facette christlichen Lebens in unseren Ländern und verstehen unseren Beitrag mit dem Fokus auf eine säkulare Gesellschaft als eine Ergänzung.

c) Gemeinde

In der Liebesgeschichte von Gott und den Menschen nimmt die Gemeinde eine zentrale Stellung ein. Sie ist ein vorzüglicher Ort, wo Gott und Mensch zusammenkommen. In der Kirche öffnet sich der Raum, um die liebevolle Begegnung mit Gott und untereinander zu erfahren. Christliche Gemeinschaft hat immer auch ihre realen Schattenseiten und Problematiken. Längst nicht alles ist gut. Es gibt Streit und Machtmissbrauch. Doch die hoffnungs- und erwartungsvolle Sicht auf Gemeinde ist größer, denn Jesus selbst hat verheißen, dass er seine Gemeinde baut und selbst die tödlichsten Kräfte sie nicht zerstören können (Mt 16,18). Im Vertrauen auf diese Verheißung ist eine optimistische Sicht auf die Gemeinde angebracht. Ihr wurde von Gott das Potenzial geschenkt, eine von echten Beziehungen geprägte Gemeinschaft zu sein, in der die Erfahrung der Liebesbeziehung mit Gott und untereinander konkrete Gestalt gewinnt.

Wir Autoren sind beide im freikirchlichen Milieu aufgewachsen und haben dort auch als Pastoren gearbeitet. Wir kennen kleine Gemeindegründungsarbeiten und größere Gemeinden und sind mit vielen Kirchen und Gemeinden innerhalb und außerhalb des freikirchlichen Spektrums verbunden. Der Austausch mit vielen Pastoren und Gemeindegründern war für uns wertvoll und lehrreich. Ihre Erfahrungen haben uns inspiriert und wir haben sie als „*Good Practices*" hier und da einfließen lassen.

Uns beiden ist es ein Herzensanliegen, Gemeindeleben theologisch reflektiert zu gestalten. Daher ist es kein Zufall, dass sich unsere zentralen wissenschaftlichen Publikationen darum drehen, die freikirchliche Landschaft mit Blick auf den gegenwärtigen gesellschaftlichen Rahmen zu analysieren.[7]

Dabei sehen wir uns nicht als Vertreter oder Verkäufer des Modells „Freikirche", auch wenn unsere freikirchliche Prägung in den Texten durchgehend spürbar sein wird. Die Nachteile dieser Kirchenform kennen wir allerdings auch nur allzu gut. Wenn wir in diesem Buch von „Gemeinde" sprechen, denken wir nicht an eine spezifische institutionelle Form oder eine bestimmte Konfession oder Denomination, sondern in einem ganz allgemeinen Sinn an eine Gemeinschaft von Menschen, die von der Liebe Gottes erfasst wurden und dadurch motiviert ihr gemeinsames Leben entsprechend gestalten wollen. Wir hoffen, dass die Impulse in vielfältigen Kirchengestalten fruchtbar werden können – seien es klassische oder moderne Freikirchen, Hauskirchen, Landeskirchen, landeskirchliche Gemeinschaften oder unabhängige Einzelgemeinden, Kirchen unterschiedlicher Größe im urbanen oder ländlichen Raum. Und manche Impulse führen vielleicht dazu, dass eine Gemeinde oder eine Kirche nicht so bleibt, wie sie ist, sondern ihre Gestalt durch die Orientierung an der Verheißung von Jesus und an seiner Sendung neu justiert wird.

Unserer Wahrnehmung nach verlieren in der Gegenwart denominationelle und konfessionelle Identitäten und Abgrenzungen an Bedeutung. Die Kirchenlandschaft verflüssigt sich, manches fließt ineinander über (und gelegentlich auch auseinander). Deshalb verwenden wir die Begriffe „*Kirche*" und „*Gemeinde*" austauschbar. Es gab Zeiten, in denen man den Begriff „Kirche" eher für die Großkirchen verwendet hat und „Gemeinde" für die Freikirchen, was wir nicht mehr für hilfreich und zukunftsweisend halten.

Kirche/Gemeinde ist ein göttliches Wunder und gleichzeitig eine menschliche Angelegenheit. Eine Gemeinschaft, in der die Liebesbeziehung mit Gott und untereinander Gestalt gewinnt. Diesem Geheimnis wollen wir nachspüren und sind überzeugt, dass dies am besten gelingt, wenn man die Kirche sowohl mit geistlichen als auch mit empirisch-soziologischen Augen wahrnimmt.

d) Mission

Die Gemeinde ist nicht nur dazu bestimmt, die Liebesbeziehung mit Gott zu pflegen, sondern auch andere Menschen in diese Beziehung hineinzuführen. Sie ist von Gott in die Welt gesandt, um seine Liebe zu bezeugen und andere in diese Liebesbeziehung mit Gott einzuladen und auf dem Weg des Glaubens zu begleiten. Das ist *Gemeinde mit Mission.*

Wenn wir in diesem Buch über Praxisfragen des Gemeindelebens sprechen, gilt unser Augenmerk besonders denjenigen Aspekten, die mit dieser Mission zu tun haben. Viele andere Themen, die für Gemeindeaufbau ebenso wichtig sind (wie z. B. Seelsorge, Gemeindepädagogik, Diakonie, Führungs- und Strukturfragen etc.),[8] werden wir nur dann streifen, wenn sie die Mission der Gemeinde direkt berühren. Dieses Buch ist also kein umfassendes Werk zum Gemeindeaufbau, sondern konzentriert sich auf die missionarische Sendung der Gemeinde in einem säkularen Kontext.

Der Begriff „*Mission*" kann in einem umfassenden Sinn das gesamte Leben der Kirche beinhalten, denn die Kirche ist als Ganze in die Welt gesandt. Mission gehört daher zum Wesen der Kirche. In einem spezifischen Sinn meint Mission jedoch ihren Auftrag, Jesus in der Welt zu bezeugen (Apg 1,8) und als seine Botschafter zur Versöhnung mit Gott einzuladen (2Kor 5,20). Eine Gemeinde, die ihr Leben nach einer Reich-Gottes-Perspektive gestaltet, wird sich nicht um sich selbst drehen, sondern mit Wort und Tat zum Wohl der Gesellschaft beitragen. Dazu gehört das sozial-diakonische Engagement ebenso sehr wie die Verkündigung des Evangeliums und die Einladung zum Glauben.[9] Wenn wir hier das sozial-diakonische Engagement weniger häufig thematisieren, dann also nicht, weil es uns nicht wichtig wäre (im Gegenteil: Es wird immer wichtiger, je „kälter" das gesellschaftliche Klima wird). Es geht auch nicht darum, Menschen zu helfen, nur damit sie evangelisiert werden können. Diakonie soll Diakonie bleiben. Und damit sie das bleiben kann, braucht es ergänzend dazu Evangelisation. Deshalb halten wir es für besonders wichtig, in einem säkularen Kontext die Sprachfähigkeit des Glaubens zu fördern und Menschen so zu unterstützen und zu begleiten, dass sie zum Glauben finden können.

Die Sendung der Kirche umfasst die ganze Welt. Sie hat daher einen weltweiten, interkulturellen Horizont, der die Grenzen dieses Kontinents übersteigt.[10] Die globale, universale Perspektive wird durch die Verortung im lokalen Kontext ergänzt. Wenn wir in diesem Buch über Mission in einem säkularen Kontext sprechen, ist uns wohl bewusst, dass der Säkularismus unserer Breitengrade global gesehen eher die Ausnahme ist. Doch auch der westlich-säkulare Kontext gehört zur Sendung der Kirche und soll nicht übersehen werden.

e) Zu den Autoren und zum Buch

Wir (Philipp und Stefan) haben das Buch gemeinsam verfasst und verantworten seinen Inhalt gemeinsam. Unsere Biografien weisen, wie schon erwähnt, gewisse Überschneidungen auf: Wir kennen beide das Gemeindeleben aus pastoraler Erfahrung, wir sind Professoren für Praktische Theologie an Schwester-Hochschulen[11] und wir teilen manche Forschungsinteressen, die zu dieser Zusammenarbeit geführt haben. Dennoch bleiben auch Unterschiede, die bei der Lektüre durchaus erkennbar werden können – die eine oder andere theologische Schwerpunktsetzung und nicht zuletzt die schweizerischen und deutschen Eigenheiten. Das Projekt ist entstanden, weil wir zentrale Überzeugungen teilen und zu dem Schluss kamen, dass sich unsere unterschiedlichen Perspektiven gut ergänzen könnten. So kam es zu einem intensiven Austausch, den wir selbst als große Bereicherung erlebt haben.

Wir danken unseren Hochschulen und unseren Familien, dass sie uns die Freiräume für dieses Projekt gegeben haben. Unser Dank gilt in besonderer Weise unserem Doktoranden Henrik Homrighausen für seine Unterstützung in der Frühphase des Projekts, Frauke Bielefeldt für ihre Unterstützung im Lektorat, dem Brunnen Verlag für die Aufnahme des Buchs in das Verlagsprogramm und Uwe Bertelmann für die kompetente Begleitung der Publikation.

Wir sind zutiefst dankbar für die Erfahrung, dass Gott sich uns liebevoll zuwendet. Das trägt uns. Und es motiviert uns, diese Erfahrung auch anderen zu ermöglichen. Genau deshalb brennt unser Herz für Mission. Wir wünschen uns, dass die Impulse in diesem Buch zu einer Gemeindepraxis anstiften, die auch anderen hilft, in eine Liebesbeziehung mit Gott zu finden.

Zusätzlich zu den konkreten Praxisbeispielen, die im Buch enthalten sind, findet man auf der Homepage www.gemeindemitmission.net ergänzende Materialien. Dort finden sich auch Reflexionsfragen zu den einzelnen Kapiteln, die das Gespräch anregen können. Damit möchten wir vor allem Gemeindeleitungsteams ermutigen, das Buch gemeinsam durchzuarbeiten und konkrete Schritte hin zu einer leidenschaftlichen missionarischen Praxis ins Auge zu fassen und umzusetzen.

Im Dezember 2022, Philipp Bartholomä und Stefan Schweyer

Teil I
Die Gegenwart verstehen

Gemeinde nach dem Christentum

Unser Bild einer „*Gemeinde mit Mission*" entfaltet sich in drei Schritten. Zunächst ist es sinnvoll, ein klareres Bild davon zu bekommen, in welchem Kontext missionarischer Gemeindeaufbau heute stattfindet (→ Teil I), bevor wir einige Weichenstellungen bedenken, die wir im Blick auf die Zukunft der Kirche für entscheidend halten (→ Teil II). Schließlich wollen wir bedenken, welche konkreten Schritte sich daraus für die Gemeindepraxis ergeben (→ Teil III).

In der Einleitung haben wir bereits umrissen, warum uns das Thema dieses Buchs persönlich so viel bedeutet, von welchen biografischen Ausgangspunkten her wir schreiben und für wen die Grundlagen und praktischen Impulse dieses Buchs wichtig sein könnten (→ Einleitung). In den weiteren Kapiteln des 1. Teils widmen wir uns Themen, die besonders in freikirchlichen Kontexten bedeutsam sind:

- Wie groß ist die *missionarische Wirksamkeit von Freikirchen* eigentlich heute? Wen erreichen Freikirchen wirklich? (→ Kapitel 1)
- Welche *kulturellen Rahmenbedingungen* beeinflussen die Art und Weise, wie wir heute unseren missionarischen Auftrag erfüllen? Inwiefern unterscheidet sich das gegenwärtige säkularisierte Terrain von den gesellschaftlichen Gegebenheiten, unter denen Freikirchen ursprünglich entstanden sind? Und warum ist das wichtig? (→ Kapitel 2)
- Welche *Konzepte des Gemeindeaufbaus* wurden in jüngerer Zeit entwickelt, um speziell den Herausforderungen eines säkularen Zeitalters zu

begegnen? Was lässt sich von ihnen lernen und welche Impulse sind für unseren Kontext hilfreich und richtungsweisend? (→ Kapitel 3)

Nach-christentümlich

In diesem Buch sprechen wir oft von einer *„nach-christentümlichen Zeit*". Das Wort „nach-christentümlich" verwenden wir bewusst, auch wenn es vielleicht für manche Ohren etwas ungewohnt klingt. Wir setzen diese Bezeichnung ein, weil wir damit unsere gegenwärtige Lage präziser beschreiben können als beispielsweise mit dem Begriff „nach-christlich":

Der Begriff *„christlich*" umfasst alles, was zum Glauben an Jesus Christus gehört. Dazu gehören Glaubensinhalte, persönliche Überzeugungen und eigene Glaubenspraxis genauso wie kirchliches Leben und kulturelle Prägungen.

„Nach-christlich" würde daher eine Zeit beschreiben, in der der christliche Glauben insgesamt verschwindet und durch andere Glaubensformen oder Weltanschauungen ersetzt wird.

„Christentümlich" meint dagegen nur diejenigen Aspekte des Glaubens, die sich in einer etablierten Kultur niedergeschlagen haben.

„Nach-christentümlich" bezeichnet also eine Zeit, in der die enge Verbindung von christlichem Glauben und Kultur aufgelöst wird. Der christliche Glaube lebt nach wie vor in unterschiedlichen Gestalten weiter, wird aber kulturell nicht mehr gestützt.

Kapitel 1

Alles eine Frage der Perspektive:

Freikirche zwischen „Wettbewerbsstärke" und „missionarischer Krise"

Jesus ruft die ganze Welt zu sich und hat seine Leute nachdrücklich dazu aufgefordert, diesen Ruf weiterzugeben (z. B. Mt 28,20). Freikirchen haben dies immer ernst genommen. Mission und Evangelisation waren stets Teil ihrer DNA. So bezeichnen manche die freikirchliche Bewegung auch als „Konversionschristentum" (von *conversio* – lateinisch für „Wandlung, Umkehr, Bekehrung").

Entsprechend hat freikirchlicher Gemeindeaufbau immer auch das Ziel, dass Menschen „konvertieren", also sich bekehren, zum Glauben kommen und zu Jesus-Nachfolgern werden. Freikirchen sind „Missionskirchen", Gemeindewachstum ist ein zentrales Anliegen. Deshalb beginnen wir unsere Situationsanalyse in Sachen Gemeindeaufbau mit der Frage: Wie groß ist die missionarische Wirksamkeit von Freikirchen eigentlich heute? Oder anders gefragt: Kommt bei uns eigentlich noch jemand neu zum Glauben? Nach einigen Streiflichtern aus der Forschung (→ a) werfen wir zunächst einen etwas genaueren Blick auf die freikirchlichen Wachstumszahlen (→ b). Daran anknüpfend stellen wir die Frage, wen Freikirchen heute tatsächlich erreichen (→ c), bevor wir schließlich den Ertrag dieses Kapitels kurz zusammenfassen (→ d).

Freikirchliche Verantwortungsträger haben hier jeweils ihre mehr oder weniger „begründete Vermutung" – mal etwas positiver, mal deutlich negativer gefärbt, je nach persönlichem Erfahrungshorizont und Umfeld.

Objektive Zahlen und Analysen gibt es nur wenige und diese werfen ein recht unterschiedliches Licht auf die missionarische Zukunftsfähigkeit von Freikirchen.

a) Streiflichter aus der Freikirchenforschung

Sabine Schröder hat eine Studie zu freikirchlichen Gemeindegründungen in Ostdeutschland durchgeführt.[12] Sie geht von folgender These aus: Im weitgehend konfessionslosen, nichtreligiösen Osten entscheidet sich, ob Kirchen und Gemeinden in der zunehmend säkularisierten Gesellschaft Deutschlands (→ Kapitel 2) überhaupt noch missionarische Durchschlagskraft entfalten können. Mit dieser Einschätzung ist sie nicht allein. Man könnte auch sagen: Ostdeutschland ist der Prüfstein für unsere Ansätze und Herangehensweisen im Gemeindeaufbau.

Im Blick auf die Freikirchen kommt Schröder zu einem eher ernüchternden Ergebnis: Selbst überdurchschnittlich missionarisch gesinnte Gemeindegründungen seien kaum in der Lage, die ostdeutsche Bevölkerung mit dem Evangelium zu erreichen. Das habe vor allem damit zu tun, dass die besonderen gesellschaftlichen Bedingungen in Ostdeutschland nach Jahrzehnten des Sozialismus nicht ausreichend bedacht würden und man sich zu wenig mit den spezifisch ostdeutschen Denkvoraussetzungen und Mentalitäten auseinandersetze. Gemeindliche Angebote würden nicht auf die über 70 % Konfessionslosen abgestimmt, sondern auf Menschen, die irgendeine Verbindung zur Kirche oder zum Christentum haben. Dabei hätten viele Ostdeutsche von Kindesbeinen an gelernt, ohne Glauben zu leben. Dadurch sei eine religiöse Sprachlosigkeit entstanden, eine Art „Verständigungsgraben", der es Freikirchen erschwere, Menschen plausibel zu vermitteln, wie der christliche Glaube im Alltag erfahren und gelebt werden kann. Schröders Fazit: Freikirchen ist es bisher nicht ausreichend gelungen, die weitverbreitete Gleichgültigkeit gegenüber Religion und Kirche zu überwinden und missionarisch in ihr säkularisiertes Umfeld zu wirken.

Deutlich positiver stimmen da zunächst die Ergebnisse einer Forschergruppe aus der Schweiz, die sich detailliert mit dem evangelikal-freikirchlichen Milieu beschäftigt hat.[13] Hier wird die freikirchliche Bewegung auf dem religiösen Sektor als innovative und dynamische Kraft wahrgenommen, die eine „erstaunliche Resistenz“ gegen den Trend der Säkularisierung an den Tag legt. Diese Resistenz erklären sich die Schweizer Religionssoziologen mit einer Kombination aus „sozialer Abschottung“ (also einer bewussten Abgrenzung) und „hoher Wettbewerbsstärke“. Einerseits grenzten sich Freikirchen von der ethischen Gleichgültigkeit der Postmoderne klar ab. Auf der anderen Seite würden sie ihr Profil durch gemeinsame Glaubensüberzeugungen, Praktiken, Werte und Normen gewinnen. Dadurch bleibe die freikirchliche Identität auch in einer zunehmend säkularen Gesellschaft stabil. Man bekennt sich zur Bibel als unangefochtener Autorität nicht nur in Glaubensdingen, sondern gerade auch in Sachen Moral und Verhalten. Das sorgt für eine fortdauernde Stabilität freikirchlicher Gruppierungen.

Gleichzeitig agieren Freikirchen ihrer Studie nach „wettbewerbsstark“, das heißt, sie könnten sich auf dem Markt religiöser Möglichkeiten ganz gut behaupten. Demnach gelingt es ihnen, angemessene Antworten auf die unterschiedlichen spirituellen, sozialen und psychologischen Bedürfnisse moderner Menschen anzubieten. Freikirchen, so die Schweizer Forscher, passen ihre Angebote immer wieder an die heutigen gesellschaftlichen Entwicklungen an. Sie bemühten sich vielfach um größtmögliche kulturelle Relevanz. Dazu gehören neben einer verständlichen Sprache und zeitgemäßen Gestaltungsformen auch der Einsatz moderner Musik und ein Gespür für zeitgenössische Ästhetik. Darüber hinaus heben die Autoren der Studie hervor, dass es im freikirchlichen Milieu (zumindest im Vergleich zu anderen religiösen Anbietern und den traditionellen Großkirchen) besser gelinge, die nachwachsende Generation an den christlichen Glauben zu binden. Das habe mit einer starken Einbindung in ein tragfähiges soziales Umfeld zu tun, in dem Gemeinschaft und freundschaftliche Beziehungen über die kirchlichen Veranstaltungen hinaus im Alltag intensiv gelebt werden könnten. Auch die weiterhin vorhandene, häufig leidenschaftlich ausgeübte Praxis der Evangelisation wird als wesentlicher Aspekt freikirchlicher Wettbewerbsstärke benannt.

Insgesamt scheint die Schweizer Studie also Argumente für die missionarische Wirksamkeit und Zukunftsfähigkeit von Freikirchen zu liefern. Doch wir sollten genauer hinschauen. Denn ein konstantes und zum Teil sogar markantes Wachstum ist nicht bei allen Freikirchen zu beobachten, sondern vor allem bei charismatischen Gemeinden. Und auch dieses Wachstum lässt sich nicht immer ihrer nachhaltigen Wettbewerbsstärke zuschreiben, sondern ist teilweise dem Zusammenschluss bisher unabhängiger Gemeinden geschuldet. Außerdem profitieren gerade charismatische Freikirchen besonders stark von der Einwanderung ausländischer Christen z. B. aus Afrika, Asien oder Lateinamerika. Gleichzeitig verdankt sich der Erfolg neuer bzw. charismatischer Freikirchen zu einem großen Teil auch dem Gemeindewechsel von Christen aus anderen Freikirchen (Transferwachstum). Außerdem ist das Wachstum von Freikirchen Folge eines stärkeren „biologischen Wachstums“ bzw. einer gelungenen christlichen Sozialisation: Kinder von Freikirchen-Mitgliedern bleiben häufig auch im Erwachsenenalter mit freikirchlichen Gemeinden verbunden. Das Wachstum der Freikirchen ist also neben Bekehrungen von Menschen aus nichtchristlichem Hintergrund auf einige andere Faktoren zurückzuführen.

Wachstum gegen den Trend?

Es ist also eine Frage der Perspektive: Einerseits scheinen Freikirchen weiterhin das Potenzial zu haben, der Säkularisierungswelle zu widerstehen und sich im „religiösen Wettbewerb“ zumindest im Vergleich zu den Großkirchen tendenziell besser zu behaupten. („Das Glas ist halb voll!“) Andererseits kann man offensichtlich nur sehr eingeschränkt von einem missionarischen Wachstum sprechen, das sich aus Bekehrungen von Menschen speist, die bisher vom christlichen Glauben noch nicht berührt waren. Ist das Glas also doch eher halb leer? Echter „missionarischer Erfolg“ ist demnach auch in Freikirchen definitiv kein Selbstläufer.

Andererseits war in den letzten Jahren immer wieder auch von einem freikirchlichen „Wachsen gegen den Trend“ zu hören. Lässt sich dies belegen? Und wie sieht dieses Wachstum genau aus? Ein Blick auf einige „nackte Zahlen“ verhilft uns zu einer realistischen Einschätzung der Lage.

b) Der freikirchliche Status quo in Zahlen

Wer in Sachen Gemeindeaufbau auf Zahlen verweist, wird leicht kritisiert. Wir glauben nicht, dass man die missionarische Wirksamkeit einer Gemeinde allein am zahlenmäßigen Wachstum ablesen kann. Aber ein am Neuen Testament orientierter Gemeindeaufbau kann auch nicht gänzlich auf zahlenmäßige Kriterien verzichten (vgl. Apg 2,41.47; 5.12 u. a.). Auch unbequeme Fakten sind unsere Freunde. Wer sie ignoriert, verliert einen wichtigen Impulsgeber für Veränderungen. Das gilt auch für freikirchliche Wachstumszahlen.

Werfen wir einen kurzen Blick auf die deutsche Statistik:[14] Während die Evangelische Kirche in Deutschland seit 2003 mehr als 20 % ihrer Mitglieder verloren hat, ist die Entwicklung in den klassischen Freikirchen uneinheitlich. Die Evangelisch-methodistische Kirche (EmK) und der Bund Evangelisch-Freikirchlicher Gemeinden (BEFG) verzeichnen einen Mitgliederrückgang, der im Fall der EmK sogar erheblich ist. Der Bund Freikirchlicher Pfingstgemeinden (BFP) und der Bund Freier evangelischer Gemeinden (FeG) sind dagegen mehr oder weniger stark gewachsen.

	Mitgliederzahlen im genannten Zeitraum	Mitglieder-entwicklung	Wachstum in %
EmK	(2007): 57.000 (2020): 46.292	- 10.708	- 18,8 %
BEFG	(2010): 82.664 (2019): 80.195	- 2.469	- 3 %

BFP	(2009): 44.102 (2019): 62.872	+ 18.770	+ 42,6 %
FeG	(2009): 38.557 (2019): 43.127	+ 4.570	+ 11,9 %

Im Blick auf das starke Wachstum der Pfingstgemeinden im BFP ist zu beachten, dass im genannten Zeitraum 92 internationale Gemeinden hinzugekommen sind. Diese „Gemeinden anderer Sprache und Herkunft" (so die offizielle Bezeichnung) spiegeln die wachsenden Einwanderungszahlen in Deutschland wider. Die Zunahme an Mitgliedern des BFP speist sich also zu einem großen Teil aus dem Migrationsmilieu. Der „missionarische Erfolg" in der heimischen Bevölkerung fällt entsprechend deutlich geringer aus. Das deckt sich mit den Ergebnissen einer internen Erhebung des BFP über das Jahr 2006, aus der hervorgeht, dass knapp ein Viertel der neuen Mitglieder Bekehrte waren. Drei Viertel der neuen Mitglieder waren also bereits vorher gläubige Christen. Außerdem betrifft dieses Wachstum nur rund ein Sechstel der Gemeinden des BFP, andere stagnieren oder schrumpfen. Vor diesem Hintergrund kann man gegenwärtig auch bei den Pfingstgemeinden nur sehr bedingt von „missionarischen Erfolgen" sprechen, auch wenn insgesamt immerhin ein beachtliches Wachstum zu verzeichnen ist.

Für die Gemeinden im BFeG liegen genaue Angaben vor, wie viele Personen in den jeweiligen Einzelgemeinden zum Glauben gekommen sind, ohne in der Gemeinde aufgewachsen zu sein. Zwischen 2012 und 2019 haben sich pro Jahr 347 Menschen „von außerhalb" bekehrt, durchschnittlich 0,7 Bekehrte pro Gemeinde. Das entspricht einem jährlichen Bekehrungswachstum von 0,8 %. Rechnet man die entsprechenden Kinder und Jugendlichen aus Gemeindefamilien dazu, ergibt sich eine durchschnittliche Zahl von 1,2 Bekehrten pro Gemeinde und Jahr bzw. ein jährliches Bekehrungswachstum von 1,7 %.

Bedeutsam auch hier: Die große Mehrheit der Hinwendungen zum christlichen Glauben wird von einer überschaubaren Zahl von Gemeinden erzielt. Für die Jahre 2018 und 2019 sieht das so aus: Über 50 % der

Gemeinden weisen keine Bekehrungen auf. Der Anteil der Gemeinden mit sechs oder mehr Bekehrungen in diesen Jahren liegt bei unter 20 %. Oder anders gesagt: In weniger als 50 % der Gemeinden finden überhaupt Bekehrungen statt; 80 % davon in nur 20 % der Gemeinden.

Diese Zahlen sind nicht nur auf den ersten Blick ernüchternd. Es lässt sich nicht leugnen: Auch im freikirchlichen Bereich befinden wir uns in einer Krise der Mission und Evangelisation. Auch Freikirchen gelingt es nur begrenzt, Menschen außerhalb der Gemeinden zu erreichen. Es gibt einige Gemeinden, die wachsen, doch auch hier spielen biologischer Nachwuchs, Migration und Gemeindewechsel eine maßgebliche Rolle.

Krise der Mission

Halten wir fest: Freikirchen haben eine relative Wettbewerbsstärke, aber kein ausgesprochenes missionarisches Wachstum. Doch dies muss kein Grund zur Hoffnungslosigkeit oder Resignation sein, wie wir noch sehen werden.

c) Wen erreichen Freikirchen?

In den letzten zehn Jahren haben die beiden Großkirchen in Deutschland durch Austritt fast vier Millionen Mitglieder verloren. Dieser Mitgliederschwund wird nur zu einem sehr geringen Teil von den Freikirchen aufgefangen. Deren bestenfalls moderates Wachstum zeigt: Selbst aus dem Milieu, das bisher noch nominell kirchlich gebunden war, sich aber von der Kirche und vom Glauben immer mehr entfremdet hat, haben insgesamt nur wenige den Weg in Freikirchen gefunden. Wen erreichen Freikirchen dann eigentlich?

Dieser Frage bin ich (Philipp) in einer umfangreichen Studie zur persönlichen Glaubensgeschichte von Freikirchen-Mitgliedern nachgegangen, mit folgenden interessanten Ergebnissen:[15] Die überwältigende Mehrheit der Mitglieder deutscher Freikirchen hat in ihrem Lebenslauf eine mehr oder weniger stark ausgeprägte Kirchenbindung vorzuweisen (Taufe, Konfirmation, Gottesdienstbesuche usw.). Knapp 16 % derer, die heute zu einer Freikirche gehören, geben an, vorher mindestens 5 Jahre keinerlei Verbindung zu irgendeiner Kirche gehabt zu haben. Das heißt: Nur sehr wenige Menschen, die von Freikirchen erreicht und integriert werden konnten, hatten in ihrer Glaubensbiografie vorher keine prägenden kirchlichen Kontakte.

Im Detail ergibt sich folgendes Bild: 33 % der Befragten sind in Freikirchen aufgewachsen und haben dort einigermaßen regelmäßig den Gottesdienst besucht. Insgesamt 59 % zählen zur Gruppe der „Freikirchenfernen“. Diese gehörten zwar früher nicht zu einer Freikirche, hatten aber dennoch einen Bezug zum christlichen Glauben bzw. zu einer der großen Kirchen. Der Anteil derer, die vor ihrem Eintritt in eine Freikirche „unkirchlich“ waren, also nie etwas mit einer Kirche zu tun hatten und bestenfalls punktuell mit kirchlichen Handlungen in Berührung gekommen sind, liegt bei ca. 8 %.

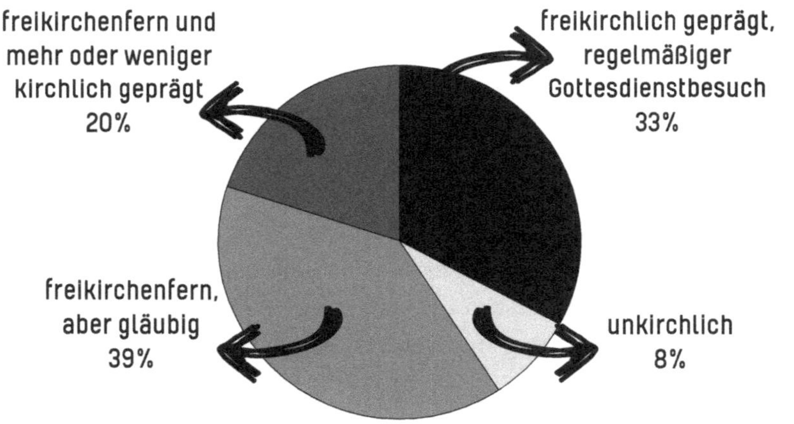

Schließlich ist eine weitere Frage für den Gemeindeaufbau von großer Relevanz: Wie stark religiös sozialisiert bzw. kirchlich vorgeprägt sind speziell diejenigen, die in Freikirchen zum Glauben kommen? Zur Beantwortung dieser Frage lassen sich drei Typen von Bekehrungen unterscheiden:

- der *Vergewisserungstyp*, der bereits vor der Glaubensveränderung mit der Kirche verbunden war und im Elternhaus eine religiöse Sozialisation erfahren hat;
- der *Entdeckungstyp*, der zwar eine religiöse Sozialisation im Elternhaus erlebt hat, aber kaum oder gar nicht mit der Kirche verbunden war;
- der *Lebenswendetyp*, der vor der Bekehrung keine religiöse Sozialisation durchlaufen hat.[16]

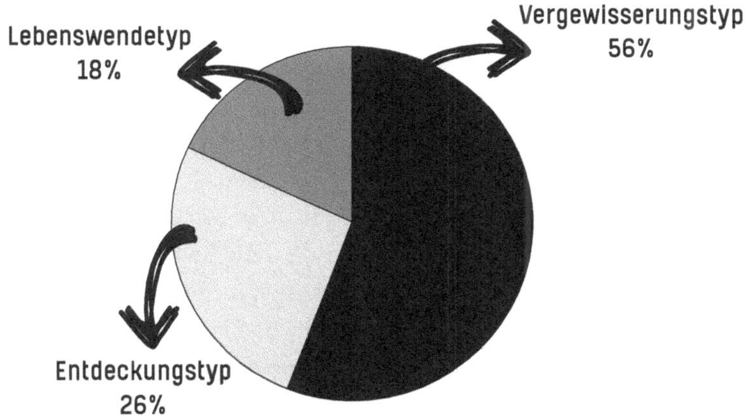

Die Daten zeigen also: Bei gut 80 % der Personen, die im Rahmen einer Freikirche zum Glauben gekommen sind, ist ihre Bekehrung eine Fortführung oder Erneuerung bisheriger Glaubenserfahrung bzw. ein Anknüpfen an ein bereits vorher vorhandenes christliches Erbe. Offensichtlich wecken Freikirchen in der Regel ein bereits schlummerndes Glaubenspotenzial auf und greifen (mehr oder weniger bewusst) auf die entsprechende christlich-kirchliche Vorprägung zurück. Was das für den freikirchlichen Gemeindeaufbau bedeutet, werden wir später noch sehen (→ Kapitel 7). Andersherum betrachtet bedeutet dies immerhin: Beinahe jeder fünfte Befragte, der in einer Freikirche zum Glauben gekommen ist, weist keinen christlichen Hintergrund auf. Lebenswenden hin zum Glauben sind in Freikirchen für säkularisierte Menschen ohne vorhandene religiöse Sozialisation also durchaus möglich.

d) Zusammenfassung

Freikirchen haben sich – vor allem im Vergleich zu den traditionellen Großkirchen – eine gewisse „Wettbewerbsstärke“ erhalten. Aus missionarischer Sicht geben die teilweise sogar recht erfreulichen Wachstumszahlen allerdings kaum Anlass zu großer Euphorie: Erstens handelt es sich beim mäßigen freikirchlichen Zuwachs zu einem gewissen Teil um (evangelikal geprägte) protestantische Christen, die ihrer evangelischen Landeskirche enttäuscht den Rücken kehren. Zweitens ist der Erfolg wachsender Freikirchen in der Regel immer auch Resultat von Wechselbewegungen aus weniger „attraktiven“ Freikirchen. Und drittens sind die Einwanderung ausländischer Christen und die Aufnahme bereits bestehender Gemeinden weitere wichtige Faktoren für die Mitgliederzunahme in freikirchlichen Bünden. Der Anteil derer, die sich in Freikirchen tatsächlich neu dem christlichen Glauben zuwenden, bleibt überschaubar. Gerade Menschen aus den wachsenden säkularisierten Gesellschaftsschichten, die gänzlich ohne christlich-kirchliche Prägung aufwachsen, werden von Freikirchen kaum erreicht.

Kapitel 2

Die Zeiten haben sich geändert:

Freikirchen in einem säkularisierten Kontext

In den vergangenen Jahrzehnten hat Religion in Europa massiv an Bedeutung verloren. Die Religionssoziologen sprechen von „Säkularisierung“. Gesellschaftspolitisch ist von einer „neuen Normalität“ die Rede. Vieles ist nicht mehr, wie es war. Tiefgreifende Umwälzungen sind für alle spürbar. Die Zeiten haben sich geändert. Diese „neue, säkulare Normalität“ betrifft auch den Gemeindeaufbau und stellt uns vor eine wichtige Aufgabe: Um entscheidende Weichen für die Zukunft richtig stellen zu können, hilft es, zunächst den gegenwärtigen gesellschaftlichen Kontext zu durchdenken. Schauen wir uns also die kulturellen Rahmenbedingungen etwas genauer an, die unseren Auftrag heute beeinflussen. Vor dem Hintergrund der ursprünglichen Entstehungssituation von Freikirchen (→ a) befassen wir uns mit den Hauptmerkmalen unseres nach-christentümlichen (→ b und → c) und postmodernen Zeitalters (→ d). Mit den Konsequenzen, die sich daraus für die Gemeindearbeit ergeben, beschäftigen wir uns in → Teil II.

a) Wie uns die Geschichte hilft, die Gegenwart zu verstehen

Will man die besonderen Herausforderungen für Freikirchen speziell im deutschsprachigen Europa verstehen und ihnen weise begegnen, ist zunächst ein kurzer Blick auf ihre Entstehungsgeschichte sinnvoll.[17] Denn die klassischen Freikirchen (und damit auch ihre neueren Ableger) haben ihre Wurzeln in einer noch zutiefst vom christlichen Glauben und kirchlichen Leben geprägten Kultur und Gesellschaft. In einem solchen Kontext haben sich Freikirchen historisch betrachtet bewusst als Opposition zur Volks- bzw. Landeskirche gebildet und als Alternativmodell in Abgrenzung zur Großkirche verstanden. Als missionarisch orientierte Bewegung lehnten Freikirchen ausdrücklich die gängige Überzeugung ab, wonach Deutschland eine christliche Nation sei, die keiner Evangelisierung mehr bedürfe. Letztlich lebten freikirchliche Gemeinden damit aber trotz vielfältiger Ablehnungs- und Abgrenzungstendenzen in einer Art paradoxen Symbiose mit der kirchlichen Mehrheit: Man ging zwar bewusst auf Distanz zum vielfach kritisierten kirchlichen Feindbild, profitierte aber gleichzeitig vom volkskirchlichen Wirken. So konnten Freikirchen auf die gesellschaftlich etablierten kirchlich-christentümlichen Strukturen aufbauen, bei der Glaubensweitergabe an die von der Kirche vermittelten Gottes- und Moralvorstellungen anknüpfen und ein allgemeines Grundverständnis des christlichen Glaubens in der Bevölkerung voraussetzen.

Freikirchen als Alternativmodell zu den Landeskirchen

In diesem Zusammenhang wurde Freikirchen immer wieder vorgeworfen, „in fremden Teichen zu fischen“ bzw. der Volkskirche „Schafe abzujagen“. Über die Berechtigung dieses Einwandes lässt sich streiten. Die vorhandenen volkskirchlichen Gegebenheiten ab dem 19. Jahrhundert waren jedenfalls für die Entstehung und Verbreitung der Freikirchen enorm förderlich – besonders dort, wo es gelang, die bereits existierenden „erwecklichen“ Impulse (als Folge verschiedenster Erweckungsbewegungen) freikirchlich zu kanalisieren.

Ohne Zweifel ging es Freikirchen in erster Linie darum, Menschen mit dem Evangelium zu erreichen, die dem christlichen Glauben fernstanden. Doch die zunehmende innere Distanzierung vieler Kirchenchristen vom volkskirchlichen Leben und die Entstehung erwecklicher Gruppen begünstigte die freikirchlichen Gemeindegründungen: Hier fanden Freikirchen den entsprechenden Nährboden für die Entwicklung ihrer eigenen Gemeinschaften. Eine süffisante Bemerkung des sonst um Sachlichkeit bemühten Freikirchenkritikers J. Jüngst zu Anfang des 20. Jahrhunderts spricht Bände:

> *„Unter den Heiden haben freilich die so gering geschätzten, deutschen Volkskirchen keinerlei Vorarbeit getan. Dort ist die Arbeit doch noch dornenvoller als die Tätigkeit am Rhein, in Sachsen oder Württemberg. Aber sie wäre nötiger. Denn es ist nicht so, als ob die Methodisten [bzw. die Freikirchler im Allgemeinen] bei uns vorwiegend unter den religiös und sittlich verwildertsten Volksklassen Mission trieben. Gar zu nahe liegt ihren Boten die Versuchung, sich immer wieder an die schon innerhalb der Kirche zu einem tieferen, religiösen Leben erweckten Kreise und Personen zu wenden."*[18]

Dieser Zusammenhang zwischen Erweckungen innerhalb der Landeskirchen und erfolgreichem freikirchlichem Gemeindeaufbau lässt sich bis heute mit einem Blick auf die Landkarte belegen: Die Regionen mit der höchsten Freikirchendichte (freikirchliche „Hochburgen") sind in Deutschland genau dort zu finden, wo vorher die Erweckungsbewegung gewirkt hatte, also vor allem in Südwestsachsen, in Mittelhessen, im Bergischen Land und in Württemberg.[19]

Auf dem Weg zu einem zukunftsfähigen Gemeindeaufbau stolpern wir also als Erstes über den gravierenden Unterschied zwischen damals und heute. Freikirchen sind in einem christlich bzw. kirchlich geprägten Zeitalter entstanden. Heute leben wir in einer anderen Welt. Angesichts der weitgehenden Demontage des christentümlichen Erbes ist das bislang so plausible Selbstverständnis als Gegenentwurf zur Volkskirche kaum noch hilfreich. Außerdem fehlen zunehmend die früheren Anknüpfungsmöglichkeiten an einen vorhandenen geistlichen Grundwasserspiegel (→ Kapitel 7a).

b) Das Ende der christentümlichen Gesellschaft

Ab dem 4. Jahrhundert beginnt im Römischen Reich das, was wir als „christentümliche Gesellschaft" bezeichnen: Die Kirche wird zur zentralen gesellschaftstragenden Institution und christliche Überzeugungen beginnen, die Kultur als Ganzes zu prägen. Typisch für eine christentümliche Gesellschaft ist, dass fast alle in der Bevölkerung zur Kirche gehörten und somit allgemein als Christen betrachtet wurden. Gesetze begünstigten eine öffentliche christliche Kultur und der Staat war sehr eng mit der Kirche verbunden. Inzwischen leben wir mehr und mehr in einer „*nach*-christentümlichen Gesellschaft". Früher wurde gesellschaftlich erwartet, dass man zumindest nominell zur Kirche gehörte – ohne Verbindung zur Kirche gab es keine Eheschließung, kein Begräbnis, weniger berufliche Chancen, schlechtere Bildungsaussichten und keinen Anspruch auf kirchliche Sozialleistungen. Heute hat die Kirche kaum noch Einfluss bzw. Zugriff auf das persönliche oder gesellschaftliche Leben; niemand ist moralisch oder sozial verpflichtet, einer Kirche anzugehören oder am Gottesdienst teilzunehmen. So wird die Kirche von außen auch immer weniger als gesellschaftlich tragende Institution wahrgenommen. Kirchliches Leben ist nicht mehr „systemrelevant".

Kirchen haben ihren kulturellen Status verloren.

Heute ist es also keineswegs mehr selbstverständlich, dass Menschen aus Tradition oder aufgrund von gesellschaftlichen Konventionen die Nähe zur Kirche suchen. Entscheidend ist die innere Motivation. Das heißt: Kirchen können nicht mehr erwarten, dass Menschen von alleine kommen oder durch den kulturellen Wind in ihre Arme getrieben werden. Heute werden sich Menschen einer christlichen Gemeinschaft vor allem dann anschließen, wenn sie die Erfahrung machen, dort etwas zu bekommen, was sie sonst nirgends finden.[20]

So stellt sich in einem nach-christentümlichen Setting neu die Frage: Was ist eigentlich unser Alleinstellungsmerkmal? Was könnten Menschen in christlichen Gemeinden finden, was man nicht auch bei anderen religiösen Gruppierungen oder säkularen gesellschaftlichen Institutionen (Vereinen, Interessengruppen, Freizeitangeboten usw.) bekommen kann? Es lohnt sich, solche einfachen Fragen gründlich zu bedenken. So kommen wir zurück zum Wesentlichen: Wenn die kulturellen Selbstverständlichkeiten wegfallen, kann die Anziehungskraft wieder ganz neu in der einzigartigen Botschaft des christlichen Glaubens liegen (→ Kapitel 5), die verständlich bezeugt und sowohl inhaltlich als auch in ihrer Gestalt überzeugend und attraktiv vermittelt und gelebt wird.

Nun könnte man meinen, dass eine nach-christentümliche Gesellschaft gerade für Freikirchen gar keine so neue Erfahrung sein dürfte. Schon immer mussten Freikirchen auf dem „religiösen Markt" offensiv für das Evangelium werben und konnten Menschen in die eigenen Reihen integrieren, die auf den Ruf zum Glauben reagiert haben. Die großen Landeskirchen waren der Monopolist und konnten auf die kulturelle Selbstverständlichkeit bauen, dass man eben „zur Kirche gehört". Auch ohne missionarischen Einsatz war die Existenz der Landeskirchen nicht gefährdet. Freikirchen generierten dagegen nicht automatisch neue Mitglieder. Die Zugehörigkeit beruhte auf einem persönlichen Glaubensbekenntnis und einer bewussten Entscheidung. Daher sind sie mit einer Situation vertraut, in der um Menschen geworben werden muss, damit sie sich aus guten Gründen für den christlichen Glauben entscheiden. Als „freiwillige Gemeinschaft der Gläubigen" bringen Freikirchen einen entsprechenden Erfahrungsschatz mit, der zum nach-christentümlichen Kontext passt.

Dennoch haben sich die Rahmenbedingungen entscheidend verändert: Bis weit hinein in die zweite Hälfte des 20. Jahrhunderts gab es eine immer noch recht breite Nachfrage nach christlicher Religion. Große Teile der Bevölkerung hatten nach wie vor ein gewisses Interesse am christlichen Glauben und an kirchlichen Angeboten. In einem solchen Umfeld kam es für freikirchliche Gemeinden weniger darauf an, den „Glauben an sich" plausibel zu machen, sondern dem häufig schwelenden Sektenvorwurf den Wind aus den Segeln zu nehmen und die persönliche Beziehung zu Gott und die damit verbundenen Glaubensüberzeugungen als erstrebenswert und anziehend darzustellen. Nach dem Ende der christentümlichen Gesellschaft trifft das freikirchliche Angebot nun auf eine veränderte Nachfragesituation. Daraus ergeben sich sowohl Chancen als auch Herausforderungen für den missionarischen Gemeindeaufbau, die wir uns noch ausführlich ansehen werden.

Die Nachfragesituation hat sich verändert.

c) Der verlorene Himmel

Die Entwicklung hin zu einer nach-christentümlichen Gesellschaft lässt sich seit den 1970er-Jahren am eindeutigsten an den sinkenden Kirchenmitgliedschaftszahlen sowie an verschiedenen Studien zu gegenwärtigen Glaubensüberzeugungen ablesen.[21] Noch vor wenigen Jahrzehnten hatten die meisten Mitmenschen eine gewisse Vorstellung davon, was Christsein bedeutet, und sie waren mit zentralen biblisch-theologischen Konzepten halbwegs vertraut. Bei der Mehrheit konnte der Glaube an die Existenz Gottes vorausgesetzt werden; Begriffe wie „Sünde" und „Erlösung" waren bekannt. Auch die Bibel hatte weiterhin einen gewissen Stellenwert. Im Hinblick auf die meisten ethisch-moralischen Fragen gab es (heute kaum noch vorstellbar!) eine grundsätzliche Übereinstimmung zwischen überzeugten Christen und dem Rest der Bevölkerung. In der Kommunikation des Evangeliums war es also möglich, auf bestehendes Vorwissen aufzusatteln.

Heute ist der christliche Glaube für die meisten unglaubwürdig und irrelevant geworden. Die christliche Erzählung hat ihre frühere Funktion und Prägekraft als dominierende Weltdeutung verloren – gerade in Kernbereichen der Gesellschaft wie Familie, Sexualität, Bildung, aber auch in Wirtschaft und Politik. Wir sehen uns einem massiven Bedeutungs- und Autoritätsverlust christlicher Werte gegenüber. Christliche Inhalte, Symbole, Rituale werden nicht mehr verstanden. Während zwar viele schlicht verständnislos oder gleichgültig auf die christliche Botschaft reagieren, haben wir es in unserer Gesellschaft aber zunehmend auch mit einer kulturellen Abneigung oder gar Feindseligkeit gegenüber dem christlichen Glauben zu tun. Diese Abwehrhaltung ist ein typisches Phänomen einer nach-christentümlichen Gesellschaft, die eine Geschichte des christlichen Glaubens kennt – ganz anders als in nicht-christlichen Kontexten, in denen der christliche Glaube als etwas Innovatives wahrgenommen wird.

Der Historiker Thomas Großbölting drückt es so aus: Der Himmel ist immer mehr Menschen und immer größeren gesellschaftlichen Zusammenhängen verloren gegangen.[22] Wir sitzen quasi in einem modernen Fußballstadion mit schließbarem Dach, das sich für viele Zeitgenossen nun tatsächlich geschlossen hat.[23] Der Himmel ist nicht mehr zu sehen, der Blick „nach oben" zu Dingen außerhalb des Irdisch-Materiellen bleibt ihnen versperrt.

Nicht-Glauben als „kulturelle Stimmung"

Für die Gemeindearbeit ist vor allem wichtig zu verstehen, wo die eigentlichen Gründe für die Abkehr von christlichen Glaubensvorstellungen liegen. Die kulturgeschichtlichen Entwicklungen hin zu einem säkular-nach-christentümlichen Zeitalter hat der kanadische Sozialphilosoph Charles Taylor umfassend nachgezeichnet.[24] Er zeigt auf, dass die Ablehnung des Religiösen in der westlichen Welt zwar mit der modernen Vernunftorientierung zu tun hat, meist aber doch nicht gründlich durchdacht wird – es ist eher eine „kulturelle Stimmung", die viele Menschen dazu bewegt zu glauben, dass die Wissenschaft Gott begraben hat oder Religion unvernünftig ist und das gesellschaftliche Zusammenleben bedroht. Man ist mündig, selbstbewusst und frei, wenn man sich eingesteht, dass es keinen Gott gibt und das Leben keinen Sinn hat. Wer dagegen am Glauben festhält, gilt als kindlich und unterentwickelt. Mit anderen Worten: Die gesellschaftliche Atmosphäre lässt unterschwellig den Glauben als Folge irrationaler, kindlicher Furcht erscheinen und den Unglauben als heldenhaften Ausdruck erwachsener Reife und Unabhängigkeit.

Missionarisch orientierte Kirchen stehen in einer nach-christentümlichen Umgebung vor einer großen Herausforderung: Sie müssen den christlichen Glauben und ihre ethischen Überzeugungen auch denen nachvollziehbar vermitteln, die keinerlei biblisches Vorverständnis mehr haben, intuitiv den christlichen Glauben als veraltet und überholt empfinden und meist unreflektiert dem subjektiven Moralempfinden des gesellschaftlichen Mainstreams folgen. Wenn Taylor recht hat und sich viele Menschen von einer kulturellen Stimmung angesprochen fühlen, die die Glaubensverweigerung unhinterfragt als heroischen Akt der Mündigkeit und Reife darstellt, dann heißt das: Alleine auf den Verstand abzielende Argumente für den Glauben werden nicht reichen. In einer nach-christentümlichen Kultur lassen Menschen unsere Begründungen des Glaubens in der Regel erst dann an sich heran, wenn wir auch ein emotional ansprechendes Bild des christlichen Lebens entwerfen und zeigen: Christsein hat nichts mit einer oberflächlichen, scheinheiligen und letztlich passiven Religiosität zu tun, die sich pflichtbewusst auf schale sonntägliche Rituale stützt – Christsein ist das Abenteuer der Nachfolge Jesu, das unser ganzes Leben umfasst und zu wahrer Reife und Mündigkeit führt.

d) Kulturelle Verschiebungen

Der gesellschaftliche Wandel der letzten Jahrzehnte wird häufig unter einem weiteren „Post"-Begriff zusammengefasst, der sogenannten Postmoderne. Die Postmoderne zeichnet sich durch folgende Merkmale aus:

1. Fragilisierung

Postmodernes Denken stellt zunächst jede Form von übergeordneter, sinnstiftender Wahrheit infrage und bewirkt eine grundsätzlich skeptische Haltung gegenüber festen Überzeugungen. Wer auf *der einen* Wahrheit besteht, gerät unter Generalverdacht. Wahr ist höchstens noch das, was persönlich zu mir passt. Da wird es zur Herausforderung, das christliche Evangelium in seinem Wahrheitsanspruch zu bezeugen. Wie geht das – und wie macht man das so, dass es ein postmodern-skeptischer Zeitgenosse hören kann und nicht von vornherein als anmaßend ablehnt?

Dieser Wahrheitsskeptizismus hat eine bedeutsame Begleiterscheinung: Die globalisierte und digitalisierte Welt konfrontiert uns ständig mit unterschiedlichsten Sichtweisen und konkurrierenden Weltanschauungen. Unzählige religiöse und säkulare Alternativen stellen zwangsläufig die eigenen Überzeugungen infrage und untergraben bisherige Gewissheiten. Das betrifft Christen genauso wie Nichtchristen. Was früher in Glaubensdingen als „normal" galt, ist heute bestenfalls eine Möglichkeit unter vielen. Was bisher als gesetzt galt, erscheint zunehmend beliebig. Diese „Fragilisierung" (fragil = zerbrechlich) gehört für Charles Taylor heute zu den entscheidenden Rahmenbedingungen des Glaubens. Gerade deshalb müssen Gemeinden darauf hinarbeiten, stabile und erschütterungsresistente Glaubensfundamente zu legen, die der heute unumgänglichen Konfrontation mit anderen Glaubens- und Wertesystemen standhalten können.

2. Erfahrungsorientierung

Die Postmoderne hat außerdem eine alte Erkenntnis neu ins Bewusstsein gerückt: Menschliche Überzeugungen werden nicht allein durch rationale Überlegungen geprägt, sondern wesentlich durch Gefühle, Affekte und Intuitionen, also durch authentische, existenzielle Erfahrung. Menschen sind nicht nur Vernunftwesen („Gehirne auf zwei Beinen"), sondern vor allem auch auf emotionaler Ebene ansprechbar. Für Evangelisation bedeutet das: Natürlich werden rationale Argumente auch in Zukunft eine wichtige Rolle spielen, doch genauso wichtig wird sein, dass Noch-nicht-Glaubende die Chance haben, echte christliche Gemeinschaft ganzheitlich und „hautnah" zu erleben. Dadurch wird häufig ein Prozess vieler kleiner Einzelentscheidungen angestoßen. Dabei darf z. B. die Bedeutung des „Bauchgefühls", das auf Erfahrungen basiert, bei der Entscheidung für oder gegen einen persönlichen Glauben nicht unterschätzt werden.

Taylor beschreibt das Dilemma vieler Menschen in der Postmoderne: Sie vertreten intuitiv ein Weltbild, das ohne Gott auskommt. Doch viele Sehnsüchte bleiben unerfüllt und das Bedürfnis nach Sinn und Bedeutung bleibt bestehen. Deshalb sind sich viele ihrer Sache nicht mehr ganz sicher und hegen Zweifel an einem rein auf das Irdische beschränkte Weltbild: „Es muss im Leben mehr als alles geben" (Elke Naters und Sven Lager) oder „Ich glaube nicht an Gott, aber ich vermisse ihn" (Julian Barnes). Für den Gemeindeaufbau heißt das, dass wir es in der Begegnung mit Nichtglaubenden nicht nur mit überzeugten, kämpferischen Vertretern des Atheismus zu tun haben, die ihre eigene gottlose Weltsicht für quasi unumgänglich halten. Deshalb brauchen wir mehr denn je einen evangelistischen Ansatz, der nicht nur rational argumentiert, sondern die Menschen bei ihren tiefer liegenden Emotionen, Sehnsüchten und leisen Zweifeln anspricht (→ Kapitel 8b).

3. Gesellschaftliche Pluralisierung

Unserer postmodernen Kultur ist die gemeinsame, sinnstiftende Erzählung abhandengekommen. Wir leben in einer pluralisierten Gesellschaft mit einer beinahe grenzenlosen Vielfalt an Wahlmöglichkeiten und Lebensgestaltungsoptionen, nicht nur im religiösen Bereich. Somit stellt sich Gemeinden die grundlegende Frage, wie Menschen aus ganz unterschiedlichen Lebenswelten, Subkulturen und Milieus mit dem Evangelium erreicht werden können. Dazu gehört zunächst die kritische Einsicht, dass die große Mehrzahl der Kirchen nur noch zu einigen wenigen gesellschaftlichen Milieus Zugang findet (bürgerliche Mitte, traditionsverwurzeltes und konservativ-etabliertes bzw. -gehobenes Milieu).[25] Diese kirchlich-religiös noch eher ansprechbaren Milieus schrumpfen allerdings zunehmend. Gleichzeitig wächst unsere Gesellschaft im Bereich der postmodernen Lebenswelten, die bisher in den Kirchen kaum vertreten waren (adaptiv-pragmatisches, expeditives und Performer-Milieu).

4. Expressiver Individualismus

Parallel zur gesellschaftlichen Pluralisierung verläuft die ganz persönliche Individualisierung der Glaubens- und Lebensgestaltung. Wir leben heute in einer hyper-individualisierten „iWorld“ (Dale Kuehne), in der die maximale Ausweitung individueller Freiheit als ultimativer Weg zum Glück propagiert wird. Diese Botschaft tritt uns seit Jahren auf allen Werbekanälen entgegen: Burger King („Have it your way“), Playstation („Be whatever you want to be“) oder auch die Postbank („Unterm Strich zähl ich!“). Popkulturelle Erzählungen (in Filmen, Romanen, Liedtexten usw.) und die enorme soziale Prägekraft von Facebook, Instagram & Co haben dieses Lebensgefühl tief im gesellschaftlichen Bewusstsein verankert. Der Einzelne wird konstant ermutigt, sich selbst treu zu sein, sich zu finden, seinem Herzen zu folgen und sich ohne Einschränkung selbst zu entfalten und darzustellen. Taylor hat diese Haltung als „Ethik der Authentizität“ bezeichnet. Authentizität hat dabei vor allem damit zu tun, die eigene Identität unabhängig von familiären, gesellschaftlichen oder religiösen Vorgaben zu formen. Alles andere gilt nicht als „echt“ oder glaubwürdig. Äußere Autoritäten, die mir sagen, was ich zu tun oder zu lassen habe, werden abgelehnt. Wir bewegen uns, so Taylor, in einer Welt des „expressiven Individualismus“, in der die eigenmächtige, individuelle Selbstentfaltung das allerhöchste Gut ist und den Wesenskern unseres postmodern-säkularen Zeitalters bildet.

Doch das Programm der individuellen Selbstkultivierung bekommt allmählich Risse. Viele haben den Individualismus intensiv verinnerlicht und spüren doch eine verstärkte Sehnsucht nach Zugehörigkeit. In einer säkularen Welt gehen das Bedürfnis nach individueller Freiheit und der Wunsch nach tiefer Gemeinschaft und echten Beziehungen oft Hand in Hand. Die Einladung hinein in eine tragfähige Gemeinschaft und ein liebevolles Beziehungsnetzwerk kann also auch für „authentische Individualisten" durchaus anziehend wirken. Doch eine große missionarische Hürde bleibt: Im gegenwärtigen gesellschaftlichen Klima empfinden viele den christlichen Glauben beinahe zwangsläufig als Angriff auf die persönliche Freiheit. Und das zu Recht. Denn wer Jesus nachfolgt, gibt ein Leben nach eigenen Vorstellungen auf und unterwirft sich seiner göttlichen Autorität. In einer Gesellschaft, in der Fremdbestimmung eines der größten Tabus darstellt, brauchen wir besonders viel Mut und Weisheit, um eine eigentlich „undenkbare", vollkommen gegenkulturelle Botschaft als befreiendes Angebot erfahrbar zu machen.

5. Metamoderne Neukompositionen

Es gibt Anzeichen für neue Entwicklungen – besonders in der Philosophie und in der Kunst –, die mit dem Stichwort „Metamoderne" bezeichnet werden.[26] Im Horizont von Globalisierung, Digitalisierung, Finanzkrisen, Terrorismus, Klimawandel, Pandemien und Kriegen entwickelt sich ein neues Lebensgefühl, das sowohl Aspekte der Moderne als auch der Postmoderne aufnimmt: den hoffnungsvollen Optimismus der Moderne und die ernüchternde Dekonstruktion der Postmoderne, Verstand und Gefühl; Ganzheit und Zerbrochenheit; Vertrauen und Skepsis; Enthusiasmus und Enttäuschung; Rationalität und Spiritualität. Gegenüber einer rein säkularen religionskritischen Haltung entsteht eine neue postsäkulare Wertschätzung von Transzendenz, also von dem, was über die materielle Welt hinausreicht.[27] Spiritualität wird verstärkt als etwas anerkannt, was untrennbar zum Menschsein gehört, und wird als Ressource für das individuelle und gemeinschaftliche Leben gewürdigt.[28]

Diese neueren Entwicklungen sind noch sehr unübersichtlich und alles andere als einheitlich. Sie zeigen aber, dass die Postmoderne und der Säkularismus nicht den Endzustand einer Gesellschaft beschreiben, sondern dass sich die Gesellschaft beständig weiterentwickelt. Ob es sich bei Metamoderne und Postsäkularität um langfristige und große Trends handelt, lässt sich noch nicht abschätzen. Und es geht auch am Ziel vorbei, die missionarische Hoffnung auf eine mögliche Wiederkehr der Religion zu setzen.[29] Dennoch lohnt es sich, ohne Scheuklappen und mit wachen Sinnen solche Veränderungen im zeitgenössischen Lebensgefühl wahrzunehmen und diese auch als Chance für das missionarische Zeugnis zu begreifen (→ Kapitel 8).

Kapitel 3

Auf der Suche nach neuen Wegen:

Quellen der Inspiration, von denen sich lernen lässt

Gemeindeaufbau geschieht nicht im luftleeren Raum. Wer sich heute in diesem Bereich engagiert, orientiert sich bewusst oder unbewusst an unterschiedlichen Ansätzen und Grundmodellen. Missionarisch „erfolgreiche" Gemeinden nehmen sehr häufig Impulse aus mehreren Gemeindeaufbaukonzepten auf, kombinieren sie miteinander oder entwickeln sie weiter. Sie schöpfen aus vielfältigen Quellen und lernen von unterschiedlichsten Ansätzen. Das sollte man nicht als unkritischen Pragmatismus werten, sondern eher als Hinweis darauf, dass ganz verschiedene Ansätze jeweils wertvolle und bedenkenswerte Impulse für die missionarische Gemeindepraxis liefern.

Deshalb möchten wir in diesem Kapitel einige Konzepte kurz vorstellen. Sie haben eines gemeinsam: Sie wurden ausdrücklich in Reaktion auf die geschilderten Herausforderungen einer nach-christentümlich-säkularen Gesellschaft entwickelt (→ Kapitel 2b+c). Damit stecken wir den Rahmen ab, innerhalb dessen heute missionarische Gemeinden gestaltet werden. Wir beschränken uns auf wesentliche Bewegungen, die in jüngerer Vergangenheit im deutschsprachigen, freikirchlichen Bereich besonders Beachtung gefunden haben oder von denen wir in Zukunft nachhaltige Impulse erwarten. Zur Vertiefung der einzelnen Modelle finden sich in den Anmerkungen jeweils Hinweise auf wichtige Literatur.

a) Willow Creek: der sucherorientierte Gottesdienst[30]

In den letzten 30 Jahren hat in Deutschland wohl kaum ein Modell des missionarischen Gemeindeaufbaus einen ähnlich starken Einfluss ausgeübt wie der von der Willow Creek Community Church in South Barrington bei Chicago verkörperte Ansatz einer *„Kirche für Entkirchlichte"*. Etwas vereinfacht könnte man sagen: Das von Willow Creek (und in ähnlicher Weise auch von Rick Warrens Saddleback Church) vertretene Konzept war eine bewusste Reaktion auf die fortschreitende Säkularisierung der Gesellschaft. Das Gründungsteam um Bill Hybels war frustriert über die zunehmende kulturelle Bedeutungslosigkeit und mangelnde evangelistische Effektivität der Kirchen. Darum entwickelte man das Modell einer „Kirche für andere" (engl. *church for the unchurched*), die sich stark an Außenstehenden orientiert. Die Ortsgemeinde soll vor allem für diejenigen da sein, die noch keine Christen sind und sich von der Kirche distanziert haben.

Kirche für andere

Der Willow-Creek-Ansatz lässt sich anhand von zwei wichtigen Kernwerten und einem zentralen Gestaltungselement zusammenfassen:

- *Evangelistische Leidenschaft:* Die Ursprungsvision von Willow Creek ist eng mit dem inspirierenden und pulsierenden Leben der frühen Christen verbunden, wie es z. B. in Apg 2 geschildert wird. Später führte diese Vision zu der Überzeugung: „Die Ortsgemeinde ist die Hoffnung der Welt!" Dieser missionarische Enthusiasmus ist das Herzstück des Gemeindeaufbaus: Kirchendistanzierte Menschen sollen zu hingegebenen Nachfolgern Christi verwandelt werden. Daran muss sich die gesamte Gemeindearbeit messen lassen.
- *Kulturelle Sensibilität:* Angesichts des großen kulturellen Grabens, der säkulare Menschen zunehmend von kirchlichem Leben und christlichen Glaubensinhalten entfremdet, legte Willow Creek von Anfang an großen Wert auf kulturelle Anschlussfähigkeit. Gemeinden sollten sich um Relevanz bemühen, ohne ihre Identität und theologischen Grund-

lagen zu verleugnen. Dazu gehört es, biblische Wahrheiten in zeitgemäße Formen zu verpacken, um unnötige Hürden aus dem Weg zu räumen. Sprache, Musik, Kleidungsstil und die Gestaltung der Räumlichkeiten sollten an die kulturellen Empfindungen der Gegenwart angepasst werden. Kirchliche Insiderkultur und die kulturellen Empfindungen der Gesellschaft dürften nicht zu weit auseinanderklaffen. Ohne ihre Identität zu verleugnen, wie sie in der Bibel begründet wird, sollten Gemeinden ihr Bestes geben, damit sich kirchendistanzierte Menschen mit ihrer kulturellen Prägung bei ihnen wohlfühlen. Im Zentrum des Gemeindeaufbaukonzepts von Willow Creek steht aber ohne Zweifel der sucherorientierte Gottesdienst (*seeker service*). Diese speziell auf „Unkirchliche" bzw. „Suchende" ausgerichteten „offenen Gottesdienste" bilden das eigentliche Markenzeichen von Willow Creek. Auch im deutschen Kontext lassen sich die nachhaltigsten Impulse, die von Willow Creek ausgegangen sind, in der Neuausrichtung von Gottesdienstformen beobachten.

Sucherorientierter Gottesdienst

Das Konzept des sucherorientierten Gottesdienstes ist in eine 7-Schritte-Strategie eingebettet, deren erste drei Schritte von besonderer Bedeutung sind: In einem ersten Schritt sollen Gemeindemitglieder in aufrichtige, freundschaftliche Beziehungen mit Nichtchristen investieren. Der zweite Schritt zielt darauf ab, dass Christen anderen von ihrem Leben mit Gott erzählen. Gemeinden müssen sich also fragen, wie sie ihre Mitglieder dabei unterstützen können, mit ihren kirchendistanzierten Freunden über den Glauben ins Gespräch zu kommen. Schließlich sollen die Gemeindemitglieder in einem dritten Schritt ihre kirchendistanzierten Freunde zu einem speziell auf sie zugeschnittenen Gottesdienst einladen. Diese qualitativ hochwertig gestalteten Gottesdienste sollen für säkularisierte Zeitgenossen auch ohne Vorkenntnisse verständlich sein und dabei die christliche Botschaft auf moderne, inspirierende und alltagsrelevante Weise vermitteln.

b) Missionale Kirche: Gemeindeaufbau in einer postmodernen Kultur[31]

Missionarisch oder missional

Neben den Begriff „missionarisch" ist in neuerer Zeit der Begriff „missional" getreten. Beides leitet sich von „Mission" her (lateinisch *missio*, „Sendung, Auftrag"). Jesus sendet seine Kirche in die Welt (Mt 28,19-20). „Missional" hat sich in den letzten Jahrzehnten vom englischen Sprachgebrauch her als Alternativbegriff zu „missionarisch" entwickelt:

„Missionarisch" wird als Begriff verstanden, der sich vor allem auf konkrete Aktivitäten der Kirche bezieht, also auf das Tun.

„Missional" dagegen soll als Begriff markieren, dass Mission die Identität der Kirche bezeichnet, also ihr Sein.

Wir halten es für richtig, dass die Kernidentität der Kirche darin besteht, an der Mission Gottes *(missio dei)* und der Sendung Jesu (vgl. Joh 20,21) teilzuhaben. Mission gehört zum tiefsten Wesen der Kirche – die Kirche betreibt nicht einfach nur Mission, sie *ist* Mission.[32] Alles Engagement der Kirche für die Welt ist Folge dieser göttlichen Mission. Weil wir einen starken inneren Zusammenhang zwischen dem Sein und dem Tun der Kirche sehen, verwenden wir die Begriffe „missional" und „missionarisch" synonym.

Die in den 1990er-Jahren entstandene Bewegung der „missional church" positioniert sich bewusst als Gegengewicht zu den oben beschriebenen sucherorientierten Ansätzen. Diese werden als zu konsumlastig, marketingorientiert und oberflächlich wahrgenommen. Die entsprechenden Gottesdienstkonzepte werden in einer zunehmend postmodernen Kultur als nicht mehr relevant und zielführend wahrgenommen. Neue „post-sucherorientierte Ansätze"[33] zeichnen sich vor allem durch folgende Weichenstellungen aus:

- Statt professionalisierte konsumorientierte Gottesdienste sucht man nach Formen von Gemeindeleben, die von allen mit ihren Gaben und Erfahrungen mitgestaltet werden.
- Evangelisation wird als alltägliche Aufgabe jedes einzelnen Gemeindemitglieds verstanden und kann nicht darauf reduziert werden, Menschen zu qualitativ hochwertigen Gottesdienst-Veranstaltungen einzuladen. Evangelisation ist „ein Prozess, der sich durch Beziehungen, Vertrauen und Vorleben vollzieht".[34]
- Im Gottesdienst darf nicht alles eliminiert werden, was kirchenfernen Menschen potenziell fremd vorkommen könnte. Ein authentischer Gottesdienst darf nicht ausschließlich auf Kirchendistanzierte ausgerichtet sein, sollte ihnen aber einen verständlichen Einblick verschaffen, wie Christen ihre Beziehung zu Gott ausdrücken.

Geh-Struktur vs. Komm-Struktur

Für die Praxis des Gemeindeaufbaus bedeutet das eine umfassende und konsequente Neuausrichtung nach außen. Zu diesem radikalen Paradigmenwechsel gehört die Abkehr von einem attraktionalen (= anziehenden) hin zu einem inkarnatorischen (= an der Menschwerdung Jesu orientierten) Weg. Der bisher häufig anzutreffende „Kommt zu uns!"-Ansatz wird durch eine „Lasst uns zu ihnen gehen!"-Haltung ersetzt.

Greifbarer Ausdruck eines solchen missional-inkarnierenden Konzepts ist die Gestaltung sogenannter „dritter Orte" (Cafés, Galerien, Bücherläden, Sportvereine usw.), an denen sich Glaubende und bisher dem Glauben Fernstehende auf natürliche Weise begegnen. Ob an dritten Orten, im Kontext des eigenen Zuhauses („erster Ort") oder am Arbeitsplatz („zweiter Ort"): Missionaler Gemeindeaufbau betont die Wichtigkeit, in engem, persönlichem Kontakt mit Menschen zu leben, die noch nicht glauben – damit in dem entstehenden „Netz von Beziehungen Leute in die Nähe Gottes gezogen werden".[35]

Die Betonung eines gesellschaftsrelevanten Gemeindebaus ist ein weiteres Wesensmerkmal missionaler Gemeinden. Man will die Trennung zwischen Verkündigung und sozialer Tat überwinden und zur Transformation der Gesellschaft beitragen. Auf den lokalen Kontext zugespitzt heißt das: Die Ortsgemeinde engagiert sich für das Gemeinwohl und nimmt sich der sozialen Bedürfnisse der Menschen in ihrer Umgebung an – mit dem Ziel, die Lebensbedingungen in ihrer Nachbarschaft nachhaltig zu verbessern. Dieses transformativ-gesellschaftsrelevante Handeln hat einen Eigenwert, soll aber auch dazu beitragen, dass die Gemeinde bei den zu erreichenden Menschen ihrer Umgebung an Akzeptanz und Vertrauen gewinnt. Sozial-diakonischer Einsatz und Dienst am Nächsten sollen so auch der Verkündigung des Evangeliums den Boden bereiten.[36]

c) Fresh X: neue Ausdrucksformen von Gemeinde[37]

Die „Fresh Expressions of Church" (kurz: Fresh X) stammen ursprünglich aus England, doch ihre missionarischen Perspektiven werden vermehrt auch im deutschsprachigen Kontext aufgenommen. Angesichts des rapiden gesellschaftlichen Wandels will man durch neue Ausdrucksformen von Gemeinde auch in einer zunehmend pluralistischen und damit fragmentierten Gesellschaft missionarisch wirksam sein. Im Zentrum steht das Anliegen, unterschiedliche Lebenswelten in ihrer je eigenen kulturellen Prägung mit dem Evangelium zu erreichen. Besonders die bisher unkirchlichen Milieus[38] sind dabei im Blick.

Vier grundlegende Fragen sind für eine Fresh X leitend:

1. Wie erreichen wir die, die wir bisher nicht erreichen?
2. Was haben unsere Mitmenschen auf dem Herzen?
3. Wie glaube ich am Montag?
4. Wie finden Menschen ein geistliches Zuhause?

Aus der Beantwortung dieser Fragen ergeben sich vier Grundmerkmale neuer Ausdrucksformen von Gemeinde. Eine Fresh X ist:

- *missional*: Sie ist bewusst auf Menschen ausgerichtet, die normalerweise nicht in die Kirche gehen und bisher wenig Bezüge zum christlichen Glauben hatten. Dabei plädiert man für ein konsequentes „Gehen, um zu bleiben"-Konzept: Menschen, die erstmalig mit dem Glauben in Kontakt gekommen sind, sollen nicht in die bestehenden kirchlichen Angebote integriert werden, sondern in neue Gemeinden, die „vor Ort" im kirchenfernen Milieu entstehen.
- *kontextuell*: Sie strebt danach, sich in einer nach-christentümlichen Gesellschaft zu kontextualisieren, sodass man einerseits Jesus und dem Evangelium treu bleibt, aber andererseits als Kirche dem Lebensgefühl und der Kultur der Menschen entgegenkommt. Die Form der Gemeinde passt sich also der Situation an.
- *lebensverändernd*: Sie lädt Menschen in die verbindliche Nachfolge Jesu ein. Es besteht die konkrete Erwartung, dass wachsender Glaube, befeuert durch persönliche Beziehungen innerhalb der christlichen Gemeinschaft, zu echter Lebensveränderung führt.
- *gemeinschaftsbildend*: Wie zerbrechlich auch immer die Anfänge sein mögen – für diejenigen, die sich auf einen gemeinschaftlichen Glaubensweg eingelassen haben, soll im jeweiligen Kontext ein neues geistliches Zuhause entstehen, d. h. eine reife Form von Gemeinde.

Die Fresh-X-Bewegung kennt dabei sowohl Gemeindegründungen, die mit der Etablierung eines Gottesdienstes beginnen, als auch solche, die bei gemeinschaftlichen und sozialen Lebensformen ansetzen. Besonders die zweite Form wird als geeignet angesehen, um säkulare Menschen zu erreichen. Durch offene Wahrnehmung der Lebenssituation, durch liebevolles Dienen und den Aufbau von Gemeinschaft versucht man, mit den Menschen über den christlichen Glauben ins Gespräch zu kommen. Mittel- oder langfristig kann so eine neue Gemeinde entstehen – auch in einer ganz neuen Gestalt.

Orientierung an der Lebenswelt

d) Gegenkulturelle Gemeinde nach dem Ende des Christentums[39]

Einige englischsprachige Theologen aus der mennonitisch-täuferischen Tradition betrachten die Situation der Kirche im Westen aus einer speziellen Perspektive: Wir leben nach dem Ende der christentümlichen Gesellschaft (→ Kapitel 2b+c). Das Christentum ist aus dem gesellschaftlichen Zentrum an den Rand gerückt. Das sollte nicht beklagt, sondern begrüßt werden; denn ohne den Ballast eines kulturell verankerten Namenschristentums bietet sich die Chance, Glaube wieder authentischer zu leben und Jesus ernsthafter nachzufolgen.

Als Inspirationsquelle dient die Täuferbewegung, die sich im Schatten der Großkirchen nach der Reformation entwickelte. So existierten die Täufer als religiöse Minderheit am Rande der christentümlichen Gesellschaft und lernten, in einer für sie fremden Umgebung ihren Glauben zu leben. Deshalb bietet die Täufertradition wertvolle Orientierungshilfen für den Aufbau christlicher Gemeinschaften in der „Fremde" einer säkular-nach-christentümlichen Kultur.

Gemeinde als Kontrastgesellschaft

Missionarischer Gemeindeaufbau, der vom nach-christentümlichen Rand der Gesellschaft ausgeht,

- ist sich bewusst, dass christliche Formulierungen und grundlegende Konzepte des christlichen Glaubens aufgrund der fortgeschrittenen Säkularisierung nicht mehr ohne Weiteres verstanden werden.
- besitzt eine nach außen gerichtete „Geh-Struktur" und ermutigt Gemeindemitglieder zur bewussten Pflege von freundschaftlichen Beziehungen mit Nichtchristen.
- gestaltet Gottesdienste nicht primär für Noch-nicht-Glaubende, rechnet aber mit der Anwesenheit von Nichtchristen und misst daher einer Atmosphäre der Gastfreundlichkeit eine hohe Bedeutung bei.
- legt einen Schwerpunkt auf die Förderung des Glaubenswachstums der Gemeindemitglieder, gibt Noch-nicht-Glaubenden aber gleichzeitig die Möglichkeit, in wertschätzender Umgebung ohne Angst vor Ab-

lehnung den christlichen Glauben innerhalb der kirchlichen Gemeinschaft zu erkunden (engl. „*belonging before believing*“).[40]

Vom Täufertum inspirierte Gemeindeaufbaukonzepte definieren die christliche Gemeinde von ihrem Wesen her als Kontrastgesellschaft oder Gegenkultur. Diese kontrastgesellschaftlichen Werte der Täufer sollten in einem nach-christentümlichen Umfeld neu entwickelt und gelebt werden. Dazu gehören neben einem innigen Glauben, herzlicher Gemeinschaft und einem konsequenten Streben nach einem heiligen Leben unter anderem auch der diakonische Einsatz für Arme und Unterdrückte sowie die Praxis gegenseitiger Hilfe verbunden mit einer bewussten Einfachheit und Genügsamkeit. Deutlich stärker als bei anderen missionalen Ansätzen liegt hier also die Betonung auf der gegenkulturellen Existenz der Gemeinde und weniger stark auf einer inkarnierenden, an der Umgebungskultur orientierten Kontextualisierung.

e) Center Church: Timothy Kellers evangeliumszentrierter Gemeindeaufbau[41]

2012 veröffentlichte der New Yorker Pastor Timothy Keller unter dem Titel *Center Church* eine Gesamtkonzeption für missionarischen Gemeindeaufbau in einem zunehmend nach-christentümlichen Kontext. Sein Ansatz stieß auch in unseren Breiten auf große Resonanz – wohl vor allem deshalb, weil es Keller in jahrzehntelanger Gemeindearbeit in New York City gelungen war, viele säkularisierte Großstädter mit dem christlichen Glauben zu erreichen. Charakteristisch für Keller ist die Überzeugung, dass ein missionarisch wirksamer Gemeindeaufbau auf zwei Säulen beruht: einer im Evangelium gegründeten theologischen Vision und der Fähigkeit, dieses Evangelium kontextsensibel in ein bestimmtes kulturelles Umfeld hinein zu vermitteln.

In diesem Zusammenhang definiert Keller das Evangelium als gute Nachricht über das, was Christus *für uns* getan hat. Diese gute Nachricht hat im Leben der Gläubigen spürbare Auswirkungen. Das Evangelium darf nicht mit seinen Auswirkungen verwechselt, aber auch nicht unabhängig von ihnen betrachtet werden. Damit skizziert Keller die Leitplanken eines theologisch ausgewogenen Evangeliums-Verständnisses zwischen religiös-moralistischer Gesetzlichkeit und einem beliebigen und letztlich ungehorsamen Relativismus (→ Kapitel 5).

Gleichzeitig gehört das intensive Nachdenken über die vorherrschenden Bedingungen des Glaubens (sowie des Unglaubens) in einem säkularen Zeitalter zu den hervorstechendsten Kennzeichen von Kellers Gemeindeaufbauphilosophie. Dabei ist ihm auch hier ein angemessenes Gleichgewicht zwischen zu viel und zu wenig kontextueller Anpassung wichtig:

> *„Kontextualisierung bedeutet nicht, wie es manchmal heißt, den Menschen ‚zu geben, was sie hören wollen', sondern die biblischen Antworten, die die Menschen vielleicht gar nicht hören wollen, in die Lebensfragen einzubringen, die sie jetzt und hier bewegen – in einer Sprache und Form, die sie verstehen, über Gedankengänge und Argumentationen, die für sie relevant sind, auch wenn sie diese vielleicht ablehnen."*[42]

Kellers Ansatz besteht aus einem durchdachten Zueinander von nach außen gerichteter „Geh"- und einladender „Komm"-Struktur. Beziehungsorientierte Sendung und für Nichtchristen offene Gemeindeveranstaltungen ergänzen und verstärken sich. Nach eingehender Analyse zeitgemäßer Gemeindeformen formuliert Keller sechs Merkmale einer missionalen Gemeinde:

- Sie spricht die „Ersatzgötter" einer Gesellschaft an und stellt sie auf der Basis des Evangeliums infrage.
- Sie erkennt, dass in einer Kultur, in der das Christentum nicht mehr die dominierende Weltanschauung ist, die meisten Versuche, das Evangelium zu erklären, auf taube Ohren stoßen.

- Sie versteht sich als gegenkulturelle Alternativgesellschaft, die sich für das Wohl der Allgemeinheit einsetzt.
- Sie pflegt die Einheit mit anderen Christen auf lokaler Ebene.
- Sie ermutigt Christen, in jedem Lebensbereich als Missionare unterwegs zu sein.
- Sie geht davon aus, dass in den meisten Bereichen des Gemeindelebens (wie z. B. im Gottesdienst, in Kleingruppen usw.) auch Nichtchristen, Fragende und Suchende anwesend sind.

Gottesdienst für Christen und Nichtchristen

Kellers Modell orientiert sich am Gottesdienst. Dabei plädiert er für einen Gottesdienst für Christen wie Nichtchristen und vertritt die These, dass der normale wöchentliche Gottesdienst sowohl Nichtchristen evangelisieren als auch Christen formen kann. Damit ein Gottesdienst missionarisch wirksam sein kann, müssen die Gemeindemitglieder bereit sein, ihre Freunde und Bekannten einzuladen bzw. mitzubringen. Dies geschieht, so Keller, nur dann, wenn man den Gottesdienst evangelistisch durchdenkt und sensibel im Blick auf säkulare Menschen gestaltet.

f) Ergebnisse

Nach diesem knappen Durchgang durch aktuelle Gemeindeaufbau-Konzepte halten wir die wichtigsten Erträge fest. Trotz gravierender Unterschiede kristallisieren sich einige große Linien heraus, die wir in → Teil II und → Teil III weiterdenken wollen.

- Die auf Dietrich Bonhoeffer zurückgehende Einsicht, wonach Kirche nur dann Kirche sei, „wenn sie für andere da ist“[43], hat sich als Basis missionarischer Gemeindepraxis etabliert. Mit anderen Worten: Der missionarische Auftrag bestimmt ganz wesentlich die Ausrichtung der Gemeinde. Eine Gemeinde mit Mission zeichnet sich dadurch aus, dass sie leidenschaftlich (→ Kapitel 12) und gastfreundlich

(→ Kapitel 14) „die anderen" im Blick hat, die das Evangelium noch nicht kennen.

- Darüber hinaus sind sich alle einig: Wir befinden uns mitten in einem tiefgreifenden gesellschaftlichen Wandel, der in den letzten Jahren noch weiter an Dynamik zugenommen hat (→ Kapitel 2). Kirchen und Gemeinden sind herausgefordert, sich intensiv mit diesen veränderten kontextuellen Bedingungen auseinanderzusetzen (→ Kapitel 7, → Kapitel 13).
- Auffällig ist, dass das ursprünglich von Willow Creek propagierte Modell eines attraktional-sucherorientierten Gottesdienstes von vielen als missionarisch kaum noch zielführend betrachtet wird. Auch aus unserer Sicht sollte der Gottesdienst nicht der Hauptort der Evangelisation sein, aber ein möglicher Ort, an dem Evangelisation erfolgen kann (→ Kapitel 15). Wenn man mit der Anwesenheit von noch-nicht-glaubenden Menschen rechnet und Gottesdienste bewusst gästesensibel gestaltet, kann das als wichtiger „Katalysator" für missionarische Prozesse wirken (→ Kapitel 14).
- Allen skizzierten Ansätzen gemeinsam ist die Überzeugung, dass eine missionale Gemeinde nicht mehr ausschließlich darauf fokussiert sein kann, Menschen zum „Kommen" zu bewegen. Eine reine „Veranstaltungsorientierung" hat Ergänzung nötig. Besonders in einem nachchristentümlichen Kontext braucht es unterschiedlichste „Geh"-Ansätze, bei denen möglichst viele Mitglieder der Gemeinde „hingehen", um Gastfreundschaft zu leben (→ Kapitel 14) und Beziehungen zu Nichtchristen zu pflegen (→ Kapitel 16, → Kapitel 17).
- Ein zeitgemäßer missionarischer Gemeindeaufbau steht vor der Herausforderung, das Evangelium (→ Kapitel 5) unter den heutigen Bedingungen des Glaubens und des Unglaubens konstruktiv und kritisch mit dem gemeindlichen Lebensumfeld und der vorherrschenden Umgebungskultur zu verknüpfen (→ Kapitel 8). Zu Recht wird von mehreren Seiten betont, dass Gemeinden dabei auch immer Züge einer Gegenkultur bzw.

Kontrastgesellschaft tragen sollten (→ Kapitel 4, → Kapitel 9).

Teil II

Die Zukunft gestalten

Entscheidende Weichenstellungen

Im zweiten Teil fassen wir einige Weichenstellungen ins Auge, die aus unserer Sicht für einen zukunftsfähigen Gemeindeaufbau von großer Bedeutung sind. Es geht hier nicht um Nebensächlichkeiten, sondern um wesentliche Grundlagen, auf denen sich „Gemeinden mit Mission" entwickeln lassen.

Zunächst widmen wir uns theologischen Standortbestimmungen, die wir für entscheidend halten, damit wachsende missionarische Gemeinden entstehen:

- Trotz aller notwendigen Sensibilität für den Kontext sollten wir unser theologisches Fähnchen nicht in den gesellschaftlichen Wind halten. Nur eine Theologie, die die *Bibel als Autorität* ernst nimmt und auch unbequeme, mitunter schwer vermittelbare Wahrheiten nicht aufgibt, hält Gemeinden auf gutem Kurs und kann so zum Nährboden missionarischer Wirksamkeit werden (→ Kapitel 4).
- Darüber hinaus erweist es sich als entscheidend, das *Evangelium von Jesus Christus* konsequent im Wesenskern der Gemeinde zu verankern. Nur das Evangelium bewahrt uns vor den schädlichen Extremen einer selbstgerechten Gesetzlichkeit und einer relativistischen billigen Gnade und führt zu nachhaltiger geistlicher Erneuerung, im persönlichen wie auch im gemeindlichen Leben (→ Kapitel 5).

- Schließlich braucht es ein klares, biblisch verankertes *Zielbild von Kirche*, auf das wir gemeinsam hinarbeiten und das uns bei der Erfüllung unseres Auftrags zur Orientierung dient (→ Kapitel 6).

Danach beschäftigen wir uns vertiefend mit einigen konkreten Herausforderungen, denen sich Gemeinden angesichts der veränderten gesellschaftlichen Bedingungen stellen müssen:

- Gerade auch für Freikirchen wird es notwendig sein, sich gedanklich noch bewusster mit einer *Umgebungskultur* auseinanderzusetzen, die mit Glauben und Kirche kaum noch etwas anfangen kann (→ Kapitel 7).
- In einer Welt, in der man neben einer ausgeprägten religiösen Gleichgültigkeit auch tief sitzenden *menschlichen Sehnsüchten* begegnet, stellt sich neu die Frage nach verheißungsvollen missionarischen Anknüpfungspunkten (→ Kapitel 8).
- Als gesellschaftliche Minderheit sollten sich Kirchen und Gemeinden wieder klarer auf ihre himmlische Beheimatung besinnen, ohne in einen weltabgewandten Modus des Rückzugs zu verfallen. Als *Kontrastgesellschaft* sind sie dazu berufen, ein beispielhaftes Zeugnis für das kommende Reich Gottes zu sein (→ Kapitel 9).
- Mitten in einer zutiefst individualistischen Zeit bietet sich Gemeinden die Chance, zu echten „Heimatorten" zu werden. Hier kann die menschliche Sehnsucht nach *heilsamen Beziehungen und liebevoller Gemeinschaft* in unterschiedlicher Intensität ihre Erfüllung finden (→ Kapitel 10).
- Schließlich fragen wir am Ende dieses Teils danach, welche Merkmale Gemeinden haben, die überdurchschnittlich stark durch Bekehrungen wachsen. Dieser kurze *Realitätscheck* (→ Kapitel 11) bildet den Übergang zu den Praxisimpulsen in → Teil III.

Kapitel 4

Den Kurs halten:

Mission braucht einen klaren theologischen Kompass

Manche, die sich über die Zukunftsfähigkeit des Christentums Gedanken machen, sehen inzwischen für christliche Gemeinden in einer säkularisierten Gesellschaft (→ Kapitel 2) nur noch zwei Optionen: Entweder sie geben ihr Bekenntnis zur Autorität der Bibel und zu traditionellen theologischen Überzeugungen weitgehend auf und passen sich der kulturellen Umgebung an („Assimilierung") oder sie ziehen sich in das eigene Schneckenhaus zurück und leben wenig missionarisch in strenger Abgrenzung zu ihrer Umwelt („Verschanzung").[44]

Auf den ersten Blick ein ernstes Dilemma. Die Annahme lautet: Konservative, bibelorientierte Theologie und Ethik muss heute zwangsläufig zu Abschottung und Weltflucht führen. Manche öffnen sich dem Gedanken spürbar zögerlich, andere sind sich inzwischen sehr sicher: Wer heute noch Menschen für den christlichen Glauben gewinnen will, kommt nicht darum herum, scheinbar unzumutbare Glaubensinhalte über Bord zu werfen, um das Evangelium etwas „genießbarer" zu machen. Doch gibt es dazu wirklich keine Alternative?

Das Neue Testament setzt hier deutlich andere Akzente: Christen sind dazu berufen, anders zu leben (und nicht angepasst), dabei aber sichtbar zu sein (und nicht weltabgewandt). Sie werden aufgefordert, sich „nicht der Welt gleichzustellen" (Röm 12,2) und gleichzeitig „unter den Menschen, die Gott nicht kennen", das Evangelium sichtbar und glaubwürdig zu verkörpern (1Petr 2,12). Schon Jesus war beides wichtig: Er beschreibt seine Nachfolger bildhaft als „wirksames“ Salz *und* als „sichtbare“ Lampen (Mt 5,13-16). Der natürliche Lebensraum christlicher Gemeinschaften befindet sich aus neutestamentlicher Perspektive ausdrücklich in diesem Spannungsfeld zwischen Kontrast (→ Kapitel 9) und Kontakt (→ Kapitel 7; → Kapitel 8), zwischen Andersartigkeit und Sichtbarkeit.[45] Das heißt: Weder die unkritische Anpassung an kulturelle Denk- und Verhaltensmuster noch ein sektenhafter Rückzug hinter die eigenen Gemeindemauern werden dem gerecht, was die Kirche eigentlich sein soll.

Aus der praktisch-theologischen Forschung können wir zeigen, dass die Infragestellung theologischer Kernwahrheiten der missionarischen Wirksamkeit mehr schadet als hilft (→ a), dass umgekehrt ein klarer theologischer Kompass die Außenwirkung verstärkt (→ b) und dass einige der gegenwärtigen Hürden für Mission auf eine „doppelte Immunisierung“ zurückzuführen sind, die die Kirche selbst zu verantworten hat (→ c).

a) Ohne Glaubenssubstanz keine Mission

Dekonstruktion ist ein zentraler Ansatz unserer heutigen postmodernen Zeit. So ist es auch nicht mehr nur in Kreisen üblich, die man herkömmlicherweise als „theologisch liberal“ bezeichnet hat, zentrale theologische Wahrheiten zu „dekonstruieren“, also zu hinterfragen, umzudeuten und gegebenenfalls ganz aufzugeben. Auch unter Evangelikalen sind früher unantastbare Glaubensinhalte nicht mehr selbstverständlich. Theologisch steht vieles zur Disposition wie etwa die Inspiration, Wahrheit und Einheit der Heiligen Schrift, die vollkommene Sündhaftigkeit des Menschen, die Jungfrauengeburt, das stellvertretende Sühneopfer des Mensch gewordenen Gottessohnes, der doppelte Ausgang des Endgerichts zu ewigem Leben mit Gott oder ewiger Trennung von Gott.

Auch im ethischen Bereich kommt es zu grundlegenden Neubewertungen, beispielsweise im Blick auf vorehelichen Geschlechtsverkehr oder Homosexualität. Man müsse, so häufig die Argumentation, traditionelle theologische Deutungen im Licht heutiger Erkenntnisse neu beurteilen. Durch einen solch „neuen Blick“ auf bisher missverstandene oder falsch angewendete biblische Texte könnte man dann auch angemessener auf die veränderten gesellschaftlichen Bedingungen reagieren und somit die Relevanz des Glaubens wieder deutlicher machen. In dieser Hinsicht sei es vielfach notwendig, sperrige, unbequeme und mit vorherrschenden kulturellen Empfindungen in Konflikt stehende Aussagen der Heiligen Schrift auszublenden, umzudeuten oder der beschriebenen Neubewertung zu unterziehen.

Dass die Kontextualisierung biblischer Inhalte notwendig ist, um intellektuelle wie emotionale Brücken zu bauen und den kulturellen Abstand zu denen zu verringern, die wir erreichen wollen, haben wir in → Kapitel 2 besprochen. Problematisch wird es dann, wenn die theologische Substanz und damit zentrale Glaubensinhalte in ihrem Kern verändert werden. Oft kann man den Eindruck gewinnen, dass nicht mehr biblische Einsichten für Fragen des Glaubens und der Lebensgestaltung maßgeblich sind, sondern postmoderne Befindlichkeiten und Überzeugungen.

Demgegenüber wird in der Bibel immer wieder deutlich: Es schadet dem Volk Gottes, wenn Gottes Wort infrage gestellt, verdreht oder gar bewusst ignoriert wird:

> *„Dies ist's, was ich dir heute gebiete: dass du den HERRN, deinen Gott, liebst und wandelst in seinen Wegen und seine Gebote, Gesetze und Rechte hältst, so wirst du leben und dich mehren, und der HERR, dein Gott, wird dich segnen in dem Lande, in das du ziehst, es einzunehmen. Wendet sich aber dein Herz und du gehorchst nicht, sondern lässt dich verführen, dass du andere Götter anbetest und ihnen dienst, so verkünde ich euch heute, dass ihr umkommen und nicht lange in dem Lande bleiben werdet, in das du über den Jordan ziehst, es einzunehmen“ (5Mo 30,16-18, vgl. Jer 44,4-6; Neh 9,29-30; Ps 89,31-33 u. v. a.).*

„Darum, wer diese meine Rede hört und tut sie, der gleicht einem klugen Mann, der sein Haus auf Fels baute. Als nun ein Platzregen fiel und die Wasser kamen und die Winde wehten und stießen an das Haus, fiel es doch nicht ein; denn es war auf Fels gegründet. Und wer diese meine Rede hört und tut sie nicht, der gleicht einem törichten Mann, der sein Haus auf Sand baute. Als nun ein Platzregen fiel und die Wasser kamen und die Winde wehten und stießen an das Haus, da fiel es ein und sein Fall war groß" (Mt 7,24-27).

Jesus hat oft davon gesprochen, dass die Liebe zu ihm und der Gehorsam gegenüber seinen Geboten zusammengehören wie zwei Seiten einer Medaille. Wer ihm nachfolgt und ihn liebt, soll sich nicht dadurch auszeichnen, dass er göttliche Maßstäbe allzu leicht relativiert, sondern dass er sie gerne befolgt, auch wenn einem der gesellschaftliche Gegenwind ins Gesicht bläst:

„Liebt ihr mich, so werdet ihr meine Gebote halten. [...] Wer meine Gebote hat und hält sie, der ist's, der mich liebt." (Joh 14,15.21; vgl. 1Joh 5,3 u. a.)

Schließlich findet sich im Neuen Testament die eindringliche Mahnung, an der Schrift als glaubwürdigem und autoritativem Wort Gottes festzuhalten und Gottes Wahrheit nicht an zeitgenössische Meinungen und kulturelle Trends anzupassen:

„Du aber bleibe bei dem, was du gelernt hast und was dir anvertraut ist; du weißt ja, von wem du gelernt hast und dass du von Kind auf die Heilige Schrift kennst, die dich unterweisen kann zur Seligkeit durch den Glauben an Christus Jesus. Denn alle Schrift, von Gott eingegeben, ist nütze zur Lehre, zur Zurechtweisung, zur Besserung, zur Erziehung in der Gerechtigkeit, dass der Mensch Gottes vollkommen sei, zu allem guten Werk geschickt. (...) Denn es wird eine Zeit kommen, da sie die heilsame Lehre nicht er-

tragen werden; sondern nach ihrem eigenen Begehren werden sie sich selbst Lehrer aufladen, nach denen ihnen die Ohren jucken, und werden die Ohren von der Wahrheit abwenden und sich den Fabeln zukehren." (2Tim 3,14–16 und 4,3–4; vgl. Offb 3,8.10 u. a.)

Theologische Dekonstruktion schadet der missionarischen Wirksamkeit.

Die Emanzipation von klassischen theologischen Positionen wird häufig mit einem positiven Anliegen begründet: Man will Menschen den Zugang zum christlichen Glauben erleichtern und missionarische Hindernisse aus dem Weg räumen. Eine Annahme lautet: Wo Kirchen die Bibel „anders als bisher lesen" und ihr ethisches Wertesystem dann im Einklang mit dem gesellschaftlichen Mainstream neu orientieren, werden sie nicht nur bislang fehlinterpretierten Bibeltexten besser gerecht, sondern sind auch eher in der Lage, sich auf dem religiösen Markt zu behaupten. Man denkt also, dass säkularisierte Zeitgenossen einen einfacheren Zugang zu christlichen Gemeinden finden, wenn man Lehren wie den Sühneopfertod Jesu, seine leibliche Auferstehung, seine Geburt von einer Jungfrau oder die völlige Sündhaftigkeit des Menschen nicht mehr im klassischen Sinn vertritt.

Doch das Gegenteil ist der Fall: Die Hoffnung, durch Anpassung der Botschaft mehr Kirchenferne für den christlichen Glauben zu gewinnen, erweist sich kontinuierlich als Illusion. Glaubensinhalte aufzugeben, die potenziell als rückständig oder abstoßend empfunden werden könnten, führt gerade nicht zu sichtbaren missionarischen Erfolgen.

Ein Blick in die Kirchengeschichte kann hier vor falschen Weichenstellungen bewahren: Wo sich Gemeinden und kirchliche Bewegungen von biblischen Fundamenten entfernt haben, hat dies ihrer geistlichen Wirksamkeit und Strahlkraft in aller Regel schwer geschadet.[46] Seit vielen Jahrzehnten zeigen weltweite religionssoziologische Studien über Wachstums- und Schrumpfungsprozesse von Kirchen, dass ein offensichtlicher

Zusammenhang zwischen einem liberalen theologischen Profil und dem Niedergang von Gemeinden besteht.[47]

Man muss es so deutlich sagen: Wo die Stellung der Bibel geschwächt und untergraben wird, wirkt sich dies negativ auf den missionarischen Eifer aus und verhindert gemeindliches Wachstum. Wer das bezweifelt, leugnet das Offensichtliche. Baut man das Vertrauen in die Glaubwürdigkeit der Schrift ab, kommt man auch mit dem Aufbau von Gemeinde nicht voran. Oder anders gesagt: Theologische Dekonstruktion kann in einem digitalen Zeitalter zwar durchaus eine Menge Klicks, Likes und unter Umständen eine beeindruckende Followerschaft generieren. Zur Erneuerung von Gemeinden und geistlichen Aufbrüchen wird sie allerdings nicht beitragen.

Alexander Garth beschreibt dies treffend: Wer davon ausgeht, die Religion der Zukunft müsse „sanft und moderat sein, pluralistisch und nicht exklusiv, spirituell, aber nicht dogmatisch, den Menschen bestätigend, nicht hinterfragend, eine gefällige Religion, die sich an die Erwartungen der Gesellschaft anpasst und keine Forderungen an die Gläubigen stellt", der erschaffe eine Form von „Softreligion", die „das sicherste Rezept für Erfolglosigkeit ist".[48]

b) Missionarische Wirksamkeit hat auch mit Theologie zu tun

Allerdings wachsen Gemeinden nicht automatisch, nur weil sie theologisch konservativ sind. Manche Arten von Konservativismus sind ebenso wenig förderlich – beispielsweise dann, wenn sie sich zu sehr mit theologischen Nebensächlichkeiten, Strukturfragen, kulturellen Gestaltungsformen oder politischen Positionierungen verbinden. Davon zeugen die vielen (frei-)kirchlichen Gemeinschaften, die trotz konservativen Bekenntnissen stagnieren oder schrumpfen (→ Kapitel 1). Ein „quasi magisches Vertrauen auf die Durchsetzungskraft der eigenen Rechtgläubigkeit"[49] wäre in der Tat verfehlt. Wer meint, dass konservative Theologie automatisch zu mehr missionarischer Schlagkraft führt, geht an der Realität vorbei.

Deshalb ziehen manche den gegenteiligen Schluss und meinen, dass die Zuwendung zur Gegenwartsgesellschaft zwingend mit einer theologischen Kursänderung zu verbinden ist. Doch auch dies führt in eine Sackgasse und nicht zu missionarischer Strahlkraft.

Natürlich gibt es viele zweit- oder drittrangige theologische Fragen, bei denen wir Spannungen zwischen verschiedenen Auffassungen und unterschiedliche Interpretationen gelassen und demütig aushalten sollten.[50] Doch wir sind überzeugt: Gerade auch aus missionarischer Sicht ist es wichtig, an den zentralen Lehren festzuhalten, die die Christenheit überall und zu allen Zeiten geglaubt und verkündigt hat. Diesen „heißen Glutkern des Glaubens" müssen wir bewahren. Denn diese zentralen Glaubensinhalte (wie die leidenschaftliche Liebe eines trinitarischen Gottes, die Sendung des Gott-Menschen zur Erlösung der Menschen und die existenzielle Verlorenheit des Menschen ohne Gott) tragen wesentlich zur missionarischen Kraft und Leidenschaft einer Gemeinde bei (→ Kapitel 12a).

Wachsende und missionarisch wirksame Gemeinden haben in aller Regel ein klares, im eben beschriebenen Sinn historisch bewährtes theologisches Profil, das klassische, in der Bibel gründende Glaubensinhalte vertritt und nicht jede inhaltliche Neuformatierung für eine begrüßenswerte Weiterentwicklung hält. Sie stellen sich dem postmodernen Wahrheitsrelativismus mutig entgegen und erwarten das glaubensweckende und lebensverändernde Wirken des Heiligen Geistes gerade dort, wo Christus als einziger Weg zum Heil verkündigt wird (Apg 4,12). Wirksamer Gemeindeaufbau wurzelt in einer Haltung, die man im Umgang mit der Bibel als „konservativ" bezeichnen kann,[51] die jedoch jenseits von Konservativismus dem gegenwärtigen Kontext offen zugewandt ist und immer wieder neue Wege sucht, wie der für alle Zeiten gültige Inhalt des Evangeliums unter aktuellen Bedingungen so plausibel wie möglich geglaubt, gelebt und kommuniziert werden kann. Das ist der fruchtbarste Boden für dauerhaftes missionarisches Engagement und dynamische

Gemeindeentwicklung (→ Kapitel 12).[52] Wo der biblische Kompass verloren geht, der auf Jesus hin eingenordet ist, verliert die Gemeinde gegenüber der Gesellschaft nicht nur die geistliche Orientierung, sondern früher oder später auch ihre missionarische Kraft. So schreibt Ansgar Hörsting, Präses der Freien evangelischen Gemeinden in Deutschland und Kenner der freikirchlichen Szene:

> *„Ich kenne keine missionarisch wirksame Gemeinde, in der es nicht Leute gibt, die klar auf dem Schirm haben: Ohne Jesus Christus sind Menschen verloren. Sie sind gefährdet. Sie leben an ihrer Bestimmung vorbei. Sie stehen nicht in der Gemeinschaft mit Gott und werden auch nicht hineinkommen.“*[53]

Wachsende Gemeinden begegnen den missionarischen Herausforderungen, die sich in einem dem christlichen Glauben skeptisch bis ablehnend gegenüberstehenden Umfeld stellen, nicht mit inhaltlicher Anpassung an die Mehrheitsgesellschaft, sondern mit einer leidenschaftlichen, durchdachten, kontextsensiblen und ausgewogenen Kommunikation des zu allen Zeiten gültigen Evangeliums (→ Kapitel 5).

c) Die doppelte Immunisierung

Wer nach den Ursachen der derzeitigen missionarischen Krise fragt (→ Kapitel 1), sollte also nicht ausschließlich Säkularisierungsprozesse und den von uns kaum direkt beeinflussbaren gesellschaftlichen Wandel ins Feld führen. Einige der heutigen missionarischen Hürden sind hausgemacht. Die Kirche selbst hat unsere Zeitgenossen vielfach gegen den christlichen Glauben geimpft.

Die Dynamik dahinter hat Alexander Garth als „doppelte Immunisierung“ bezeichnet:[54] Erstens trägt vor allem eine verwässerte und mit bibelkritischen Positionen angereicherte *reduktive Theologie* dazu bei, dass Menschen immun werden gegen den Glauben:

„Reduktive Theologie, die den Zweifel zum normativen Prinzip erhob, hat einen großen Anteil an der Immunisierung vieler Menschen gegen den christlichen Glauben. Die Theologie selbst [...] liefert der antikirchlichen und antichristlichen Agitation die Argumente, die über die Medien und auch über die Verkündigung der Kirche unters Volk gebracht werden. Theologie dient in diesem Fall dem Niedergang des Christentums.“[55]

Wer grundlegende Glaubensinhalte aufgibt, beschädigt die eigene kirchliche Glaubwürdigkeit. Die Kirche säkularisiert sich selbst, wenn Kernwahrheiten, die über Jahrhunderte von Christen zu allen Zeiten und an allen Orten geglaubt wurden, nun als zweifelhaft, überholt oder nicht mehr vermittelbar gelten. Wenn die Ergebnisse dieses scheinbaren „theologischen Fortschritts“ dann auch noch von diversen Leitmedien vorzugsweise an Ostern und Weihnachten genüsslich aufbereitet und einem breiten Publikum zugänglich gemacht werden, entsteht (so Garth) bei nicht-kirchlichen Zeitgenossen der Eindruck: Die Menschen in der Kirche glauben ja selbst kaum noch – warum sollte also ausgerechnet ich anfangen, mich mit dem christlichen Glauben zu beschäftigen?

Durch verwässerte Theologie und Moralisierung säkularisiert sich die Kirche selbst und impft Menschen gegen den Glauben.

Zweitens entsteht Glaubensresistenz durch *Moralisierung*. Schon lange wird vor allem im Protestantismus das Evangelium auf seinen ethischen Kern und somit auf seine soziale und politische Dimension reduziert. Bei vielen unserer Mitmenschen ist so der Eindruck entstanden, es gehe beim christlichen Glauben letztlich darum, ein guter, hilfsbereiter Mensch zu sein, der das Gemeinwohl fördert. Was Jesus am Kreuz für unsere Rettung getan hat und warum das überhaupt nötig war, spielt höchstens noch eine untergeordnete Rolle. Die Erlösungsreligion „Christentum“ wird von einem religiös angehauchten „Gutmenschentum“ abgelöst. Doch inzwischen hat sich in weiten Teilen der Gesellschaft die Überzeugung durchgesetzt, dass man für gelebte Mitmenschlichkeit und Nächstenliebe weder auf Gott noch auf die Kirche angewiesen ist. Ein auf Moral reduzierter Glaube verliert somit seine Existenzberechtigung.

> *„Der seit rund zweihundert Jahren laufende Prozess der Moralisierung des christlichen Glaubens hat mit dazu beigetragen, dass Menschen gegenüber der christlichen Kernbotschaft von der Versöhnung mit Gott immunisiert wurden. ‚Glaube brauche ich nicht. Ich bin doch ein guter Mensch. Daher wird Gott schon irgendwie, wenn es ihn überhaupt gibt, zufrieden mit mir sein.' Wenn Wesen und Ziel von Religion lediglich in der moralischen Verbesserung des Lebens gesehen werden, wird Religion überflüssig, ja sogar zum geistigen Ballast, den man getrost über Bord werfen kann. Religion, die sich in sozialem Engagement, Klimarettung, Geschlechtergerechtigkeit und Weltverantwortung erschöpft, schafft sich ab."*[56]

Dem pflichtet auch ein Kommentar aus der *Frankfurter Allgemeinen Zeitung* bei:

> *„Moralinsaure Vereine gibt es schon genug. Zur geifernden Politikberatung oder für ethische Pflichtübungen braucht man keine Kirche."*[57]

Natürlich sind eigene theologische Positionen regelmäßig auf Schieflagen und „blinde Flecken" abzuklopfen. Es muss Raum geben, um mit spannungsvollen biblischen Aussagen zu ringen und an bisher für selbstverständlich gehaltenen Überzeugungen zu zweifeln. Und selbstverständlich betrifft das Evangelium nicht nur unser „Seelenheil", sondern hat ganzheitliche Auswirkungen darauf, wie wir hier und heute leben, auch im sozialen, politischen und ökologischen Bereich.

Doch die hier geschilderten Prozesse der doppelten Immunisierung machen klar: Wenn nun auch in „progressiven" evangelikal-freikirchlichen Kreisen nachdrücklich die Notwendigkeit der Abkehr und Loslösung von vormaligen theologischen Überzeugungen propagiert und eine starke Betonung auf die Vermittlung (gesellschaftlich mehrheitsfähiger) moralischer Werte gelegt wird, befeuert das genau die Dynamik, die offensichtlich bei vielen zu einer Stärkung ihrer Abwehrkräfte *gegen* das Evangelium geführt hat. Es ist schwer vorstellbar, dass derartige Akzentsetzungen nun plötzlich im Gemeindeaufbau als „Booster" für das missionarische Zeugnis wirken könnten.

Hingegen ist eine im besten Sinne „großzügige orthodoxe" Theologie missionsfördernd.[58] *Orthodoxie* (von griechisch *orthos:* richtig, geradlinig und *doxa:* Meinung, Verehrung) meint den wahren Glauben, der in der Anbetung Gottes zum Ausdruck kommt. Dabei geht es nicht um Besserwisserei, sondern um Treue zu dem, wie Gott sich selbst offenbart hat und wie es uns im Zeugnis der Heiligen Schrift gesagt wird. Das Glaubensbekenntnis und die Heilige Schrift stehen dabei in Wechselwirkung. Das Bekenntnis fasst die Bibel zusammen und wird durch die Bibel bestätigt. Solche Kurzzusammenfassungen des Glaubens – wie das Apostolische Glaubensbekenntnis[59] oder das Nizänische Glaubensbekenntnis[60] – haben eine dreifache Funktion: Erstens geben sie Worte, um den eigenen Glauben zu bezeugen – beispielsweise bei der Taufe, aber auch in zwischenmenschlichen Begegnungen. Sie dienen zweitens zur Verteidigung des Glaubens gegenüber anderen Weltanschauungen, Ideologien und Religionen. Und sie fördern drittens bei aller Vielfalt die Einheit der Kirche (→ Kapitel 6b). Die Kurzzusammenfassungen führen uns in knappen Zügen vor Augen, wie sich Gott in seiner Großzügigkeit uns selbst hingibt: Er ist der Schöpfer der Welt und von uns Menschen. Er wird Mensch in Jesus Christus, der für uns sein Leben hingibt. Er sendet uns den Heiligen Geist, der uns Teil der Gemeinde werden lässt. Er schenkt uns ewiges Leben. Eine solche von Gottes Großzügigkeit und Gnade geprägte Orthodoxie hilft Gemeinden, einen klaren theologischen Kurs zu halten und die Gemeindepraxis evangeliumsgemäß zu gestalten (→ Kapitel 5).

Großzügige Orthodoxie fördert Mission

Kapitel 5

Zwischen Gesetzlichkeit und billiger Gnade:

Das Evangelium als Kern der Gemeinde-DNA

Eine Gemeinde mit Mission lebt von einer biblisch verankerten Theologie. Die genaue Ausprägung dieses theologischen Profils variiert je nach konfessioneller Prägung, Gemeindetyp und Kontext; Gemeinden sind unterschiedlich, verschiedene Schwerpunktsetzungen legitim und unvermeidbar. Doch ein Leitprinzip des Gemeindeaufbaus ist für alle Kontexte entscheidend: Das Evangelium von Jesus Christus soll die DNA einer Gemeinde wesentlich bestimmen.

Biologisch gesehen ist die DNA einer der wichtigsten Bestandteile der Körperzelle. Sie gibt genau vor, wie sich eine Zelle entwickelt. Sie fungiert als eine Art Bauplan, der alle Informationen beinhaltet, die ein menschlicher Körper für seine Entwicklung und Funktion braucht.[61] Für die Gemeinde heißt das: Theologisch ausgewogene und missionarisch vitale Gemeinden entstehen dort, wo das Evangelium die DNA des Leibes Jesu bildet und damit das gesamte Leben des örtlichen Gemeindeorganismus durchdringt und prägt.[62] Oder anders gesagt: Das Herz-Kreislauf-System der Gemeinde wird vom Evangelium gesteuert.

Eine ausführliche Bestimmung dessen, was der Begriff „Evangelium" aus biblischer Perspektive beinhaltet, würde den Rahmen sprengen.[63] Für die Praxis des Gemeindeaufbaus wegweisend (und daher hier von besonderem Interesse) ist aber die Grunddynamik, die sich aus dem Wesen des Evangeliums ergibt (→ a). Daran anknüpfend nehmen wir die „Feinde" des Evangeliums in den Blick (→ b) und arbeiten heraus, wie das Evangelium sein tiefgreifendes Veränderungspotenzial entfaltet (→ c). Schließlich soll deutlich werden: Je stärker das Evangelium den genetischen Code einer Gemeinde bestimmt, desto klarer und ausgewogener ist ihr theologischer Kurs und desto gesünder ihre Gemeindekultur (→ d).

a) Die Dynamik des Evangeliums

Das Evangelium ist *die* Gute Nachricht, nicht einfach nur ein guter Rat. Das Evangelium stellt nicht heraus, was wir tun und leisten müssen, sondern was Gott durch den stellvertretenden Tod Jesu am Kreuz und seine Auferstehung *für uns* getan hat (1Kor 15,1-11; 2Tim 2,8). Der zentrale Inhalt des Evangeliums ist überwältigend: Jesus Christus lebte das gottgefällige Leben, das wir hätten leben sollen. Und er starb am Kreuz den Tod, den wir als Konsequenz unserer Sünde hätten sterben müssen. Durch die anschließende Auferweckung bestätigt Gott gleich auf mehrfache Weise, dass das Opfer Jesu auch wirklich „effektiv“ ist: Jesus ist tatsächlich der verheißene Retter und Sohn Gottes. Sein Sterben hat vollkommene Vergebung der Sünden bewirkt. Der Tod ist ein für alle Mal besiegt. Und auch uns steht nun der Weg zum ewigen Leben offen.

Gute Nachricht, nicht guter Rat

Daraus ergeben sich überragende Perspektiven: Wer Jesus vertraut, hat Anteil an seinem Tod und erhält so die Gerechtigkeit, mit der wir vor Gott bestehen können (2Kor 5,21). Wer sich im Glauben an Jesus bindet, hat Anteil an seiner Auferstehung und erhält so einen Platz in der himmlischen Welt (Eph 2,6) und eine sichere, lebendige Hoffnung (1Petr 1,3). Die Beziehung zu Gott, dem Schöpfer, wird wiederhergestellt aus Gnade durch den Glauben und völlig unabhängig von guten Werken und religiöser Leistung (Gal 2,16). Wir, die eigentlich Unannehmbaren, werden als geliebte Töchter und Söhne in Gottes Familie hinein adoptiert (Gal 4,5-7). Gottes „amazing grace“ gibt uns eine völlig neue Identität.

Doch die Gute Nachricht hat nicht nur eine auf den Einzelnen bezogene, sondern auch eine heilsgeschichtliche, auf die gesamte Schöpfung bezogene Dimension.[64] Der Sohn Gottes ist nicht nur deshalb Mensch geworden, um individuelle Seelen zu erlösen. Er wird ein zweites Mal vom Himmel auf die Erde kommen, um diese Welt zu richten. Dann wird er einen „neuen Himmel" und eine „neue Erde" (Jes 65,17; 66,22; 2Petr 3,13) schaffen. Damit ist uns eine Erneuerung und Umgestaltung der gegenwärtigen, materiellen Schöpfung versprochen (Röm 8,19-22), in der die zerstörerischen Folgen des Sündenfalls rückgängig gemacht sind (inkl. alles Bösen, allen Zerbruchs und aller irdischen Ungerechtigkeiten). Dann wird auch der Tod endgültig besiegt sein (Jes 25,8; Offb 21,3-4).

Das Evangelium hat gewaltige Auswirkungen.

Die von Jesus bewirkte Erlösung ist gewaltig. Und sie hat gewaltige Auswirkungen auf unser ganz persönliches Leben. Wenn wir das Evangelium angenommen haben und diese Gute Nachricht uns durchdringt, kann und wird das nicht ohne Folgen bleiben: Unser Leben ist „neu geworden", deshalb können und sollen wir jetzt auch mit großer Hingabe „ein neues Leben führen" (Röm 6,4; NGÜ). Gott hat uns bedingungslos angenommen. Durch seinen Geist werden wir von innen her erneuert. Das verändert unsere Haltung und unsere Handlungen. Deshalb leben wir so, dass es Gottes Vorstellungen (sozusagen seinen Familienwerten) entspricht. Das Tun des göttlichen Willens ist die natürliche Antwort auf das Gnadenhandeln Gottes. Wir drücken dadurch unsere Liebe und Dankbarkeit gegenüber dem aus, der „seinen eigenen Sohn nicht verschont", sondern ihn für uns alle „dahingegeben" hat (Röm 8,32). Wir stellen hingebungsvoll unser ganzes Leben Gott zur Verfügung, weil wir bewegt davon sind, wie groß Gottes Barmherzigkeit ist (Röm 12,1).

b) Die Feinde des Evangeliums

Um das Evangelium noch besser zu verstehen, ist es auch hilfreich, sich vor Augen zu führen, was es nicht ist. Timothy Keller verweist hier auf zwei Feinde: „So wie Jesus zwischen zwei Verbrechern gekreuzigt wurde, wird das Evangelium auf ewig zwischen zwei Irrtümern gekreuzigt.“[65] Durch diese (wohl auf den Kirchenvater Tertullian zurückgehende) Formel wird deutlich, dass das Evangelium ständig von zwei Seiten bedroht wird. Beide Seiten beinhalten durchaus wahre Elemente des Evangeliums, aber dennoch sind sie jede auf ihre Weise „Fake News“, also Verzerrungen der eigentlichen Guten Nachricht.

Der „Feind zur Rechten“ ist die *Gesetzlichkeit*. Hier steht im Vordergrund, dass der Mensch ein heiliges, gottgefälliges Leben führen muss, um erlöst zu werden (gegen Röm 5,1 u. a.). Die scheinbar gute Nachricht lautet dann: „Gott vergibt dir deine Sünden, aber jetzt liegt es an dir!“ Die Beziehung zu Gott entscheidet sich dann daran, was ich tue und wie ich lebe. Wenn ich mein Möglichstes tue, um Gottes Maßstäbe zu erfüllen, wird er mich annehmen. In Gemeinden, in denen dieser „gesetzliche Feind des Evangeliums“ sein Unwesen treibt, entsteht beinahe zwangsläufig eine Atmosphäre von pflichtbewusster Anstrengung, innerem Druck und angespannter Freudlosigkeit. Gott muss unter allen Umständen zufriedengestellt werden. An die Stelle fröhlicher Jesus-Nachfolge tritt gesetzlicher Krampf.

Auf einem solchen Nährboden von „Wahrheit ohne Gnade“ können leicht verschiedene Zerrbilder des Christseins entstehen: Die einen stellen selbstgerecht und stolz ihre geistliche Hingabe zur Schau, andere heucheln lediglich nach außen hin Frömmigkeit, ohne im Herzen verändert zu werden, während wieder andere ständig bedrückt um ihr Versagen und ihre scheinbare Minderwertigkeit kreisen, weil sie Gottes Ansprüchen nicht genügen. Ist es verwunderlich, wenn Nichtchristen um Gemeinschaften mit einer solchen Prägung einen großen Bogen machen?

Das Evangelium zwischen Gesetzlichkeit und Relativismus

Der „Feind zur Linken“ ist der *Relativismus*. Hier wird die Meinung vertreten, dass ein heiliges, an Gottes Geboten orientiertes Leben gar nicht nötig sei, weil Gott jeden Menschen so liebt und annimmt, wie er ist (gegen Hebr 12,14 u. a.). Die scheinbar gute Nachricht lautet: „Gott liebt dich, und du kannst machen, was du willst!“ Es hat sich die Idee eingenistet, wir könnten mit Gott in Beziehung leben, ohne uns um seinen Willen zu kümmern. In Gemeinden, in denen dieser „relativistische Feind des Evangeliums“ sein Unwesen treibt, rückt die Ehrfurcht vor Gottes Heiligkeit und seinem Wort in den Hintergrund. Man pickt sich aus der Bibel heraus, was einem passt und die eigenen (kulturell geprägten) Sichtweisen bestärkt. Wer Gottes Wort und seine Gebote als gültige Richtschnur betrachtet, gerät sofort in den Verdacht, ein Pharisäer zu sein.

Auf einem solchen Nährboden entsteht eine Atmosphäre religiöser Selbstverwirklichung. Letztlich besitzt nur das Gültigkeit, was man selbst für richtig hält oder was sich gut anfühlt. Die Haltung „Ich bin okay, wie ich bin!“ überlagert Gottes eigentliche Zielsetzung, durch die Kraft des Heiligen Geistes Menschen zu verändern. Tatsächlich aber erlöst Gott die Menschen, damit sie eingegliedert in eine christliche Gemeinschaft den Kampf gegen die Sünde umso konsequenter führen können, nicht um ihnen zu einem autonomen, von seinen Geboten unabhängigen Leben zu verhelfen. Gemeinden, die stattdessen zu einer „Anything goes“-Haltung ermutigen und sich schwer damit tun, biblisch begründete Normen als Gradmesser eines evangeliumsgemäßen Lebensstils anzulegen, erweisen sich dadurch zwar als „pluralismusfähig“, aber sie lehren und leben (um es mit Bonhoeffer zu sagen) eine „billige Gnade ohne Nachfolge“, die schließlich dazu führt, dass Sünde gerechtfertigt wird, damit im Leben alles beim Alten bleiben kann.[66]

„In dieser Kirche findet die Welt billige Bedeckung ihrer Sünden, die sie nicht bereut und von denen frei zu werden sie erst recht nicht wünscht. Billige Gnade ist darum Leugnung des lebendigen Wortes Gottes, Leugnung der Menschwerdung des Wortes Gottes.“[67]

Diese beiden „Feinde des Evangeliums“ sind auch heute noch sehr einflussreich und bestimmen nicht nur unsere eigenen Pendelbewegungen, sondern auch die aktuellen theologischen Debatten: Zu Recht wird (auch vor dem realen Hintergrund notvoller persönlicher Erfahrungen) die Stimme gegen eine ungesunde Gesetzlichkeit erhoben. Doch als einzige Alternative wird dann ein immer weniger auf biblische Maßstäbe fokussiertes christliches Leben präsentiert und damit letztlich eine „billige Gnade“ vertreten. Das mag kompatibel mit dem gesellschaftlichen Mainstream sein, aber steht nicht mehr im Einklang mit dem Evangelium.

Auf der anderen Seite erkennt man die Gefahr einer relativistischen Beliebigkeit und will der biblischen Wahrheit auch in ihrer ethischen, den Lebensstil prägenden Dimension zur Geltung verhelfen. Doch wenn dann unter der Hand Gehorsam gegenüber dem Gesetz Gottes sowie Moral und gute Werke zum Fundament christlicher Identität und zur eigentlichen Basis der Erlösung werden, dann ist man auch hier einem der Feinde des Evangeliums auf den Leim gegangen.

Jesus nachzufolgen ist immer ein Kampf an zwei Fronten: gegen Gesetzlichkeit genauso wie gegen Beliebigkeit. Gesunder Gemeindeaufbau wird nur dann gelingen, wenn wir uns vor beiden Feinden in Acht nehmen.

c) Wenn das Evangelium uns verändert

Gnade verändert alles.

Das Evangelium der Gnade Gottes verändert unser Fühlen, Denken, Reden und Handeln und beeinflusst so auch die DNA von Gemeinden zum Positiven. Gottes Güte führt uns zur Umkehr (Röm 2,4) und stößt Veränderungsprozesse in unserem Leben an. Paulus nennt die Gnade Gottes in Christus (also das Evangelium) das ultimative Mittel, um uns Jesus immer ähnlicher zu machen:

„Denn in Christus ist Gottes Gnade sichtbar geworden – die Gnade, die allen Menschen Rettung bringt. Sie erzieht uns dazu, uns von aller Gott-

losigkeit und von den Begierden dieser Welt abzuwenden und, solange wir noch hier auf der Erde sind, verantwortungsbewusst zu handeln, uns nach Gottes Willen zu richten und so zu leben, dass Gott geehrt wird" (Tit 2,11-12; NGÜ).

Das gilt für jeden Christen wie für ganze Gemeinden. Wer so „erzogen" werden will, braucht mehr Gnade – und nicht mehr gesetzlichen Druck. Titus sollte begreifen, dass nur das Evangelium der Gnade Gottes die Kraft hat, die ihm anvertrauten Bewohner Kretas zu einem gottgefälligen, heiligen Leben zu befähigen. Das gleiche „Hilfsmittel" gibt Petrus seinen Lesern an die Hand, bevor er sie auffordert, ein geheiligtes Leben zu führen. Er lenkt ihren Blick neu auf das Evangelium von Jesus und schreibt:

„Richtet euch daher ganz auf Jesus Christus aus [...] und setzt eure Hoffnung völlig auf die Gnade [...]. Richtet euch als gehorsame Kinder Gottes nicht mehr nach den eigensüchtigen Wünschen aus jener früheren Zeit, als ihr noch nichts von Christus wusstet. Der, der euch berufen hat, ist heilig; darum sollt auch ihr ein durch und durch geheiligtes Leben führen" (1Petr 1,13-15; NGÜ).

Biblische Gebote sind unersetzliche Hinweise auf den Willen Gottes, auf den wir hören sollen. Aber geistliche Veränderungsprozesse finden nicht in erster Linie dort statt, wo Gläubige sich wiederholt mit der Härte des göttlichen Gesetzes (also vor allem mit Regeln und Forderungen) konfrontiert sehen. Das führt meist bestenfalls zu kurzfristigen, äußerlich-oberflächlichen Verhaltensänderungen und einer freudlosen Gesetzlichkeit, nicht aber zu einer anhaltenden Erneuerung des Herzens und frohen Jesus-Nachfolge. Die Qualität unseres Lebens mit Christus steigt dort, wo wir dankbar-liebevoll auf Gottes Gnade reagieren. Genauso ist es mit unserem Gemeindeleben.

Diese Dynamik des Evangeliums ist befreiend und fordert uns gleichzeitig heraus. Seine Kraft wirkt in zwei Richtungen, wie auch Timothy Keller immer wieder prägnant herausstellt:

> *„Ich bin [von Natur aus] so sündhaft und schlecht, wie ich es nie für möglich gehalten hätte. Und ich bin [in Christus] angenommener und geliebter, als ich je zu hoffen gewagt hätte."*[68]

Einerseits führt das Evangelium zur Erkenntnis, dass wir angesichts der Ehrfurcht gebietenden Heiligkeit Gottes sündiger sind, als wir es uns eingestehen wollen. Doch Christen bleiben nicht dabei stehen. Die Sünde führt noch Krieg in uns, aber unser Leben „darf nicht mehr von der Sünde beherrscht werden" (Röm 6,12).

Andererseits macht uns das Evangelium bewusst, dass die Liebe Gottes weiter reicht, als wir es uns je hätten erträumen können. Unsere Annahme bei Gott ist also nicht in gesetzlicher Weise von unserem Gehorsam abhängig. Wir sind „Kinder Gottes", deren himmlisches Erbe absolut sicher ist und die keine Verurteilung mehr fürchten müssen (Röm 8,1.16-17).

Wer die Tiefe seiner eigenen Sündhaftigkeit erkennt und auf diesem dunklen Hintergrund vom unerschöpflichen Reichtum der Gnade immer wieder persönlich überwältigt wird, der kann nicht bleiben, wie er ist. Die existenzielle Begegnung mit dem Evangelium der Gnade führt zu einem veränderten Leben. Je mehr wir erfasst sind von diesem Evangelium, desto mehr wird unser Herz (und damit unser Charakter) im Sinne Gottes geformt. Genau diese Erfahrung hat auch der berühmte Prediger Charles Spurgeon gemacht:

> *„Als ich Gott noch als Tyrannen betrachtete, hielt ich meine Sünde für eine Bagatelle, aber als ich ihn als Vater kennenlernte, trauerte ich darüber, dass ich mich überhaupt jemals gegen ihn aufgelehnt hatte. Wenn ich das Gefühl hatte, Gott [und sein Gesetz] sei hart, da fand ich es einfach zu sündigen;*

aber wenn ich vor Augen hatte, wie freundlich, gütig und überfließend barmherzig Gott ist, da schlug ich mir an die Brust und dachte: Wie konnte ich nur jemals gegen den rebellieren, der mich so sehr geliebt hat und mein Bestes will?"[69]

Das Evangelium der Gnade führt nicht zu Beliebigkeit. Und Gehorsam ist nicht Gesetzlichkeit, sondern entspringt der Liebe Jesu zu uns (Joh 14,21.23; 2Kor 5,14-15). Wenn wir mit Gott im Bund stehen, wird Gottes Gesetz in unser Herz geschrieben (Jer 31,33); uns ist die Verwandlung unseres „steinernen Herzens" in ein „fleischernes Herz" verheißen, *damit* wir „in Gottes Geboten wandeln" und „seine Ordnungen halten" (Hes 11,19-20; 36,26-28).

d) Wenn das Evangelium die Gemeindekultur durchdringt

Wie wirkt es sich nun aus, wenn das Evangelium tatsächlich die DNA einer Gemeinde bestimmt? Timothy Keller erklärt:

„Die meisten Probleme [im Leben einer Gemeinde] sind Folge einer mangelnden Ausrichtung am Evangelium. Fehlentwicklungen in der Gemeinde und sündige Strukturen in unserem Leben sind letztlich darauf zurückzuführen, dass wir die Auswirkungen des Evangeliums zu wenig durchdenken und das Evangelium nicht gründlich genug begreifen und annehmen. Oder positiv gesagt: Das Evangelium verändert unser Herz, unser Denken und unsere Haltung zu absolut allem. Wenn in einer Gemeinde das Evangelium in seiner Fülle ausgelegt und umgesetzt wird, dann wird hier eine einzigartige, attraktive Verbindung von moralischer Haltung und Verständnis für andere entstehen."[70]

Durch das Evangelium entsteht ein Klima, das die geistliche Gesundheit und damit auch die missionarische Wirksamkeit einer Gemeinde fördert.

Beispiele für einen solchen „positiven Klimawandel“:

- Das Evangelium macht uns *liebevoller*: Wenn wir uns von Gott bedingungslos geliebt wissen, erwächst daraus die Kraft, anderen liebevoller zu begegnen. Wenn wir uns auf den ausrichten, der uns bis zum Ende geliebt hat, während wir noch „seine Feinde waren“ (Röm 5,10), werden wir fähig, auch dort zu lieben, wo uns Reserviertheit, Misstrauen oder gar Ablehnung entgegenschlagen. Unabhängig von subjektiven Sympathiewerten und trotz Unterschieden in Persönlichkeit, Bildung oder Gehaltsklasse kann so eine Gemeinschaft entstehen, die einander liebt, um Jesu willen.
- Das Evangelium macht uns *selbstloser*: Unsere Erlösung beruht darauf, dass Jesus, der Sohn Gottes, auf „alle seine Vorrechte verzichtete“ und sich für uns „erniedrigte“. Je mehr uns diese Selbstlosigkeit Jesu bewegt, desto mehr wird es uns gelingen „auf das Wohl der anderen bedacht zu sein, nicht nur auf das eigene Wohl“ (Phil 2,4.6-8; NGÜ).

  Ein Klima des Evangeliums

  Es geht dann nicht mehr in erster Linie darum, dass *wir* uns wohlfühlen oder unsere Vorstellungen im Gemeindeleben durchsetzen. Eine vom Evangelium durchströmte Gemeinde wird sich immer weniger um sich selbst und die eigenen Bedürfnisse drehen und stattdessen vor allem die Empfindungen und Bedürfnisse von Menschen im Blick haben, die noch nicht glauben.
- Das Evangelium macht uns *barmherziger*: Wer dazu neigt, die Annahme bei Gott der eigenen moralischen Leistung zuzuschreiben, sieht zwangsläufig auf Menschen herab, die man als weniger „heilig“ wahrnimmt. Wer aber existenziell verinnerlicht hat, wie unfassbar groß Gottes Erbarmen ist (Eph 2,4; Lk 6,36), dessen Herz wird weicher. Verurteilende Blicke werden durch barmherzige Umarmungen ersetzt. Es entsteht ein „Safe Space“, in dem wir es wagen können, als Sünder voreinander und miteinander zu leben. Wo wir so mit der Schwachheit des anderen gnädig umgehen, werden sich Menschen mit ihren Brüchen und Wunden angenommen fühlen.

- Das Evangelium macht uns *demütiger*: Zum Evangelium gehört die Einsicht, dass wir Gottes Gnade nicht verdient haben. Wo man sich dieser vollkommen unverdienten Zuwendung Gottes bewusst ist, entsteht ein Klima, in dem es möglich wird, vom anderen höher zu denken als von sich selbst (Phil 2,3). Denn auf der Grundlage der Guten Nachricht ist jede Form von Hochmut oder Stolz und jede Art von Geringschätzung gegenüber anderen Menschen ausgeschlossen. Das gilt auch gegenüber denen, die anders glauben oder leben. Das Evangelium bereitet den Boden für ein missionarisches Zeugnis, das angesichts der postmodernen Aversion gegen allgemeingültige Wahrheitsansprüche dennoch für Außenstehende zugänglich ist – weil es nicht „von oben herab", also anmaßend oder arrogant-überheblich, präsentiert wird, sondern als demütige, verständnisvolle und „bittende" Einladung zum Glauben an Jesus Christus (2Kor 5,20; 1Kor 2,3-5).
- Das Evangelium macht uns *mutiger*: Das Evangelium wirkt auch als Gegenmittel gegen Menschenfurcht. Es stärkt unser Rückgrat doppelt: Wenn wir in der bedingungslosen Liebe Gottes verankert sind, fällt es uns trotz des gesellschaftlichen Gegenwinds leichter, nach außen hin mutig die christliche Botschaft zu bezeugen. Und wer seine Sicherheit in Christus gefunden hat, der wird innerhalb der Gemeinde Schwierigkeiten und Konflikten nicht feige aus dem Weg gehen, sondern entschlossen das klärende Gespräch suchen, um keine schädliche „Wurzel der Bitterkeit" zu pflegen (Hebr 12,15).
- Das Evangelium macht uns *ehrfürchtiger*: Es gehört zu den Paradoxien des Evangeliums, dass es uns einerseits von Furcht befreit (2Tim 1,7; 1Joh 4,18), uns anderseits aber auch zur Gottesfurcht drängt (2Petr 1,3-7; Hebr 12,28; Ps 130,4). Man könnte auch sagen: Die Gute Nachricht verwandelt eine zitternde, angstbesetzte Furcht vor Gott in eine gesunde, kindliche Ehrfurcht gegenüber dem himmlischen Vater.[71] Gemeinden, denen es gelingt, die von Angst befreiende Gnade Gottes

(„Wir sind in Christus geliebte Kinder!“) und seine Ehrfurcht gebietende Heiligkeit („Wir bleiben von unserer Natur her Sünder!“) zusammenzuhalten, fördern damit eine geistliche Atmosphäre, in der existenzielle Begegnungen mit Gott stattfinden können – und in der sowohl Gemeindeglieder als auch Außenstehende erleben: „Gott ist wahrhaftig in unserer Mitte!“ (1Kor 14,25).

- Das Evangelium macht uns *fröhlicher*: Das Evangelium ist im wahrsten Sinne des Wortes eine Botschaft der Freude. Wenn wir davon erfasst werden, was Gott in Christus für uns getan hat und noch tun wird, dann dringen wir durch zu einer tiefen Freude, die unabhängig von unseren Lebensumständen ist – weil sie darauf beruht, dass wir wegen Christus nun in Gottes Gegenwart leben und auf unbegreifliche Weise „mit dem Herrn verbunden“ sind (Phil 4,4; NGÜ). Außerdem garantiert Jesu Tod und Auferstehung seiner Gemeinde ein ultimatives Freudenfest (Offb 19,6-9; Jes 25,6-8), weshalb wir schon heute jubeln und etwas von der zukünftigen Freude schmecken können. In Gemeinden, die von der Guten Nachricht erfüllt sind, herrscht trotz Leiden und Anfechtungen eine fröhliche Grundatmosphäre.
- Das Evangelium macht uns *großzügiger*: Christus, der reich war, wurde für uns arm, damit wir durch seine Armut reich werden (2Kor 8,9); diese opferbereite Großzügigkeit Jesu bringt „fröhliche Geber“ hervor (2Kor 9,7). Wenn wir überzeugt sind, dass wir in Christus alles haben (also in vielfacher Hinsicht „reich“ sind), dann werden auch wir aus Dankbarkeit über so viel empfangene Gnade zunehmend freigiebiger werden – und das nicht nur in finanzieller Hinsicht, sondern auch im Blick auf den Einsatz unserer Zeit und unserer Gaben. In einer vom Evangelium erfassten Gemeinde sind viele bereit, großzügig ihre Ressourcen zur Verfügung zu stellen, damit die Gemeinde ihren Auftrag erfüllen kann.
- Das Evangelium macht uns *widerstandsfähiger*: Die Gute Nachricht vom bereits errungenen, aber noch nicht vollständig verwirklichten

Sieg Jesu über Sünde und Tod stellt uns hinein in eine Spannung von „schon jetzt“ und „noch nicht“. Das Leben als Christ hat etwas von dem Weg, den Jesus selbst für uns gegangen ist: durch Leiden zur Herrlichkeit. Das Evangelium hilft uns, Krankheit, Schwachheit oder Leiden bei uns und bei anderen nicht als ungewöhnlich anzusehen (1Petr 4,12). Negative Lebensumstände müssen nicht in Verzweiflung oder Bitterkeit gegenüber Gott führen. Denn inmitten unserer Bewährungsproben gilt uns Gottes väterliche Fürsorge. Evangeliumszentrierte Gemeinden sind in der Lage, in der Realität dieser „Zwischenzeit“ geduldig und leidensfähig zu leben, während sie hoffnungs- und erwartungsvoll auf den endgültigen Sieg des Kreuzes warten (1Kor 15,52-56; 1Joh 3,2).

Wo das Evangelium von Jesus Christus seine Dynamik entfaltet, wird die Kultur einer Gemeinde radikal (d. h. „von der Wurzel her“) verändert. Das bedeutet: Geistliche Erneuerungsprozesse in Gemeinden werden nicht in erster Linie durch ausgeklügelte Gemeindeaufbaukonzepte angestoßen, sondern vor allem durch die Wiederentdeckung des Evangeliums als „Gottes Kraft“ (Röm 1,16).

Damit sich diese Kraft entfalten kann, sollten Verantwortliche im Gemeindeaufbau intensiv durchdenken, wie sich die Gute Nachricht auf einzelne Menschen und unterschiedliche Bereiche des Gemeindelebens auswirkt. Leitfragen können sein:

- Wie können wir das Evangelium so vermitteln, dass Menschen es ganzheitlich verstehen, emotional erfassen und konsequent leben?
- Wie helfen wir unseren Gemeindegliedern, das Evangelium von seinen Feinden zu unterscheiden?
- Und wie vermitteln wir Noch-nicht-Christen die Schönheit und Bedeutung einer Botschaft, die vielfach religiösen Staub angesetzt und dadurch ihre lebensverändernde Sprengkraft verloren hat?

Ohne Antworten auf diese grundlegenden Fragen werden wir bestenfalls kurzfristige Aufbrüche mit Strohfeuereffekten erleben, aber vermutlich keine nachhaltige Erneuerung, die missionarische Strahlkraft entwickelt.

Kapitel 6

Kirche der Zukunft:

Eine klare Vision von Gemeinde

Wer einen Garten anlegt und pflegt, hat eine innere Vorstellung davon, wie der Garten aussehen soll und welche Früchte man ernten möchte. An dieser Vorstellung orientiert man sich, wenn man bestimmte Pflanzen setzt und andere Pflanzen als Unkraut ausreißt. Ohne eine solche innere Vision werden Pflanzen und Begießen zu zufälligen und ziellosen Handlungen.

Was für den Garten gilt, gilt auch für die Gemeinde. Ohne ein Zielbild von Kirche fehlt dem kirchlichen Engagement die gemeinsame Ausrichtung. Dann wird es zum Zufall, wenn alle Beteiligten fruchtbar zusammenwirken und einander ergänzen. Viel wahrscheinlicher ist, dass man aneinander vorbeiarbeitet – und noch schlimmer: dass man gegeneinander arbeitet, sodass der eine ausreißt, was der andere gepflanzt hat. Wer missionarisch Gemeinde bauen will, wird daran interessiert sein, dass alle Kräfte in der Kirche zusammenspielen und man auf ein gemeinsames Ziel hinarbeitet.

In diesem Kapitel wollen wir uns diesem großen Zielbild der Kirche annähern (→ a) und uns fragen, was Kirche ist (→ b), wodurch sie erkennbar ist (→ c) und welchen Auftrag sie hat (→ d).

a) Die große Vision: Die Gemeinde der neuen Schöpfung

In meiner (Stefans) ersten Fahrstunde kam mir auf einer schmalen Brücke ein breiter Lastwagen entgegen. Wie komme ich bloß an dem vorbei? Ich wurde nervös. Der Fahrlehrer sagte ganz ruhig: Schau nicht auf den Lastwagen – schaue auch nicht auf das Brückengeländer. Schaue auf den freien Raum dazwischen: „Du fährst dorthin, wo du hinschaust!“

Diese Wahrheit gilt auch für die Gemeindearbeit. Entscheidend ist die Blickrichtung. Und wie beim Autofahren gibt es unterschiedliche Blickrichtungen, den Rückblick, den Seitenblick und den Vorwärtsblick.

Gelegentlich braucht man einen *Blick in den Rückspiegel*. Die Kirche beginnt nicht erst hier und heute. Sie hat eine lange Geschichte hinter sich. Der Rückblick hilft uns, die Herkunft der Kirche zu verstehen. Im Rückspiegel erkennen wir: Gott sucht und schafft sich ein Volk, bei dem er wohnen kann – so könnte man die Geschichte Gottes mit den Menschen zusammenfassen. Deshalb erwählt sich Gott das Volk Israel, um unter ihm zu wohnen (3Mo 26,12). Deshalb sammelt Jesus eine Gruppe von Männern und Frauen um sich, die ihm nachfolgen und nach den Regeln des Reiches Gottes leben sollten (zu den männlichen Aposteln vgl. Mk 3,13-19; zu den Frauen Mk 15,40-41). Deshalb sorgt Jesus am Kreuz für seine Mutter Maria und seinen Jünger Johannes und führt sie zur neuen Familie Gottes zusammen (Joh 19,26-27). Deshalb entsteht durch das Wirken des Heiligen Geistes eine Gemeinschaft von Menschen, die Jesus als Messias und Herr verehren (Apg 2). Diese Gemeinschaft, die sich um den gekreuzigten und auferstandenen Herrn herum bildet, ist die Kirche.[72]

Der Rückblick inspiriert die Kirche der Gegenwart. Wenn man daran denkt, wie intensiv die erste Gemeinde in Jerusalem das Gemeindeleben gestaltet und Gottes Kraft erfahren hat – wer wünscht sich nicht, dass so etwas auch heute geschehen möge? Aus der Reformationszeit lernen wir, dass die Erneuerung der Kirche durch das neue Hören auf die Worte der Heiligen Schrift erfolgt. Im Pietismus und den Erweckungsbewegungen entdecken wir, wie bedeutsam eine existenzielle Umkehr und die Pflege der persönlichen Beziehung mit Gott ist. Die Pfingstbewegung weckt die Kirche aus der Geistvergessenheit und ermutigt uns, auf das Wirken des Heiligen Geistes zu vertrauen. Die charismatische Bewegung lässt uns die

Bedeutung der vielfältigen Gaben des Geistes für den Gemeindeaufbau erkennen. Wir sind nicht die erste Generation, in der Gott seine Kirche durch diese Welt begleitet. Der Heilige Geist ist von Anfang an durch die ganze Geschichte hindurch bis heute wirksam. Aus dem Blick in die Geschichte können wir bei allem, was es auch an Problematischem gibt, viel Positives lernen.

Blicke in den Rückspiegel sind inspirierend und wertvoll, aber nur mit Rückblicken lässt sich Gemeinde nicht gestalten. Frühere Zeiten der Kirche lassen sich nicht kopieren oder einfrieren. Wir können das Rad der Zeit nicht zurückdrehen – und das ist gut so! Wir müssen nicht werden wie die Jerusalemer Urgemeinde oder wie die Kirche in Wittenberg. Das ist nicht die eigentliche Vision der Kirche.

Neben dem Rückblick braucht es ab und zu auch einen *Seitenblick*. Da sehen wir andere Kirchen, wie sie in der Gegenwart ihr Gemeindeleben gestalten. Mit diesen Kirchen sind wir im Glauben an Gott verbunden. Wir freuen uns mit ihnen über alles, was gelingt. Und wir leiden mit ihnen an dem, was jeder Kirche an Not und Anfechtung zugemutet wird. Der Seitenblick bewahrt vor einer einseitigen Fixierung auf die lokale Gemeinde und auch auf die eigene theologische oder geistliche Tradition und zeigt, dass wir alle in dem einen Leib Christi zusammengehören. Wir lernen voneinander und empfangen von anderen Kirchen Inspiration – auch für unser Anliegen des missionarischen Gemeindeaufbaus (→ Kapitel 3). Der Seitenblick könnte aber auch zu Neid, Minderwertigkeit oder zu Stolz und Hochmut führen und zum ungesunden Versuch verleiten, andere Kirchen nachahmen zu wollen. Wer das versucht, wird schnell ernüchtert werden. Genauso wenig, wie wir die Jerusalemer Urgemeinde kopieren können, können wir die Redeemer- oder die Bethel-Church kopieren – oder wie auch immer die Trendsetter gerade heißen. Und das ist gut so!

Die Vision der Kirche liegt in der Zukunft, nicht in der Vergangenheit

Die Vision für den missionarischen Gemeindeaufbau können wir letztlich weder durch den Rückblick noch durch den Seitenblick gewinnen, sondern durch den *Blick durch die Frontscheibe.* Johannes sieht in einer Vision die Zukunft der Kirche: eine große Schar, die niemand zählen kann, aus allen Völkern und Sprachen, die miteinander Gott anbeten (Offb 7,9-12). Es ist die Gemeinde der neuen Schöpfung, das Volk, das zu Gott gehört und in dessen Mitte Gott selbst wohnt (Offb 21,3). Das ist das große Ziel der Gemeinde. Ein immerwährendes Leben in der Gegenwart Gottes, die alles erfüllt. Diese Perspektive verleiht der Kirche Kraft und Hoffnung. Die Kirche Gottes wandert durch die Zeit vorwärts auf das vor ihr liegende Ziel. Dieser Vorwärtsblick erlaubt es, dankbar alles zu würdigen, was Gott bis heute geschenkt hat, aus der Geschichte der Kirche zu lernen und gleichzeitig nicht beim Status quo stehenzubleiben, sondern weiterzugehen. Die Kirche schöpft dabei zu jeder Zeit aus der gleichen Quelle, aus Tod und Auferstehung von Jesus Christus, sie bleibt aber nicht auf der gleichen Stelle stehen, sondern geht vorwärts und findet immer wieder eine neue und andere Gestalt, bis Gott sie zur Vollendung führt.

b) Was ist eigentlich Kirche?

Man kann sich die Kirche also wie eine Pflanze vorstellen, die gesät wird und zu wachsen beginnt, bis sie zur vollen Blüte und Pracht heranreift. Auch wenn sich die Gestalt dieser Pflanze im Reifungsprozess ändert, so gibt es dennoch unveränderliche Wesensmerkmale. So ähnlich ist es bei den Eigenschaften, die die Identität der Kirche auszeichnen. Sie gehören wesensmäßig zur Kirche, und zwar ganz unabhängig davon, in welcher Wachstumsphase sich eine Gemeinde befindet oder wie groß sie ist.

Identität der Kirche:
Einheit
Heiligkeit
Katholizität
Apostolizität

Worin besteht die Identität der Kirche? Die Kirche ist Gottes Idee. Gott selbst hat sie ins Dasein gerufen, um sich ein Volk zu schaffen. Jesus ist der Eigentümer und Bauherr der Gemeinde. Die Kirche, so haben wir gesehen, ist die Gemeinschaft derjenigen Menschen, die Jesus als Christus und Herrn bekennen. Diese Gemeinschaft hat nun bestimmte Eigenschaften. Im Nachdenken darüber haben die ersten Christen vier Eigenschaften besonders hervorgehoben. Diese werden im Glaubensbekenntnis von Nicäa und Konstantinopel aus dem 4. Jahrhundert so formuliert: „die eine, heilige, katholische und apostolische Kirche“:[73]

Die Kirche ist eine.

Die Einheit gehört zur Identität der Kirche. Denn zu dem *einen* Hirten Jesus Christus gibt es nur *eine* Herde (Joh 10,16). Deshalb betet Jesus für die Einheit der Gemeinde (Joh 17). Und Paulus mahnt, diese geistliche Einheit zu bewahren, denn es gibt nur *einen* Leib, *einen* Geist, *eine* Hoffnung, *einen* Herrn, *einen* Glauben, *eine* Taufe, *einen* Gott und Vater (Eph 4,3-5). Die Zersplitterung von Gemeinden und Kirchen ist schmerzhaft. Die Trennung von Glaubensbrüdern und -schwestern tut weh. Man sollte das nicht einfach als Schicksal hinnehmen und schon gar nicht schönreden. Vielmehr erkennen wir hier, dass die beobachtbare Gestalt der zerteilten Kirche mit ihrer wesensmäßigen Einheit nicht übereinstimmt. Daher gehört es zur Aufgabe im Gemeindeaufbau, Wege zu suchen und zu finden, um die Zugehörigkeit zu dem einen Leib Christi besser sichtbar werden zu lassen. Man kann es auch so sagen: Das Wohl einer lokalen Gemeinde ist nur dann ein wirkliches Wohl, wenn es dem gesamten Leib Christi zugutekommt und wenn man nicht nur an die lokale Gemeinde denkt. Für das eigene Christsein und das Gemeindeleben erweisen sich Gebete und Bekenntnisse als besonders hilfreich, die alle Christen miteinander verbinden – das Vaterunser, die Psalmen oder das Apostolikum.

Die Kirche ist heilig.

Heilig ist nach der Bibel das, was Gott für seinen Dienst reserviert. Tempelgeräte sind heilig – denn sie sind für den Dienst im Tempel bestimmt (2Mo 40,9). Ebenso die Erstgeburt, bzw. an deren Stelle die Leviten

(2Mo 13,2; 4Mo 3,12). Gott heiligt die Kirche und nimmt sie in seinen Dienst. Die Kirche lebt und existiert zur Ehre Gottes und hat daher Anteil an Gottes Heiligkeit. Eine Kirche, die sich für andere Zwecke einspannen lässt – beispielsweise für den Staat, für Ideologien –, verrät ihre eigene Identität. Die Kirche darf ihrem Wesen nach auch kein pastorales Selbstverwirklichungsprojekt sein. Es wäre daher beispielsweise ein Widerspruch zum Wesen der Kirche, wenn jemand vor allem deshalb eine neue Gemeinde gründet, um seine eigenen Ideen, wie Kirche zu sein hat, zu verwirklichen oder sich eine Plattform zur Darstellung seiner eigenen Person zu schaffen. Auch hier spüren wir: Die geistliche Identität der Kirche und ihre sichtbare Gestalt stehen in Spannung zueinander. Deshalb wird es im Gemeindeaufbau darauf ankommen, so gut wie möglich deutlich zu machen, dass die Kirche allein Gott gehört.

Die Kirche ist katholisch.

Das heißt: allumfassend, allgemein (von griechisch *kata:* gemäß und *holos:* das Ganze). Der Begriff bezeichnet also nicht eine Konfession (römisch-katholisch vs. evangelisch), sondern eine Eigenschaft der einen Kirche Christi. In dieser einen Kirche sind alle miteinander verbunden wie Glieder an einem Leib. Dass die Kirche katholisch ist, heißt, dass sie weltumspannend ist und über die Zeit andauert. Zu der einen Kirche Christi gehören alle, die zu Christus gehören, aus allen Zeiten und aus allen Orten. Wir sind mit unseren Vätern und Müttern im Glauben verbunden. Wir sind umgeben von einer „Wolke von Zeugen" (Hebr 12,1), also von glaubenden Männern und Frauen, die bereits am Ziel angekommen sind. Und wir haben die Aufgabe, der nächsten Generation den Glauben weiterzugeben. Wir sind damit Teil der großen Geschichte Gottes. Und wir sind rund um den Erdball mit allen Christen verbunden. Das bewahrt vor einem kirchlichen Nationalismus. Die Katholizität der Kirche hängt auch damit zusammen, dass das Evangelium allen Menschen gilt. Die Botschaft von Jesus hat einen universalen und öffentlichen Charakter. Eine

Kirche, die sich ihrer Katholizität bewusst ist, kann sich daher nicht in eine Nische zurückziehen. Kirche ist keine Privatangelegenheit einzelner frommer Menschen, sondern Gottes öffentliches Werk, um überall seinen Namen bekannt werden zu lassen. Missionarischer Gemeindeaufbau, so unscheinbar und klein er sein mag, ist daher ein Teil der universalen, weltumspannenden Kirche Gottes.

Die Kirche ist apostolisch.
Sie ist erbaut auf der Grundlage der Apostel und Propheten (Eph 2,20) und hält an der Lehre der Apostel fest (Apg 2,42). Deshalb darf die Kirche kein anderes Evangelium verkünden als dasjenige, das ihr überliefert wurde (2Kor 11,4). Der Kern dieses Evangeliums ist Jesus Christus, der für unsere Sünden gestorben ist und von den Toten auferweckt wurde (1Kor 15,1-4; → Kapitel 5). Die Apostolizität der Kirche erinnert daran, dass die Kirche nicht aus sich selbst lebt, sondern aus dem Wort Gottes. Sie ist eine „Schöpfung des Wortes Gottes" – „creatura verbi", wie Martin Luther sagte.[74] Weil sie aus dem apostolischen Wort lebt, ist sie auch einbezogen in die apostolische Sendung. Das Wort *Apostel* heißt „Gesandter" und hat die gleiche Bedeutung wie „Missionar". Die Apostolizität der Kirche heißt also auch, dass die Mission, das Gesandtsein, zum Wesen der Kirche gehört. Aus dem Hören auf die Heilige Schrift stammt die Sendung. Beide Aspekte des Apostolischen gehören eng zusammen: die Bindung an die apostolische Lehre und die Teilhabe an der apostolischen Sendung. Bibel und Mission sind ein Doppelpack, der Gemeindeaufbau belebt und voranbringt.

Die Identität der Kirche ist ihr von Gott zugesprochen. Die Kirche ist nicht aus sich selbst heraus eins, heilig, katholisch und apostolisch. Diese Wesensmerkmale sind daher auch nicht direkt empirisch messbar. Wir sehen nicht eine katholische, sondern viele zersplitterte Kirchen. Wir sehen nicht eine heilige apostolische Kirche, sondern eine Kirche, die sich um sich selbst dreht und mit sich selbst beschäftigt ist. Wenn wir also davon sprechen, dass die Kirche eins, heilig, katholisch und apostolisch ist, dann ist dies nicht das Ergebnis einer empirischen Analyse, sondern eine Aussage des Glaubens. Dieser Glaube beruht darauf, dass die Kirche nicht sich selbst gehört, sondern Jesus Christus. Deshalb bestimmt er ihre innerste Identität.

c) Woran erkennt man eine Kirche?

Wenn man die innersten Wesensmerkmale der Kirche nicht sehen und erfahren, sondern nur glauben kann, wie kann man dann wissen, ob etwas „Kirche" ist?

Neben den inneren Merkmalen der Kirche gibt es auch äußere Merkmale.[75] Die wichtigsten Merkmale sind die Verkündigung des Evangeliums (→ Kapitel 5) und das sichtbare gemeinschaftliche Leben, im Kern erkennbar an Taufe und Abendmahl (→ Kapitel 10). So ist es in der Confessio Augustana festgehalten worden, der wichtigsten Bekenntnisschrift der lutherischen Reformation:

Verkündigung
Gemeinschaftliches Leben
Taufe
Abendmahl

„Es wird auch gelehrt, dass allezeit eine heilige, christliche Kirche sein und bleiben muss, die die Versammlung aller Gläubigen ist, bei denen das Evangelium rein gepredigt und die heiligen Sakramente laut dem Evangelium gereicht werden."[76]

Das erste äußere Merkmal ist die *Verkündigung des Evangeliums.* Das ist für das Wesen als Kirche entscheidend. Ob Kirche wirklich Kirche ist, wird also zuerst nicht daran erkennbar, wie gut sie das kirchliche Leben gestaltet, sondern wen sie verkündigt. Die Kirche hat eine Wegweiser-Aufgabe. Sie weist von sich selbst weg und auf Jesus hin. Sie predigt nicht sich selbst, sondern Jesus als den Herrn (2Kor 4,5).

Mit der *Taufe* markiert die Kirche die Grenze zwischen Christsein und Nicht-Christsein. Bei der Taufe wird ein Mensch unter die Herrschaft Gottes gestellt. Der Name des dreieinigen Gottes wird über dem Täufling ausgerufen. Damit ist klar: Dieser Mensch gehört Gott. Keine andere Macht hat Anspruch auf diesen Menschen. Mit der Taufe wird ein Mensch in den Bund Gottes hineingenommen und wird damit auch Teil des göttlichen Bundesvolks. Er wird in den Leib Christ hineingetauft (1Kor 12,13).

Im *Abendmahl* wird dieser Bund mit Gott beständig vergegenwärtigt. Beim Essen vom Brot und Trinken aus dem Kelch lässt Jesus Christus die Gemeinde seine Gegenwart erfahren (1Kor 10,16-17; 11,23-25). Es wird so deutlich wie nirgendwo sonst, dass die Gemeinde aufs Engste mit Jesus Christus verbunden ist und sich ganz mit ihm identifiziert. Die Gemeinschaft der Glaubenden findet im Abendmahl ihren höchsten Ausdruck.

Das heißt also: Wenn in einer Gemeinschaft von Menschen das Evangelium von Jesus Christus verkündigt wird und wenn Taufe und Abendmahl wie von Jesus angeordnet gefeiert werden, dann kann man mit Gewissheit glauben, dass das „Kirche“ ist. Wenn allerdings eine Gruppe behauptet, „Kirche“ zu sein, aber diese Merkmale fehlen, gibt es für diesen Selbstanspruch keine Grundlage und es könnte sich um eine große Selbsttäuschung handeln.

d) Was ist der Auftrag der Kirche?

Die Identität der Kirche besteht also aus inneren Merkmalen und ist durch äußere Merkmale identifizierbar. Doch ihr Auftrag ist umfassender als nur Evangeliumsverkündigung, Taufe und Abendmahl. Er lässt sich mit vier lateinischen Stichworten beschreiben: *Leiturgia*, *Martyria*, *Diakonia*, *Koinonia*.[77]

Leiturgia kennen wir vom Wort „Liturgie“. Es ist die Verehrung Gottes, der Gottesdienst, die Anbetung und der Lobpreis (→ Kapitel 15). Hier wird besonders deutlich, dass der vornehmste Auftrag der Kirche darin besteht, Gott zu verherrlichen und zu verehren. Dieser Auftrag bleibt in alle Ewigkeit bestehen.

Dem Begriff *Martyria* begegnen wir bei der Bezeichnung „Märtyrer". Das sind Glaubenszeugen – Menschen, die mit dem Einsatz ihres ganzen Lebens Jesus bezeugen. Martyria meint also das öffentliche Zeugnis der Kirche mit allen ihr zur Verfügung stehenden Mitteln. Sie predigt Christus, ruft zum Glauben und unterstützt Menschen auf dem Weg des Glaubens (→ Kapitel 17). Denn dazu hat Jesus uns die Kraft des Heiligen Geistes gegeben, um seine Zeugen zu sein (Apg 1,8) und Auskunft über die in uns wohnende Hoffnung zu geben (1Petr 3,15).

Leiturgia
Martyria
Diakonia
Koinonia

Diakonia verweist auf den diakonischen Auftrag der Kirche zum Wohl dieser Welt. Im diakonischen Handeln der Kirche erfahren die Mitmenschen Gottes Liebe. Die Kirche sorgt für Kranke, Schwache und Gefangene. Sie setzt sich für den Schutz des Lebens und für Gerechtigkeit ein. In all dem tritt sie in die Fußstapfen Christi. Das entspricht der Bestimmung der Kirche, Licht der Welt und Salz der Erde zu sein (Mt 5,13-16).

Und schließlich meint *Koinonia* die Gemeinschaft der Glaubenden (→ Kapitel 10). Es ist eine Gemeinschaft, die die typisch menschlichen Gemeinschaftsformen übersteigt. Nicht Verwandtschaft oder Sympathie, nicht gleiche Sprache oder gleiches Milieu sind entscheidend, sondern der Bezug zu Jesus Christus (Gal 3,16-28). Durch ihn werden Christen einander zu Brüdern und Schwestern. Leiturgia, Diakonia und Martyria sind keine Solistenleistungen, sondern gemeinsames Handeln der Gemeinde. Alle ergänzen einander mit den Gaben, die der Heilige Geist jedem gibt (Röm 12,4-8; 1Kor 12). Im Miteinander entfaltet sich die Frucht des Geistes, die Liebe, die Freundlichkeit, die Güte (Gal 5,22-23).

Im Gemeindeaufbau können uns diese vier Stichworte helfen, ein vielfältiges Gemeindeleben zu entwickeln und Einseitigkeiten zu vermeiden. Reife Gemeinden zeichnen sich dadurch aus, dass alle diese Grundvollzüge des Gemeindelebens vorhanden sind. Aber selbst in reifen Gemeinden werden diese Grundvollzüge nicht alle gleich stark und auf gleiche Weise ausgeprägt sein. Auch hier zeigt sich, dass nicht nur die einzelnen Christen innerhalb der Gemeinde aufeinander angewiesen sind, sondern auch die lokalen Gemeinden untereinander. Sie alle sind Teil des einen Leibes Christi und ergänzen einander.

Die Orientierung an diesen vier Grundvollzügen hilft auch zu erkennen, was *nicht* zum Auftrag der Kirche gehört: Es ist nicht der Auftrag der Kirche, die religiösen Bedürfnisse von Kunden zu befriedigen. Es gehört nicht zum Kernauftrag der Kirche, politische Macht zu beanspruchen und das Gemeinwesen zu steuern. Es gehört auch nicht zu ihrem Auftrag, Unterhaltung zu bieten oder Gewinn zu erwirtschaften. Die Grundvollzüge erinnern die Kirche beständig an ihr eigentliches Wesen – dass sie nämlich allein Gott gehört und in seine Gemeinschaft und in seinen Dienst gerufen ist.

Die Skizze veranschaulicht die wesentlichen Aussagen dieses Kapitels: Die Kirche gehört Jesus. Von ihm empfängt sie ihre Identität. Diese zeigt sich in den äußeren Merkmalen und gelangt in den Grundvollzügen der Kirche zur vollen Entfaltung. Sie geht auf ihre herrliche Vollendung zu und empfängt ihre Vision und ihre Hoffnung aus dieser Zukunftsorientierung.

Kapitel 7

Eine andere Mentalität entwickeln:

„Umparken im Kopf"

Im Jahr 2014 startete der Automobilhersteller Opel eine neue Werbekampagne. Zentrale Headline: „Umparken im Kopf". Erklärtes Ziel: einer als langweilig und verstaubt geltenden Automarke ein neues, frisches Gesicht zu verleihen; eine altehrwürdige, aber existenzbedrohte Institution der deutschen Autoindustrie wiederzubeleben. Opel sollte endlich wieder spannend sein – und natürlich mehr Autos verkaufen. Dafür sollte beim potenziellen Kunden ein Umdenkprozess eingeleitet werden. Ein genialer Slogan der Kampagne lautete: „Ist Opel noch so, wie Sie denken? Schauen Sie doch mal nach!" Diese Werbekampagne war eine der erfolgreichsten unserer Zeit. Ergebnis: „Man darf den Opel-Schlüssel wieder auf den Tisch legen, ohne dass jemand gleich mitleidig anfängt zu lächeln."[78]

Was hat das mit Gemeindeaufbau zu tun? Ähnlich wie die Opel-Werbestrategen glauben wir, dass die Zeiten sich geändert haben. Auch im Bereich des freikirchlichen Gemeindeaufbaus ist nicht mehr alles so, wie wir vielleicht insgeheim denken. Um den Herausforderungen eines zunehmend säkularen Kontexts zu begegnen, brauchen wir auch so einen „Opel-Moment": ein „Umparken im Kopf", neue Perspektiven, eine neue Mentalität. Es gilt, gedankliche Weichen für die Zukunft zu stellen. Dazu knüpfen wir an unsere Überlegungen zur Entstehungsgeschichte von Freikirchen an und halten uns die veränderten kontextuellen Bedingungen vor Augen (→ Kapitel 2). Das führt uns zu drei Leitfragen:

- Woran lässt sich noch anknüpfen? (Ist der „Modus der Erweckung" noch zielführend? → a)
- Von wem grenzen wir uns ab? (Wer ist der „signifikante Andere"? → b)
- Reicht es aus, ein neues Gesicht von Kirche zu zeigen? („Kirche neu erleben?" → c)

a) Ist der „Modus der Erweckung" noch zielführend?

Freikirchen sind in einer Zeit entstanden, in der die Volkskirchen gesellschaftlich noch eine gewichtige Stimme hatten und das Christentum die Kultur noch wesentlich prägte. Auch wenn viele „Namenschristen" waren, so waren ihnen die christliche Kernbotschaft und der christliche Wertekanon dennoch in Grundzügen vertraut. Wer dagegen heute in einem durch und durch säkularen, nach-christentümlichen Umfeld einen Zeitgenossen zum Bibellesen einlädt, sollte nicht über die Antwort überrascht sein: „Warum nicht – worum geht's da?" Die kirchlichen und gesellschaftlichen Bedingungen, unter denen sich Freikirchen jahrzehntelang verhältnismäßig gut entwickeln konnten, sind in unserem säkularen Kontext also nicht mehr gegeben.

Freikirchen operieren meist immer noch in einem „Modus der Erweckung".

Im Rückblick wird deutlich: Freikirchen sind in einer kulturchristlichen Umgebung entstanden, als „intensivere" Variante christlicher Gemeinde. Es ging prinzipiell darum, bereits zu einem bestimmten Grad christlich sozialisierte Menschen zu einem persönlicheren und überzeugteren Glauben zu „erwecken". Wer sein Namenschristentum ablegte und sich zu einem wiedergeborenen Christsein „bekehrte", vollzog keinen kompletten Religionswechsel und keine radikale Veränderung der eigenen Weltanschauung, sondern stieg in eine tiefere Erfahrung und konsequentere Umsetzung dessen ein, wovon er bereits geprägt war. Insofern operierten Freikirchen in einem „Modus der Erweckung". Sowohl die gelebte Glaubenspraxis als auch die ethischen Normen freikirchlicher Gemeinschaften waren „verstärkte“ Formen einer grundsätzlich in der Gesellschaft akzeptierten Religiosität. Das ist inzwischen nur noch äußerst selten der Fall.

Freikirchen erreichen auch heute überwiegend Menschen, die bereits ein substanzielles Maß an christlichem Vorwissen und kirchlicher Prägung mitbringen (→ Kapitel 1). Lediglich 8 % der Freikirchenmitglieder kann man als „unkirchlich“ (vor ihrem Eintritt) bezeichnen. Bei den meisten Menschen, die in Freikirchen eine „Bekehrung“ erfahren, besteht diese in Erneuerung bisheriger Glaubenserfahrung (Vergewisserungstyp) oder in der Anknüpfung an ein bereits vorher vorhandenes religiös-kirchliches Erbe (Entdeckungstyp). Der Lebenswendetyp, der ohne christliche Vorprägung zum Glauben kommt, bleibt die Ausnahme.

Das spricht dafür, dass der vertraute „Modus der Erweckung“ in freikirchlichen Gemeinden immer noch weit verbreitet ist. Ob in der Predigt, bei der Gottesdienstgestaltung oder in Formulierungen auf der Gemeinde-Webseite: Häufig wird (vermutlich unbewusst) bei den Menschen, die man erreichen will, ein gewisses christliches Grundwissen, sozusagen ein geistlicher Grundwasserspiegel, vorausgesetzt, der aber inzwischen rapide gesunken ist.

Der ehemalige Bischof der methodistischen Kirche, Walter Klaiber, bemerkt:

> *„Dort, wo die Restbestände volkskirchlicher Frömmigkeit ganz fehlen und die Menschen der Kirche nicht einmal mehr entfremdet sind [wie z. B. in Ostdeutschland], weil schon ihre Eltern und Großeltern nicht mehr zu ihr gehörten, da tun sich auch die Freikirchen mit ihrer missionarischen Arbeit sehr schwer. Ist es doch hilfreich, wenn der harte Boden der Areligiosität durch ein flächendeckendes volkskirchliches Wirken aufgelockert ist, damit die Saat des Evangeliums in die Herzen eindringen kann?“*[79]

Diese Frage kann nur mit „Ja“ beantwortet werden. Freikirchen haben zweifellos von einem „kirchlich aufgelockerten Boden“ im Rahmen einer christentümlichen Gesellschaft profitiert. Nach wie vor finden sie missionarisch eher Zugang zu Menschen, die mit dem christlichen Glauben halbwegs vertraut sind.

Wer nun aber in einem zunehmend säkularen Umfeld Menschen für den christlichen Glauben erreichen will, sollte bewusster und konsequenter als bisher verinnerlichen, dass das Ziel nicht mehr darin bestehen kann, bereits mehr oder weniger christlich Sozialisierte im Rahmen der Gemeinde zu einem lebendigen Glauben zu „erwecken". Wir brauchen einen Mentalitätswechsel, ein „Umparken im Kopf". Das führt uns direkt zu einer weiteren wichtigen Frage:

b) Wer sind eigentlich unsere „signifikanten Anderen"?

Die sozialpsychologische Forschung hat festgestellt, dass das Selbstbewusstsein, die Identität und das konkrete Verhalten einer Gruppe vor allem dadurch geprägt wird, wie man sich auf andere Gruppen bezieht und sich von ihnen abgrenzt. Diese Fremdgruppen werden auch als „signifikante Andere" bezeichnet. Je nachdem, welche Vergleichsgruppe als Gegenüber gesehen wird, bestimmt sich die Identität der eigenen Gruppe anders. Eine Gruppe von Fans des FC Bayern gewinnt ihre Identität bei einem Spiel der deutschen Bundesliga z. B. im Gegenüber zu den Fans des Rivalen aus Dortmund. Im Rahmen eines Länderspiels zwischen Deutschland und der Schweiz spielt diese Abgrenzung aber keine Rolle mehr. Stattdessen werden Bayern- und BVB-Fans ihr gemeinsames Bewusstsein als Anhänger der deutschen Nationalmannschaft im Kontrast zu den Fans der Schweizer „Nati" ausbilden.

In einem tiefgreifend veränderten Kontext dürfen also Freikirchen nicht mehr davon ausgehen, dass das volkskirchliche Christentum (bzw. die von ihm getragene christentümliche Kultur) der relevanteste „Vergleichspartner" ist. Stattdessen müssen nun die zunehmend säkularisierten Bevölkerungsgruppen als „signifikante Andere" stärker ins Blickfeld rücken.

Sind sich freikirchliche Verantwortungsträger ausreichend bewusst, dass hier ein Umdenkprozess nötig ist? Unserer Wahrnehmung nach ist die „Rhetorik der Abgrenzung“ vom volkskirchlichen Gegenüber immer noch weit verbreitet. Gleichzeitig beobachten wir, dass sich neue, innovative Freikirchen inzwischen auch gerne von etwas älteren, klassischen Freikirchen abgrenzen, die sie z. B. für „gesetzlich“, „verstaubt“ oder „altbacken“ halten. Charismatische Gemeinden grenzen sich bisweilen von nichtcharismatischen Gemeinden ab (und umgekehrt). Natürlich kann dies im Einzelfall auch einmal legitim sein. Dennoch fällt auf, dass häufig eine andere christliche Gruppierung – also eine gesamtgesellschaftlich eigentlich recht nahestehende Gruppe – zum prägenden Gegenüber stilisiert wird, mit dem man sich vergleicht und an dem man sich „abarbeitet“. Das hat Auswirkungen auf die Praxis des Gemeindeaufbaus – wie wir später noch sehen werden.

Auch hier liefert die Sozialpsychologie nachvollziehbare Erklärungen, warum es Freikirchen oft schwerfällt, sich auf ein relevanteres Gegenüber zu beziehen. Menschen haben die grundsätzliche Tendenz, sich verstärkt mit denen zu vergleichen, deren Überzeugungen, Werte und Fähigkeiten sich nicht allzu sehr von den eigenen unterscheiden – sozusagen den „engeren Verwandten“. Das erklärt, warum Freikirchen nach wie vor häufig dazu neigen, sich mit anderen christlichen (teilweise ebenfalls freikirchlichen) Gruppierungen zu vergleichen, auch wenn dies angesichts der veränderten gesellschaftlichen Rahmenbedingungen nicht mehr sinnvoll scheint.

Freikirchen sollten ihre Identität nicht in Abgrenzung von anderen christlichen Gruppierungen entwickeln.

Diese Dynamik sollten Freikirchen intensiver als bisher bedenken und durchbrechen. Natürlich bleiben bedeutende theologische Unterschiede zwischen verschiedenen Kirchen und Gemeinden, ebenso wie Gemeinsamkeiten, die wichtig zu betonen sind. Es bleibt wichtig, sich gegenseitig wahrzunehmen, um voneinander zu lernen und sich inspirieren zu lassen.

Doch um in einer säkularen Umgebung missionarische Wirksamkeit zu entfalten, sollte der Blick auch in andere Richtungen schweifen, weg von den „nahen christlichen Verwandten“ hin zu breiteren Teilen einer nicht-mehr-christlichen Gesellschaft.

Dieser gedankliche Umparkprozess wird Mühe kosten. Auch deshalb, weil die „säkulare Vergleichsgruppe“ derart vielschichtig und uneinheitlich und daher weniger klar zu greifen ist. Doch je gezielter und vorsätzlicher in einzelnen Gemeinden die glaubens- und kirchenfernen Menschen als Gegenüber ins Blickfeld rücken (z. B. in ihrer Gottesdienstgestaltung oder ihren evangelistischen Bemühungen), desto eher lässt sich in einem veränderten gesellschaftlichen Umfeld eine tragfähige Identität gewinnen und desto fruchtbarer wird der Versuch sein, den missionarischen Auftrag zu erfüllen.

c) Kirche neu erleben – reicht das?

Hierbei ist noch eine weitere Dynamik zu beachten: Menschen, die sich von der Kirche distanziert haben oder bisher kaum persönlich mit kirchlichem Leben in Berührung gekommen sind, werden gewisse Vorurteile im Blick auf Kirche mitbringen. Um solchen Menschen den Glauben nahezubringen, muss vielfach zunächst ein negatives Bild von Kirche umgekehrt werden. Dieses spiegelt eine verbreitete Haltung zur Kirche wider, die durch frühere Erfahrungen mit der Kirche gespeist wird („Kirche ist langweilig und hat nichts mit meinem Leben zu tun“) und durch mediale Zerrbilder von Kirchgängern in Filmen und Serien beeinflusst wird („Christen sind schräge Typen“, vgl. z. B. die Figur des Ned Flanders in *Die Simpsons*). Auch wenn Kirche für viele keine nennenswerte Rolle mehr spielt, sollte eine zielführende missionarische Strategie auch dem Negativbild einer verstaubten und belanglosen Kirche begegnen, um Menschen den Glauben als zeitgemäß, durchdacht und lebensnah zu präsentieren.

Vor diesem Hintergrund sind auch die inzwischen in freikirchlichen Kreisen häufig anzutreffenden Slogans wie „Kirche anders“, „Kirche neu erleben“ oder „Gemeinde neu denken“ zu bewerten. Wenn damit der Wunsch nach einer „veränderten Kirche für eine zunehmend säkulare Zeit“ ausgedrückt werden soll, hat das in Abgrenzung zu nicht mehr zeitgemäßen kirchlichen Formen durchaus seine Berechtigung. Entgegen manchen Vorurteilen ist es wichtig, deutlich zu machen, dass Kirche „anders“ sein kann als normalerweise angenommen – eben „neu“, begeisternd, tiefgründig, fröhlich, authentisch, alltagsrelevant.

Passt „Kirche anders“ noch?

Allerdings sollte man auch hier beachten, dass es zu kurz greifen würde, mit den entsprechenden Slogans lediglich darauf abzuzielen, dass man „moderner und attraktiver“ ist als herkömmliche Kirchen und Freikirchen. Je säkularer die jeweilige Umgebung, desto weniger reicht es für eine Freikirche aus, sich einfach nur „wie früher“ als dynamisch-lebensnahes Alternativangebot von traditionelleren Kirchen abzugrenzen. So wird man mehrheitlich diejenigen ansprechen, die aufgrund ihrer christlichen Vorprägung einem kirchlichen Gegenentwurf noch aufgeschlossen gegenüberstehen und sich dann entsprechend leichter im Rahmen einer Freikirche zu einem lebendigeren Glauben „erwecken“ lassen. Da säkularisierte Menschen in der Regel aber kirchlichen Angeboten jeglicher Art negativ gegenüberstehen, wird ein „Wir sind anders“ oder „Kirche neu erleben“ allein wenig Wirkung zeigen.

Bedeutsam ist in diesem Zusammenhang auch, dass bei vielen Zeitgenossen weiterhin die Befürchtung besteht, dass es sich bei Freikirchen um Sekten handelt – teils aus allgemeiner Unkenntnis, teils konkret aufgrund fragwürdiger TV-Dokumentationen über die Ränder des evangelikal-freikirchlichen Milieus. Auch angesichts dieser offensichtlich weitverbreiteten Skepsis scheint es für Freikirchen angebracht, sich nicht übertrieben stark von den Großkirchen zu distanzieren, die trotz Mitgliederschwund gesellschaftlich nach wie vor fest verankert sind und (bei aller Kritik an der Institution Kirche) noch ein gewisses Vertrauen genießen, das unbekannteren freikirchlichen Gemeinschaften so nicht entgegengebracht wird.

Daher wäre es für Freikirchen klug, in ihrer öffentlichen Kommunikation ausdrücklich herauszustellen, dass das eigene Glaubensbekenntnis im Kern mit dem großen ökumenischen Konsens übereinstimmt, wie er beispielsweise im Apostolischen Glaubensbekenntnis formuliert ist.[80] Die Betonung des gemeinsamen Glaubens muss dabei aber viel mehr sein als nur eine strategische Werbemaßnahme – sie beruht auf der durch Jesus gestifteten Einheit der Kirche (→ Kapitel 6b).

Vielleicht ist dies die Chance einer nach-christentümlichen Kultur: Kirchen, die sich in einer christentümlichen Gesellschaft auch durch wechselseitige Abgrenzung identifiziert haben, entdecken in einer säkularisierenden Kultur ihren gemeinsamen Glauben und bezeugen gemeinsam Jesus Christus. Die Gestaltung der von Jesus geschenkten Einheit der Kirche trägt die missionarische Verheißung, dass gerade dadurch Menschen erkennen werden, wer Jesus ist (vgl. Joh 17,20-23).

Kapitel 8

Zwischen Gleichgültigkeit und Sehnsucht:

Anknüpfungspunkte für den Glauben finden

Viele Zeitgenossen „juckt“ der christliche Glaube nicht mehr. Sie lehnen jede christlich orientierte Weltanschauung ab – nicht aus Überzeugung und durchdachter Argumentation, sondern eher aus Desinteresse. In Glaubensdingen herrscht Gleichgültigkeit; Unglauben aus Gewohnheit ist der Normalfall. Eine viel zitierte Beschreibung, die bisher für Ostdeutschland galt, trifft inzwischen auf immer größere Teile der Gesellschaft zu: „Die Menschen haben vergessen, dass sie Gott vergessen haben.“[81]

Glaube und Religion haben für das Alltagsleben kaum noch eine Bedeutung. Viele unserer Mitmenschen fühlen sich von religiösen Dingen schlicht und ergreifend nicht betroffen und scheinen tatsächlich keinerlei religiöse Bedürfnisse zu haben. Sie sind tief geprägt von einem Kontext, „der den Glauben nicht einmal als entferntesten Gedanken zulässt“[82]. *Nicht* zu glauben ist nicht zu hinterfragender Common Sense. Typisch ist hierzulande, so der Religionssoziologe Hans Joas, „ein ahnungsloser, veralltäglichter, zur Gewohnheit gewordener Atheismus“[83]. Und der Philosoph Luc Ferry nimmt wahr, dass man in unseren westeuropäischen Gesellschaften sehr gut leben kann, „ohne sich jemals die grundlegenden Fragen zu stellen“[84]. Selbst die Frage nach dem Sinn des Lebens spielt für viele Menschen keine große Rolle mehr. Auch die Frage nach der Existenz Gottes bzw. eines höheren Wesens hält immerhin mehr als ein Drittel der deutschen Gesamtbevölkerung für gänzlich irrelevant.[85]

Wer vor diesem Hintergrund missionarisch Gemeinde gestalten will, steht vor Herausforderungen. Sind Menschen überhaupt noch religiös ansprechbar (→ a)? Lassen sich spirituelle Grundinstinkte finden (→ b)? Und wenn ja: Auf welche Weise könnten sie als Anknüpfungspunkte für den Glauben fungieren (→ c und → d)?

a) „Frommer Unglaube" oder: Das „Unbehagen" als Chance

So weit verbreitet die Glaubens-Gleichgültigkeit auch sein mag – es gibt eine gegenläufige Dynamik. Denn nicht selten beschleicht Menschen in unserer westlichen Kultur das Gefühl, mit dem Verlust der Transzendenz sei etwas Wesentliches verloren gegangen. Man könnte von „frommen Ungläubigen"[86] sprechen, die zwar nicht an Gott glauben, ihn aber vermissen (→ Kapitel 2). Sie spüren, so Charles Taylor, ein „Unbehagen" beim Gedanken an eine rein säkulare, im wahrsten Sinne des Wortes Gott-lose Welt.[87]

„Fromme Ungläubige" fühlen sich einerseits dem Unglauben verhaftet, können aber andererseits die Faszination und Bedeutung des Spirituellen nicht gänzlich abschütteln. Sie sind nicht übermäßig religiös, aber verspüren doch eine nagende Unzufriedenheit. Auch der postmoderne Mensch kann sich der Empfindung nicht erwehren,

> *„dass er nicht ausschließlich deshalb auf der Welt ist, um ständig immer leistungsfähigere Autos […] zu kaufen. Geld, Berühmtheit, Macht, Verführungskraft scheinen ihm zwar erstrebenswerte, aber doch relative Werte zu sein."*[88]

Eine rein säkulare Weltsicht bleibt für viele unbefriedigend und wirft Fragen auf:

> *„Wie kann es sein, dass die Welt das Resultat eines zufälligen Big Bangs ist? Wie sollte dahinter kein Design stehen, kein metaphysischer [= über das*

Natürliche hinausgehender] Zweck? Kann es wirklich sein, dass jedes Leben – beginnend mit meinem eigenen, dem meines Ehepartners, meines Kindes usw. – kosmisch irrelevant ist?"[89]

Vor diesem Hintergrund überrascht es nicht, dass in den letzten Jahren oft von einem Megatrend der „Respiritualisierung", von einer „Wiederkehr der Götter" oder überhaupt von einem Boomen der Religion die Rede war.[90]

Spirituelle Suche

Die Intensität der Sinnsuche hat in den letzten Jahrzehnten wahrnehmbar zugenommen. Das genaue Ausmaß ist schwer zu beziffern. Aber es gibt tatsächlich auch bei uns ein wachsendes spirituelles Interesse. Nicht zuletzt in stark konfessionslos geprägten Regionen (z. B. in Ostdeutschland) boomt mitunter das Esoterik-Milieu und speziell in der jüngeren Generation erfreuen sich unterschiedlichste Formen von Patchwork-Religiosität großer Beliebtheit: Menschen bedienen sich recht unbefangen an den vielfältigen Angeboten des spirituellen Supermarkts und basteln sich, immer wieder neu, aus unterschiedlichen religiösen Versatzstücken und spirituellen Traditionen ihre ganz individuelle Lebensphilosophie zusammen. Also sind sie kaum noch dauerhaft in einer bestimmten religiösen Überzeugung beheimatet. Für weite Teile der deutschen Bevölkerung hat Heiner Meulemann davon gesprochen, dass eine „wachsende Spiritualität der Suche" die Verluste einer „Spiritualität des Zuhauseseins" kompensiere.[91] Etwas plakativ könnte man formulieren: Die Deutschen glauben zwar immer weniger, suchen aber immer mehr.

Dennoch warnt der in säkularen Kontexten sehr erfahrene Pfarrer und Gemeindegründer Alexander Garth vor übersteigerten missionarischen Hoffnungen:

„Tatsächlich ist die postmoderne Suche nach dem religiösen Kick wenig kompatibel mit dem christlichen Glauben."[92]

Oder anders ausgedrückt: Kaum ein Zeitgenosse kommt auf die Idee, Antworten auf spirituelle Fragen bei christlichen Kirchen und Gemeinden zu suchen. Dennoch ist Garth überzeugt, dass der christliche Glaube auch heute das Potenzial dazu hat, eine starke Faszination und Attraktivität auf postmoderne Menschen auszuüben. Die spirituellen Suchbewegungen vieler Menschen und das vielfach spürbare „Unbehagen" an rein säkularen Weltdeutungen seien „eine große Chance, mit ihnen über den Glauben und den Sinn des Lebens ins Gespräch zu kommen".[93] Er plädiert dafür, die spirituelle Sehnsucht unserer Mitmenschen nicht abzuwerten, sondern empathisch zu kritisieren. Eine solche „empathische Spiritualitätskritik" würde zunächst

> *„einfühlsam fragen, was sie denn suchen. Der, die Suchende könnte erzählen, welchen Weg sie eingeschlagen hat, um die Sehnsucht ihres Herzens zu beruhigen. Es wäre angebracht, könnte dann die suchende Person (kompetent begleitet) selbst evaluieren, ob der praktisch eingeschlagene Weg (oft außerhalb der christlichen Kirchen) ihre spirituelle Sehnsucht beruhigt und stillt. So könnte Vertrauen gestiftet werden."*[94]

b) Sehnsüchte als spirituelle Grundinstinkte

Nach vielen Jahrzehnten Gemeindeerfahrung in glaubens- und kirchenfernen Milieus kommt Alexander Garth zum Schluss: Es gibt keine generelle geistliche Sehnsucht im Menschen, an die man problemlos anknüpfen könnte. Von einer prinzipiellen Offenheit für den christlichen Glauben auszugehen, ist seiner Ansicht nach eine Illusion. Die geistliche Dimension sei

> *„so verschüttet, verborgen und von einem naturalistisch-materialistischen Weltbild überlagert, dass der homo areligiosus [also der ohne religiöse Vorstellungen auskommende Mensch] tatsächlich ohne jede religiöse Bedürftigkeit lebt. Völlig desinteressiert an metaphysischen Fragen und ohne die leises-*

te Ahnung eines religiösen Vakuums freut er sich des Lebens und ist glücklich und unglücklich wie andere Menschen auch.“[95]

Genauso entschieden hält Garth dann aber an der Grundüberzeugung fest, dass der Mensch dennoch „unheilbar religiös“ sei, „dass in jedem Menschen so etwas wie ein spiritueller Grundinstinkt, eine Ur-Sehnsucht, eine spirituelle Kernpersönlichkeit angelegt ist“[96]. In der Tat spricht vieles dafür, dass Menschen ganz grundsätzlich religiös ansprechbar bleiben. Trotz Gleichgültigkeit und selbstverständlicher Diesseitsorientierung schlummern auch in unseren glaubensfernen Zeitgenossen tiefe Sehnsüchte, wie säkular überlagert diese auch sein mögen. Und auch heute nähern sich Menschen dem Glauben an, wenn sie merken, dass es auf die bislang verdrängten, großen Lebensfragen – also: Woher komme ich, wer bin ich, wohin gehe ich und wozu lebe ich eigentlich? – rein innerweltlich keine vernünftigen und emotional zufriedenstellenden Antworten gibt.[97]

Schon der Kirchenvater Augustinus wusste: „Ruhelos ist unser Herz, bis es Ruhe findet in dir.“ Gemeinden, die in besonderer Weise Zugang zu postmodern-säkularen Menschen gefunden haben, nutzen nun genau diese „sehnsüchtige Ruhelosigkeit“ als wirksamen missionarischen Anknüpfungspunkt. Ihre Erfahrungen zeigen: Interesse an Gott und dem christlichen Glauben entsteht häufig dort, wo spirituelle Grundinstinkte stimuliert werden. In Gottesdiensten und Glaubensgrundkursen, aber auch im persönlichen Gespräch, greift man bewusst die existenziellen Wünsche und Hoffnungen noch-nicht-glaubender Menschen auf:[98]

- Was bewegt sie?
- Wonach streben sie?
- Was erfüllt sie?
- Worauf hoffen sie?
- Was gibt ihnen Sicherheit?
- Worin liegen für sie die Quellen tiefer Freude und Zufriedenheit?

Evangelistisch wirkungsvolle Gemeinden zielen in ihrer Arbeit darauf ab, die ungestillten Sehnsüchte der Menschen ernst zu nehmen und aufzugreifen, um ihnen anschließend aufzuzeigen, dass diese Sehnsüchte nur in der Beziehung zu Gott in Jesus Christus vollkommen gestillt werden können. Eine liebevolle Begegnung mit ihren dauerhaft unerfüllten Sehnsüchten ist für viele der Auslöser, sich näher mit dem christlichen Glauben auseinanderzusetzen. Glaubensprozesse kommen in Gang, wo man zu der schmerzhaften Einsicht kommt, dass irdische „Glücksbringer" langfristig nicht halten, was sie versprechen. Zu diesem Ansatz gehört allerdings auch der Hinweis, dass die vollkommene Stillung menschlicher Sehnsüchte erst mit der Vollendung der neuen Schöpfung zu erwarten ist. Auch Christen müssen lernen, in der Gegenwart mit teilweise unerfüllten Sehnsüchten zu leben. Selbst das Gute, das wir erleben, bleibt bestenfalls ein „Vorgeschmack" auf die vollkommene Erfüllung unserer Hoffnungen in der Ewigkeit.

Sehnsucht nach mehr

Bereits vor über 80 Jahren hat der britische Autor C. S. Lewis auf solch „postmoderne" Art versucht, den Glauben plausibel zu machen. Dabei nahm er gezielt Bezug auf tiefer liegende menschliche Herzensregungen und formulierte die bekannten Worte:

> *„Wenn wir nun in uns selbst ein Bedürfnis entdecken, das durch nichts in dieser Welt gestillt werden kann, dann können wir daraus doch schließen, dass wir für eine andere Welt erschaffen wurden. Wenn keine irdische Freude dieses Verlangen befriedigen kann, heißt das ja noch nicht, dass die ganze Erde ein Betrug ist. Die irdischen Freuden waren vielleicht nie dazu bestimmt, es zu stillen, sondern nur dazu, es wachzurufen, auf das Wirkliche hinzudeuten."*[99]

Anders gesagt: Ungestillte Sehnsüchte wecken spirituelle Grundinstinkte und sind am glaubhaftesten dadurch zu erklären, dass wir eigentlich für eine andere Welt gemacht sind.

Angesichts der Erfahrungsorientierung und emotionalen Ansprechbarkeit der Postmoderne ist unsere Kommunikation dort „erfolgversprechend", wo wir „mitten ins Herz" zielen. Wir können der Schönheit und Kraft des Evangeliums eine Gestalt geben, wenn wir es schaffen, die christliche Botschaft weise, einfühlsam und verständlich mit den tiefsten menschlichen Sehnsüchten, Bedürfnissen und Lebensfragen zu verbinden. Das ist kein Automatismus, aber anstelle von Gleichgültigkeit und Desinteresse entsteht so womöglich echter Glaubenshunger.

c) Große Themen, die alle „jucken"

So gibt es also universelle menschliche Sehnsüchte, an die wir andocken können, um mit Menschen über den Glauben ins Gespräch zu kommen. Zwischen den eigenen biblischen Glaubensüberzeugungen und dem Denk- und Wertesystem säkularer Zeitgenossen liegen häufig Welten, doch diese spirituellen Grundinstinkte können Ansatzpunkte liefern, um zum Nachdenken über Gott anzuregen.

Der britische Theologe Tom Wright benennt in seinem Buch *Warum Christ sein Sinn macht* vier Sehnsüchte, die sich auch bei säkularisierten Mitmenschen als unterbewusste Hinweise auf Gott interpretieren lassen:[100]

- die Sehnsucht nach *Gerechtigkeit* („Die Welt ins Lot bringen")
- die Sehnsucht nach *Spiritualität* („Die verborgene Quelle")
- die Sehnsucht nach *Beziehungen* („Füreinander geschaffen")
- die Sehnsucht nach dem *Guten und Schönen* („Die Schönheit der Erde")

Ganz ähnlich hat Johannes Hartl in seinem Buch *Eden Culture* die menschlichen Grundbedürfnisse nach Verbundenheit, Sinn und Schönheit beschrieben.[101] Klar ist: Diese Sehnsüchte werden heute kaum noch religiös und schon gar nicht christlich gefüllt. Doch auch in säkularem Gewand gehören sie zum Grundbestand menschlichen Lebens. Selbst Menschen, die einem Gott-losen Weltbild anhängen und die der Glaube nicht mehr „juckt", können sich dem „Juckreiz" dieser existenziellen Fragen und Sehnsüchte nicht entziehen.[102] Trotz gegenteiliger Beteuerungen suchen sie mit Nachdruck nach Dingen, die über das Diesseits und eine rein säkulare Deutung des Daseins hinausweisen.

Ungestillte Sehnsüchte, an die sich andocken lässt

Ähnlich argumentiert Timothy Keller in seinem Grundlagenwerk *Glauben wozu? Religion im Zeitalter der Skepsis.*[103] Auf der Basis jahrzehntelanger Erfahrung im säkularen New York setzt er sich mit verschiedenen Annahmen („Glaubenssätzen") auseinander, die in den Köpfen und Herzen unserer Zeitgenossen so stark sind, dass sie den christlichen Glauben von vornherein als wenig plausibel oder gar undenkbar erscheinen lassen:

- „Man muss nicht an Gott glauben, um ein erfülltes Leben voller Bedeutung, Hoffnung und Zufriedenheit zu haben."
- „Man sollte frei sein, so zu leben, wie man es für richtig hält, solange man niemandem schadet."
- „Du wirst, wer du bist, wenn du deinen tiefsten Wünschen und Träumen treu bleibst."
- „Man muss nicht an Gott glauben, um eine Grundlage für ethisch-moralische Werte und Menschenrechte zu haben."

Es ist unschwer zu erkennen: Auch hinter diesen Glaubenssätzen verbergen sich letztlich Sehnsüchte nach einem erfüllten Leben, nach Freiheit, nach Ich-Entfaltung und nach einem friedlichen Zusammenleben. Denn auch eine noch so säkular geprägte Kultur kommt nicht an diesen grundlegenden spirituellen Instinkten vorbei – und steht vor der Aufgabe, den Menschen Bedeutung, Geborgenheit, Zufriedenheit, Freiheit, eine tragfähige Identität und eine der Gesellschaft dienliche Moral zu verschaffen, weil wir ohne diese Dinge einfach nicht leben können.[104] Eine wichtige Frage für die Zukunft ist: Haben wir die richtige apologetische (den Glauben verteidigende) und evangelistische Weichenstellung?

Hierfür liefern Wright und Keller wesentliche Impulse. Sie helfen uns zu verstehen, wie Jesus jede dieser universellen menschlichen Sehnsüchte erfüllt, indem sie zeigen,

> *„dass der christliche Glaube emotional wie kulturell am meisten Sinn ergibt, dass er die großen Lebensthemen am treffendsten erklärt und dass er unübertroffene Ressourcen bietet, um diesen unweigerlichen menschlichen Bedürfnissen zu begegnen."*[105]

Um all das freundlich und überzeugend zu vermitteln, werden intensives Nachdenken und viel Geduld nötig sein. Doch die Mühe lohnt sich: Auch wenn es vielen unserer Mitmenschen unter den gegenwärtigen gesellschaftlichen Bedingungen geradezu unumgänglich vorkommt, *nicht* zu glauben, lässt sich missionarisch am „Sehnsuchtsfaktor" anknüpfen, um Menschen auf diesem Weg auf Gott aufmerksam zu machen.

d) Missionarische Anknüpfungspunkte nach der Pandemie?

In gewisser Hinsicht gehören die bisher genannten Sehnsüchte zu den charakteristischen Merkmalen westlicher Wohlstandsgesellschaften. Sie bewegen gerade auch diejenigen, deren Leben nach herkömmlichen Maßstäben gelingt, die also eher auf der Sonnenseite stehen. Durch die Herausforderungen der Covid-19-Pandemie sind nun aber vor allem zwei Motive wieder neu ins gesellschaftliche Bewusstsein gerückt, die sich als Ansatzpunkte für den christlichen Glauben förmlich aufdrängen: der Tod und die Schuld.

Tod und Schuld als missionarische Anknüpfungspunkte

Beide Motive wurzeln in den inneren und äußeren Notlagen und Verunsicherungen, denen sich Menschen durch die Pandemie gegenübergesehen haben. Wie lange sich die Bilder von Corona-Toten in New Yorker Kühllastern oder italienische Militärkonvois mit Särgen im kollektiven Gedächtnis unserer Gesellschaft halten, ist kaum vorherzusagen. Doch die medialen Berichte über überfüllte Intensivstationen haben im Verbund mit schweren Krankheitsverläufen und Todesfällen im persönlichen Umfeld und der Erkenntnis, dass die moderne westliche Medizin gegen den Tod doch ziemlich machtlos war, viele Menschen auf existenzielle Weise mit der unbarmherzigen Endlichkeit des Lebens konfrontiert. Beinahe trotzig wurde im öffentlichen Diskurs die Gesundheit als „Wert aller Werte“ hochgehalten, während sich die Vergänglichkeit menschlicher Existenz kaum noch verdrängen ließ.

Gleichzeitig hatten angesichts eines bedrohlichen Virus viele Menschen große Angst, in ihrem Umfeld ungewollt Alte, Kranke oder sonstige Personen aus Risikogruppen anzustecken und an ihrem Tod schuldig zu werden. Wo es doch passierte, waren häufig Schuldgefühle und Selbstvorwürfe die Folge. In einer säkularisierten Gesellschaft, in der die „Schuldfrage“ normalerweise als ein Werkzeug manipulativ-knechtender Religiosität gegolten hatte, um Gläubige kleinzuhalten, wurden plötzlich auch im öffentlichen Diskurs wieder die christlichen Elementarfragen gestellt: Wie gehe ich mit persönlich empfundener Schuld um? Und: Wo kann ich Schuld loswerden, um mir meine seelische Gesundheit zu bewahren?

Übertriebene Erwartungen wären hier allerdings fehl am Platz. Bis zum jetzigen Zeitpunkt ist aus unserer Sicht nicht zu erkennen, dass sich die Aufnahmebereitschaft für das Evangelium wesentlich erhöht hätte. Wo aber Menschen angesichts einer weiterhin tief empfundenen Zerbrechlichkeit des Lebens nach Halt und Orientierung fragen, ergeben sich Chancen, die christliche Auferstehungshoffnung und das im Evangelium enthaltene Angebot der Erlösung von Schuld kontextuell relevant zu bezeugen.

Kapitel 9

Christsein im Exil:

Gemeinde als Kontrastgesellschaft

Ist die Gemeinde ein Teil der Gesellschaft? Oder ein Fremdkörper? Oder beides? Wie kann man das Verhältnis von Kirche und Gesellschaft verstehen? Das Bild von Heimat und Fremde hilft uns, auf solche Fragen eine Antwort zu finden.

Wenn Schweizer unter sich sind, ist das Schweizer-Sein normal. Für Deutsche bzw. auch die einzelnen deutschen „Stämme" gilt ähnliches. Wenn man auswandert, zum Beispiel nach Brasilien, treten die kulturellen Eigenheiten und Unterschiede viel deutlicher hervor. Als Schweizer oder Deutscher gehört man in Brasilien zu einer Minderheitskultur. Man kann nicht erwarten, dass sich die Mitmenschen an unsere Vorstellungen von Pünktlichkeit halten. Auch die Essenszeiten und -gewohnheiten werden anders sein als im Heimatland. Rundherum werden wir spüren, dass wir in Brasilien in der Fremde sind. Diese Erfahrung des Fremdseins gehört ganz wesentlich zum Menschsein, zum Christsein und zum Kirchesein dazu. Sie äußert sich in der ganz menschlichen Sehnsucht nach Heimat (→ a). Für die Kirche gehört die Fremdheitserfahrung zu ihrer Existenz als Pilger (→ b) und Priester (→ c). Sie ist eine Kontrastgesellschaft (→ d) mit Mission (→ e).

a) Jenseits von Eden – Sehnsucht nach Heimat

Der Garten Eden war für die ersten Menschen Heimat im umfassenden Sinn. Ein Ort zum Wohnen und zum Arbeiten; ein Ort, der alles bietet, was man zum Leben nötig hat; ein Ort der ungetrübten Beziehung untereinander und mit Gott; ein Ort, in dem sich das Menschsein in seiner ganzen Fülle entfalten kann. Diese Heimat hat der Mensch verloren – nicht aber die Ahnung von einer solchen Heimat.

Die Sehnsucht nach Heimat ist tief in uns verwurzelt. Der Trendforscher Matthias Horx gibt in einem Interview auf die Frage, ob „Heimat" überhaupt noch ein moderner Begriff sei, folgende Antwort:

> *„Heimat ist in der Tat das Schlagwort unserer Tage. Weil alles fließend und unsicher scheint, entstehen Romantisierungen von heilen Welten, die allerdings nie so heil waren, wie man denkt. Echte Heimat ist ja eigentlich etwas Ruhiges, Selbstverständliches, man muss sie nicht lautstark krakeelend behaupten. Wer Heimat wirklich hat, ist offen gegenüber Fremden."*[106]

Es gehört daher zum Menschsein, sich ein Zuhause schaffen zu wollen. Deshalb pflanzen wir Gärten an und bauen Häuser. Deshalb haben Einrichtungshäuser wie IKEA so großen Zulauf – sie leben vom Versprechen, sich ein „heimeliges Zuhause" einrichten zu können. Auf gesellschaftlicher Ebene: Wir bauen ein politisches Gemeinwesen auf, um so menschlich wie möglich miteinander zu leben. Umso erschütternder ist es, wenn diese Heimat zerstört wird – durch böse Worte und Hass, durch Streit und Krieg, durch Naturkatastrophen, Krankheit und Tod. Die Realität des Bösen zeigt, dass die Heimat, die wir uns einrichten, keinen Bestand hat und höchstens vorläufigen Charakter haben kann.

Gäste und Fremdlinge

Man könnte es auch so ausdrücken: Als Mensch findet man in dieser Welt nie die letzte Heimat. Das, was wir an Heimat in dieser Welt erleben, ist immer nur das Vorletzte. Diese grundsätzliche Wahrheit ist im christlichen Glauben tief verwurzelt: Christen sind „Himmelsbürger" (Phil 3,20). Sie wissen, dass sie „Gäste und Fremdlinge" sind und dass Gott ihnen eine neue Heimat, eine neue Schöpfung, eine neue Stadt bereitet (Hebr 11,13-16).

Deshalb kann diese Welt für die Kirche nie ganz Heimat sein. Und deshalb kann die Kirche in dieser Welt nie richtig zu Hause sein. Es ist kein gutes Zeichen, wenn sich die Gemeinde in der Welt zu wohl fühlt und wenn sie sich zu behaglich und heimisch eingerichtet hat. In einer christentümlichen Kultur war die Verlockung besonders groß, dass die Kirche ihre eigentliche Heimat vergisst und die Gesellschaft mit dem Reich Gottes verwechselt. Wenn die Kirche in der Gesellschaft beheimatet ist, wird sie die Entwicklungen der Gesellschaft mitmachen, selbst dann, wenn diese nicht zum Wesen der Kirche passen. Passt sich die Kirche zu stark der Gesellschaft an und identifiziert sich zu stark mit ihr, dann führt die Säkularisierung der Gesellschaft zur Selbst-Säkularisierung der Kirche und zur Auflösung ihrer theologischen Grundlagen (→ Kapitel 4). Doch damit verrät die Kirche ihr eigentliches Wesen. In einer nach-christentümlichen Gesellschaft (→ Kapitel 2b+c) ist es umso wichtiger, dass die Kirche sich ihrer himmlischen Beheimatung bewusst wird.

Wir haben bereits die Grundimpulse zum Gemeindeaufbau aus mennonitisch-täuferischer Perspektive kennengelernt, die den gegenkulturellen Charakter der Gemeinde betonen (→ Kapitel 3d). Diese Gedanken wollen wir hier noch etwas vertiefen.[107]

b) In der Wüste – Christen als Pilger

Für das Volk Israel ist der Auszug aus Ägypten identitätsstiftend. Gott hat es aus der Sklaverei befreit (2Mo 20,2; 5Mo 26,5-9). Allerdings war diese Erfahrung sehr ernüchternd. Denn nach dem wunderbaren Durchzug durch das Schilfmeer war das Volk zwar frei, befand sich aber in der Wüste. Und das Leben in der Wüste war hart. Kein Wasser und keine Nahrung. Kein Wunder, dass viele wieder nach Ägypten zurückwollten (2Mo 16,3; 17,3; 4Mo 11,4-5) – ganz nach dem Motto: Lieber versklavt und satt als frei und in der Wüste. In der Wüstenzeit musste das Volk Israel lernen, in Freiheit und im Vertrauen auf Gott zu leben.

Das Christsein gleicht dem Weg Israels. Gott befreit uns aus der versklavenden Macht der Sünde. Die Taufe markiert wie der Durchzug durch das Schilfmeer den Anfang des Lebens in der Freiheit Gottes. Aber wir sind noch nicht im verheißenen Land. Das Leben als Christ in dieser Welt gleicht dem Weg Israels durch die Wüste. Wir sind Pilger, noch nicht in der Heimat angekommen, sondern unterwegs in die himmlische Heimat. Die Kirche ist das pilgernde Gottesvolk, das von Gott in die Freiheit geführt wurde und jetzt auf der Pilgerreise zum Himmel ist. Pilger wissen, dass sie dort, wo sie sich aufhalten, nicht zu Hause sind. Als Pilger benötigt man eine Herberge, um zu essen und zu schlafen. Aber nie sollte man die Herberge mit der Heimat verwechseln. Vielmehr muss man immer wieder die Herberge verlassen, um die nächste Etappe in Richtung des großen Ziels in Angriff zu nehmen.

Die Kirche als eine Weggemeinschaft von Pilgern

Die Gemeinde ist eine Weggemeinschaft, eine Gemeinschaft von Pilgern, die gemeinsam unterwegs sind. Der Weg mag manchmal durch schwieriges Gelände führen und manchmal komfortabler sein, er kann durch triste Gegenden ebenso wie durch schöne Landschaften führen. Entsprechend wird die Gemeinde unterschiedlich vorangehen. Doch das Ziel ändert sich nicht. Das Bild der Gemeinde als Pilgergruppe hilft uns zu verstehen, dass sich die Art der Reise ändert, nicht aber die Ausrichtung. Es hilft uns, in der Hoffnung auf die ewige Heimat die Strapazen und Unannehmlichkeiten der Wüstenzeit zu ertragen, ohne dabei zu resignieren. Als Pilger wissen wir: Wir bleiben nicht stehen, wir gehen vorwärts. Wir unterstützen und helfen einander. Wir lernen, Gott zu vertrauen. Wir sind miteinander unterwegs zu einem herrlichen Ziel.

c) Im Exil – Christen als Priester

Neben dem Exodus aus Ägypten war das Exil in Babylon eine prägende existenzielle Erfahrung für das Volk Israel. Gott hatte Israel in das Verheißene Land geführt und wollte, dass das Volk Israel ihn verehrt, nach seinen Geboten lebt und so alle Völker erkennen können, wie herrlich er ist (Jos 4,24; 1Kön 8,42-43). Israel aber ging auf anderen Wegen und folgte anderen Göttern nach. Sie missachteten Gottes Lebensordnungen. Die Propheten, die Gott sandte, riefen vergeblich zur Umkehr. So ließ Gott fremde Mächte über Israel kommen, auch die Babylonier. Diese belagerten und eroberten Jerusalem, zerstörten den Tempel und die Stadt und führten Israel in die Verbannung nach Babylon (2Kön 25). Für das Volk Israel war das eine gewaltige gesellschaftliche, politische und religiöse Krise. Alles, woran sie sich halten konnten – das Königtum, das Land, der Tempel –, wurde ihnen genommen. Jetzt waren sie im Exil. Ohne König, ohne Land, ohne Tempel. Wie kann man da leben? Ganz sicher kann man nicht mehr aus einer Situation politischer Stärke agieren und keinen gesellschaftlichen Einfluss beanspruchen. Eigentlich ist die Existenz im Exil eine Situation der Schwäche und der Ohnmacht.

In diese Situation hinein schreibt der Prophet Jeremia der Exilsgemeinde: Baut Häuser, pflanzt Gärten, heiratet, gebärt Kinder – und: „Sucht das Wohl der Stadt, betet für sie zum Herrn“ (Jer 29,4-7). Das heißt also: Zieht euch nicht in eine Nische zurück, resigniert nicht! Denkt an eure Berufung! Denn Gott hat euch zu einem „königlichen Priestertum“ (2Mo 19,4) berufen. Was heißt es, Priester zu sein? Stefan Paas fasst das biblische Bild so zusammen:

Priester sein heißt: Loben und Segnen.

> *„Priester kamen als Stellvertreter des Volkes, aus dem sie auserwählt wurden, vor Gott. Sie opferten Gott und verehrten ihn im Namen des Volkes. Umgekehrt kamen die Priester im Namen Gottes zum Volk, indem sie das Volk lehrten und segneten.“*[108]

Priester sein bedeutet also, für die Menschen vor Gott einzustehen und vor den Menschen für Gott. Loben und Segnen – das sind die zentralen priesterlichen Aufgaben. Ganz ähnlich schreibt es der Apostel Petrus der christlichen Gemeinde ins Stammbuch:[109]

- Die Gemeinde lebt als Fremdling in der Zerstreuung (1Petr 1,1).
- Die Gemeinde ist ein königliches Priestertum und verkündet Gottes große Wohltaten (1Petr 2,9).
- Die Gemeinde soll vorbildlich leben, damit alle die guten Werke sehen und Gott preisen (1Petr 2,12).
- Die Gemeinde soll nicht Böses mit Bösem vergelten, sondern segnen, weil sie dazu berufen ist (1Petr 3,9).
- Die Gemeinde soll jederzeit bereit sein, über die Hoffnung, die sie hat, Auskunft zu geben (1Petr 3,15).
- Die Gemeinde leidet mit Christus (1Petr 4,13).

Elliot Clark nennt sechs Merkmale eines priesterlich-missionarischen Lebensstils im Exil: In der Kraft des Heiligen Geistes sind Gläubige gleichzeitig (1) hoffnungsvoll und (2) ehrfurchtsvoll. Sie bezeugen das Evangelium (3) mit respektvoller Demut und (4) göttlicher Autorität. Und sie führen (5) ein heiliges Leben in Abgrenzung von der Welt, aber (6) voller Liebe und Gastfreundschaft.[110]

Eine priesterliche Existenz heißt, das Leben zur Ehre Gottes und zum Wohl der Welt einzusetzen. Es bedeutet nicht, eine gesellschaftlich starke Stellung zu haben. Die Kirche muss nicht gesellschaftlich etabliert sein und nach politischer Macht streben. Das Festhalten an dieser priesterlichen Existenz verbietet es der Gemeinde aber auch, sich in eine gesellschaftliche Nische zurückzuziehen. Auch wenn sie im Exil lebt, bildet die Gemeinde kein abgeschlossenes Getto, in dem sie sich nur um das eigene Wohlbefinden kümmert. Vielmehr gehört es zum Auftrag der Kirche, als Fremdling in dieser Welt für diese Welt da zu sein, indem sie Gott lobt und die Mitmenschen segnet. Priester sein heißt, sich ganz von Gott abhängig zu wissen, ihn über alles zu lieben und sich von ihm gebrauchen zu lassen, damit Gottes Segen in diese Welt gelangt.

d) In der Welt, aber nicht von der Welt – Kirche als öffentliche Kontrastgesellschaft

Die Gemeinde ist als königliches Priestertum in diese Welt gestellt und als pilgerndes Gottesvolk unterwegs in die himmlische Heimat. Das ist eine riskante Lebensform, dauernd am Rand der Existenz. Man muss mit vielen Unsicherheiten klarkommen und sitzt zwischen den Stühlen. Man ist hier – und doch nicht ganz hier! Es gibt keine abgesicherte Heimat und keine Sicherheit für den morgigen Tag. Nur eines gibt Halt: der Gott, der die Gemeinde berufen hat und ihr eine wunderbare Zukunft bereitet. Jesus Christus, der dieses „Dazwischen-Leben" nur allzu gut kennt, lässt seine Gemeinde nicht allein. Er betet für sie. Und er bittet nicht, dass die Gemeinde aus der Welt weggenommen wird, sondern vor dem Bösen bewahrt bleibt (Joh 17,15). Die Kirche ist „nicht von der Welt", aber „in die Welt gesandt" (Joh 17,16-18). Das gilt auch für die gegenwärtige Gemeinde:

> *„Die Kirche existiert heute als Gemeinschaft von Fremdbürgern in der Welt, eine kühne Kolonie von Gläubigen in einer Gesellschaft des Unglaubens […] Die Botschaft, welche die christliche Kolonie am Leben erhält, ist für die ganze Welt bestimmt. Die Kolonie ist dabei lediglich das Mittel, durch welches Gott die Welt retten will. Die Kolonie ist Gottes große Offensive gegen die Welt und für die Welt."*[111]

Öffentliche Kontrastgesellschaft

Die Gemeinde soll sich daher weder der Welt anpassen noch sich vor ihr zurückziehen. Vielmehr ist sie dazu gerufen, mitten in der Welt beispielhaft so zu leben, wie es dem Reich Gottes entspricht. Sie bildet damit eine öffentliche Kontrastgesellschaft. Öffentlich muss die Kirche sein, weil die Botschaft, dass Jesus der Herr ist, sich nicht auf den privaten Bereich reduzieren lässt. Das Bekenntnis zur universalen Herrschaft Christi verbietet einen Rückzug des Glaubens auf das Persönliche.

Der Kontrast der Kirche zur Gesellschaft kann unterschiedlich stark ausfallen: In Gesellschaften mit einer starken christlichen Prägung wird der Unterschied zwischen Kirche und Gesellschaft weniger groß sein als in Gesellschaften mit einer säkularen Prägung. Ganz grundsätzlich wird sich die Kirche aber nie ganz mit der Gesellschaft identifizieren können. Sonst wäre das Reich Gottes bereits zur Vollendung gekommen. Wer das glaubt, verkennt die Realität des Bösen in der Gegenwart. Vielmehr muss sich Kirche in jeder Kultur neu orientieren und immer wieder neue Klarheit gewinnen, wo sie sich anpassen kann und soll und wo sie gerufen ist, sich zu unterscheiden.

Einige solche Unterscheidungsmerkmale werden bereits bei den ersten Christen klar erkennbar:

- Die *Verehrung von Jesus als Messias und Herr* unterscheidet die Christen sowohl von der jüdischen als auch von der hellenistisch-heidnischen Kultur. Jeder Gottesdienst ist daher schon eine kulturelle Provokation, weil hier öffentlich proklamiert wird, dass Jesus der Herr ist.
- Der *Verzicht auf Gewalt* unterscheidet die Christen von der politischen Kultur, in der Herrschaft mit Macht ausgeübt wird. So soll es bei den Jesus-Nachfolgern nicht sein, vielmehr sollen sie dienen (Mk 10,42-45) und bereit sein, um des Evangeliums willen zu leiden. Für die christliche Gemeinde verbietet sich daher, ihre Mission mit Gewalt durchzusetzen.
- Die *Überwindung sozialer Barrieren* steht im Kontrast zu einer Gesellschaft, in der soziale Ausgrenzung erfolgt. Alle Christen, unabhängig von sozialen Merkmalen wie Rasse, Milieu, Alter, Geschlecht etc., werden mit dem Heiligen Geist beschenkt und gehören zum Leib Christi (Apg 2,17-20; 1Kor 12,13; Gal 3,28). Arme und Reiche, Sklaven und Herren, Männer und Frauen, Juden und Heiden – sie alle sind Brüder und Schwestern in Jesus Christus und gehören zur Familie Gottes. Daher sollen Christen an ihrer Liebe erkannt werden (Joh 13,34-35).

- Hohe *ethische Standards im Umgang mit ungeborenem und gefährdetem Leben, mit Geld und mit Sexualität* stehen im Kontrast zu Lebensformen, die von Eigennutz, Habsucht, Konsum und Lust angetrieben sind und die nach christlicher Überzeugung nicht lebensfördernd, sondern zerstörerisch sind. Deshalb betonen Christen die unbedingte Würde jedes Menschen, widerstehen einer Kultur des Todes und fördern eine Kultur des Lebens.

Diese Standards sind von der christlichen Gemeinschaft nie umfassend eingehalten worden. Mit Gewalt wurden Menschen zu Christen gemacht. Soziale Barrieren wurden auf- statt abgebaut. Es gibt geistlichen, psychischen und sexuellen Missbrauch in der Kirche. Und nicht selten kam es zu solchen offensichtlichen Sünden, weil sich die Gemeinde dem gesellschaftlichen Umfeld zu stark angepasst und sich selbst zu wenig am Evangelium orientiert hat. Die Kirche ist selbst schuldig geworden und hat damit das Evangelium verraten. Deshalb bedarf sie der beständigen Erneuerung und Umkehr und lebt allein aus Gottes Gnade und Vergebung.

Die Gemeinde, die berufen ist, als Pilger und Priester in dieser Welt zu leben, wird immer wieder neu und selbstkritisch danach fragen müssen, wie sie das Evangelium, das sie verkündigt, so gut wie möglich zur Geltung bringen kann. So wird die Gemeinde selbst zu einem lebendigen und sichtbaren Zeugnis des Evangeliums – wenn auch in vorläufiger und unvollkommener Gestalt. Kontrastgesellschaft zu sein heißt, dass öffentlich erkennbar ist, wie ein Leben in der Nachfolge von Jesus aussieht.

e) Missionarische Kontrastgesellschaft

Was heißt das für den missionarischen Gemeindeaufbau? Wie kann eine Gemeinde Kontrastgesellschaft sein? Welche Weichenstellungen sind nötig, damit Christen den Mut haben, anders zu sein als ihr Umfeld? Auf diese Fragen haben wir keine fertigen Antworten. Uns scheinen aber folgende Aspekte wichtig zu sein:[112]

- Wir brauchen ein *tiefes Verständnis vom Reich Gottes und von unserer Gesellschaft* (→ Kapitel 13). Beides ist nötig, um erkennen zu können, wo eine Reich-Gottes-Lebensform mit der gesellschaftlichen Lebensform übereinstimmt und wo sie sich davon unterscheidet. Das sind zentrale Voraussetzungen für eine theologisch stimmige Kontextualisierung der Gemeinde, die sich weder unkritisch an die Umgebungskultur anpasst noch ängstlich von ihr zurückzieht, sondern sich immer wieder am Kompass der Heiligen Schrift und am Kern des Evangeliums (→ Kapitel 4; Kapitel 5) ausrichtet.
- Wir brauchen das *Zusammenspiel der Grundvollzüge* (*Leiturgia*, *Martyria*, *Diakonia*, *Koinonia*; → Kapitel 6d). Es reicht nicht, wenn eine Gemeinde im Gottesdienst Jesus als Herrn verehrt, aber sonst jeder für sich bleibt. Es reicht nicht, wenn eine Gemeinde diakonisch tätig ist, aber nicht Jesus als den Herrn bezeugt. Es geht nicht, dass eine Kirche zwar eine starke Gemeinschaft der Gläubigen pflegt, aber gegenüber den Nöten der Gesellschaft gleichgültig bleibt. Alle Grundvollzüge müssen zusammenklingen, damit die Kirche eine glaubwürdige Kontrastgesellschaft sein kann. Das gelingt, wenn alle Grundvollzüge auf die Mitte ausgerichtet sind, auf Jesus, den Herrn.
- Wir benötigen *intensive Gottesdienste*, die den Reichtum und die Schönheit des christlichen Glaubens sichtbar und erfahrbar werden lassen (→ Kapitel 15). Gottesdienste verdoppeln dabei nicht die Erfahrungen, die man auch in der Gesellschaft machen kann – sie sind keine Shows, bieten keine Unterhaltung, sind keine Konzerte. Vielmehr ermöglichen sie ganz neue und andere Erfahrungen, indem sie einen Raum eröffnen, um Gott selbst zu begegnen. Solche Gottesdienste formen und prägen den christlichen Alltag.
- Wir brauchen eine Betonung der *Kernwahrheiten des christlichen Glaubens* (→ Kapitel 4). Dazu gehört zentral, dass sich Gott als der Dreieinige offenbart hat, als Vater, Sohn und Heiliger Geist; dass Jesus Christus wahrer Mensch und wahrer Gott ist und dass in seiner Menschwer-

dung, seinem Tod am Kreuz und seiner Auferstehung unsere Erlösung liegt.

- Wir benötigen *intensive christliche Gemeinschaften*, in denen eine christliche Lebensform eingeübt wird (→ Kapitel 10). So werden Menschen befähigt, auch außerhalb dieser Gemeinschaft glaubwürdig als Christ zu leben und zu handeln. Solche Gemeinschaften sind „Biotope des Glaubens“[113], offene Wohn- und Lebensgemeinschaften, die nach dem Vorbild von Klöstern gestaltet werden[114] und in denen das Glaubensleben wachsen und gedeihen und an Kraft gewinnen kann.
- Wir benötigen Wege, um *mündiges Christsein* zu fördern (→ Kapitel 16). Je weniger selbstverständlich der christliche Glaube und eine christliche Lebensführung sind, desto bewusster müssen sie in der christlichen Gemeinde gefördert werden. Dazu gehören die Vermittlung von christlichem Basiswissen ebenso wie die Ermutigung zu einem christlichen und missionarischen Lebensstil, der alle Facetten des Lebens beinhaltet. Wir brauchen also nicht nur „Glaubenskurse“ für Menschen, die den Glauben neu entdecken oder kennenlernen wollen, sondern auch Formen der christlichen Bildung für alle Gemeindeglieder.
- Wir benötigen *geistliche Resilienz*. Nach einer Zeit, in der es nicht schwierig war, gleichzeitig ein gutes Mitglied der Gesellschaft und ein gutes Mitglied der Kirche zu sein, gehen wir einer Zeit entgegen, in der die Spannungen zunehmen. Es braucht Mut, das Evangelium auch dann zu bezeugen, wenn es Widerspruch auslöst oder nicht gehört werden will.[115] Wer als Christ leben will, muss mit mehr Widerstand rechnen.[116] Das erfordert eine höhere Bereitschaft, Widerstand zu ertragen und um des Evangeliums willen zu leiden.

Kirche als Kontrastgesellschaft – das ist alles andere als eine Ablehnung der Gesellschaft, sondern Ausdruck der Liebe zu Gott und zur Welt.

Kontrastgesellschaft heißt: Die Kirche ist nicht die Welt, aber sie ist für die Welt da. Denn sie ist von Gott dazu bestimmt, als königliche Priesterschaft in dieser Welt Gott zu repräsentieren.

Kapitel 10

Beziehungsweise Gemeinde:

Echte Gemeinschaft in einer individualistischen Zeit

Beziehungen sind ein Grundbedürfnis der Menschen. Wie sehr wir uns menschliche Nähe wünschen und sie dann doch nicht ertragen, hat Arthur Schopenhauer mit der Stachelschwein-Parabel anschaulich geschildert:

> *„Eine Gesellschaft Stachelschweine drängte sich an einem kalten Wintertage recht nah zusammen, um sich durch die gegenseitige Wärme vor dem Erfrieren zu schützen. Jedoch bald empfanden sie die gegenseitigen Stacheln, welches sie dann wieder von einander entfernte. Wann nun das Bedürfnis der Erwärmung sie wieder näher zusammenbrachte, wiederholte sich jenes zweite Übel, so dass sie zwischen beiden Leiden hin und her geworfen wurden, bis sie eine mäßige Entfernung voneinander herausgefunden hatten, in der sie es am besten aushalten konnten.“*[117]

So sind wir Menschen. Ohne die anderen wird es kalt. Wir sind aufeinander angewiesen. Und wenn wir einander haben, tut es weh. So pendeln wir zwischen der Kälte der Distanz und dem Schmerz der Liebe hin und her.

Wie gehen wir damit um? Wie verhält sich das Ich zum Wir? Wie kann die Kirche eine heilsame Gemeinschaft für individualistische Zeitgenossen sein? Der Mensch mit seiner Individualität und Sozialität (→ a) sehnt sich nach Gemeinschaft (→ b), was sich im Zeitalter der Digitalisierung nochmals schärfer zeigt (→ c). Aus christlicher Sicht hat Gemeinschaft ein ganz bestimmtes Profil (→ d), welches in der Kirche zur Geltung kommt (→ e).

a) Menschen sind individuelle Beziehungswesen

Beides gehört beim Menschsein von Anfang an dazu: dass wir eine unverwechselbare Identität und Würde haben (Ich-Charakter) und dass wir auf Beziehungen zu Mitmenschen angewiesen sind (Wir-Charakter). Individualität und Sozialität, beides bestimmt uns. Wir sind einzigartig und können doch nicht allein sein.

Es gibt Kulturen, die betonen vor allem den Wir-Charakter des Menschen. In solchen kollektiven Kulturen identifizieren sich Menschen durch ihre sozialen Beziehungen: Ich bin, wer ich bin, weil ich in *diese* Familie geboren wurde, an *diesem* Ort lebe, zu *diesem* sozialen Milieu gehöre etc. Individuelle Kulturen legen mehr Wert auf den Ich-Charakter des Menschen: Ich bin, wer ich bin, weil ich mich von anderen unterscheide, weil ich *diese* Eigenschaften und *diesen* Charakter habe. Zum Menschsein gehört gleichermaßen das, was uns mit anderen Menschen verbindet (das Kollektive), und das, was uns von ihnen unterscheidet (das Individuelle).

Die Geschichte Gottes mit den Menschen, wie sie in der Bibel beschrieben ist, hat schon immer die Aspekte von „Ich“ und „Wir“ zusammengesehen: Der Ruf zum Glauben durchbricht kollektive Strukturen und ruft den Einzelnen aus seinem sozialen Gefüge heraus (z. B. Lk 9,57-62); gleichzeitig wird jemand durch den Glauben Teil der Familie Gottes (Mk 3,33-35). In der Kirche haben alle Glieder ihre unverwechselbaren Gaben, sind aber miteinander als Leib Christi verbunden (Röm 12,3-8). Auch in der Vollendung bleiben Ich- und Wir-Charakter erhalten. Wer zu Jesus gehört, erhält einen individuellen Namen (Offb 2,17) und ist Teil des Gottesvolkes aus allen Sprachen und Nationen (Offb 7,9). Von Anfang bis zum Ende bleiben die individuelle und die soziale Dimension des Menschseins bestehen.

Ich & Wir

Das ist kein Zufall. Denn die Menschen sind nach dem Bild Gottes geschaffen (1Mo 1,26). Und Gott selbst vereint in sich die Individualität und Sozialität. Das ist eines der großen Geheimnisse, die mit der Trinität verbunden sind: Gott ist einer – und doch nicht allein. Ein Gott in drei Personen. Das heißt: Gemeinschaft ist in Gott ebenso angelegt wie Personalität. Wenn Gott den Menschen nach seinem Bild schafft, überrascht es nicht, dass diese Aspekte auch in das Menschsein hineingelegt sind.

Die Ehe als Verbindung von Mann und Frau, die „ein Fleisch" werden (1Mo 2,24), ist der stärkste Ausdruck dafür, wie sehr „Ich" und „Wir" zusammengehören. Die beiden Ehepartner bleiben zwei unterschiedliche Menschen und bilden doch eine neue Einheit. Das „Ich" und das „Du" bilden ein „Wir", ohne die Einzigartigkeit zu verlieren. An der Ehe wird besonders gut erkennbar, wie sehr wir Menschen individuelle Beziehungswesen sind. Wir sind füreinander geschaffen – und merken auch, dass das Zusammenleben doch anspruchsvoll und manchmal schmerzhaft ist wie bei den Stachelschweinen, die sich (zu) nahe kommen. Wir können auch sagen: Wer Liebe möchte, muss auch das Risiko des Schmerzes auf sich nehmen. Man kann nicht Gemeinschaft erleben, ohne Verletzungen in Kauf zu nehmen.

Das gilt genauso für die christliche Gemeinde. Eigentlich ist sie ein wunderbarer Ort, an dem die Sehnsucht nach Gemeinschaft Erfüllung finden kann. Und gleichzeitig kennen wir die schmerzhaften Erfahrungen von einengenden, verletzenden und zerstörerischen Gemeinschaftsformen. Bevor wir uns aber der christlichen Gemeinschaft zuwenden, wollen wir aktuelle Phänomene noch etwas stärker in den Blick nehmen.

b) Sehnsucht nach Gemeinschaft und Unabhängigkeit

Einerseits ist unsere Zeit von einer unbändigen Sehnsucht nach Freiheit und Unabhängigkeit geprägt. Wir schätzen die Errungenschaften der Moderne. Wir können wählen, wo wir wohnen, welchen Beruf wir erlernen, welche Arbeit wir annehmen, mit welchen Personen wir engere Beziehungen eingehen, wen wir heiraten. All dies und vieles mehr ist uns in unserer individualisierten Kultur nicht mehr zwangsläufig vorgegeben. Diese individuellen Freiheiten haben für uns hohen Wert. Sie sind Ausdruck davon, dass wir nicht nur von außen bestimmt sind und gelebt werden, sondern aktiv das Leben gestalten. In diesen individuellen Freiheiten leuchtet etwas auf, das Gott in uns hineingelegt hat.

Andererseits spüren wir, dass ein einseitiger Individualismus soziale Kälte mit sich bringt. Wenn ich mich nur noch um mich selbst drehe, bleibe ich am Ende mit mir allein. Aber dann spüren wir: Wir sind nicht geschaffen, um allein zu sein. Und in uns wächst Sehnsucht nach Gemeinschaft und nach Verbundenheit. Wir sind in ein heilsames Beziehungsnetz verwoben. In der Begegnung mit kollektiven Kulturen spüren wir, dass dort etwas vorhanden ist, was uns vielfach abhandengekommen ist: Man hält innerlich zusammen und ist existenziell aufeinander angewiesen. Gleichzeitig machen wir sehr ernüchternde Erfahrungen, wenn wir versuchen, in Beziehungen zu leben. Für Studierende ist es herausfordernd, auch nur ein halbwegs gemeinschaftliches Leben in einer Wohngemeinschaft zu gestalten. In einer Ehe wirklich *gemeinsam* zu leben, ist alles andere als selbstverständlich. Es fällt oft schwer, einander in einer Gemeinschaft zu ertragen. Wir können sagen: Die Sehnsucht nach Gemeinschaft ist deutlich größer als die Qualität der gelebten Gemeinschaft. Die Sehnsucht verweist uns aber darauf, dass wir auf Gemeinschaft angewiesen sind.

Resonanz

Hartmut Rosa beschreibt diese Sehnsucht als Verlangen nach Resonanz, also nach der Erfahrung, dass ich durch den andern berührt und verändert werde, und der andere durch mich:

„Resonanz ist eine […] Form der Weltbeziehung, in der sich Subjekt und Welt gegenseitig berühren und zugleich transformieren. Resonanz ist keine Echo-, sondern eine Antwortbeziehung; sie setzt voraus, dass beide Seiten

mit eigener Stimme sprechen [...] Resonanzbeziehungen setzen voraus, dass Subjekt und Welt hinreichend ‚geschlossen' bzw. konsistent sind, um mit je eigener Stimme zu sprechen, und offen genug, um sich affizieren oder erreichen zu lassen. Resonanz ist kein emotionaler Zustand, sondern ein Beziehungsmodus."[118]

Rosa beschreibt in seiner Gegenwartsanalyse, wo wir Menschen nach Resonanz suchen. Er unterscheidet vertikale (Beziehung zu Gott), horizontale (Beziehung zu Mitmenschen) und diagonale (Beziehung zu Dingen) Achsen.[119] Bei den zwischenmenschlichen Beziehungen sind es besonders Familie und Freunde, die eine Resonanzverheißung tragen – dort erwarten wir am ehesten echte Beziehungserfahrungen. Auch Freizeiterfahrungen in der Natur, im Sport oder in der Musik berühren uns meist auf eine intensivere Art und Weise, als wir es beispielsweise im alltäglichen Berufstrott oder in einer technisierten Welt erfahren.

Nun kann man beobachten, dass Freikirchen (und wohl nicht nur sie) bei der Gestaltung des Gemeindelebens und des Gottesdienstes aus der Alltagswelt das aufnehmen, was hohe Resonanzversprechen beinhaltet. Sie integrieren vertraute Verhaltensmuster aus dem Familienleben und dem Freizeitbereich, beispielsweise eine „Per-Du-Kultur", lockere Kleidung, moderne Musik, Zeltlager etc.[120] Alltagserfahrungen ohne Resonanz (wie industrialisierte Prozesse, Fließbandarbeit und Massenproduktion oder auch sehr formelle Kontakte wie bei Banken oder in der Politik) werden dagegen bei der Gemeindepraxis gerade nicht aufgenommen. Es ist gut und sinnvoll, bei menschlichen Resonanzsehnsüchten anzuknüpfen. Gleichzeitig wird es dann aber auch bedeutsam sein, nicht bei den horizontalen und diagonalen Achsen stehen zu bleiben, sondern die Resonanz in der vertikalen Dimension in die Mitte zu stellen, also die Beziehung zu Gott (→ d).

c) Social Distancing und soziale Medien

Die Erfahrungen in den Pandemiezeiten mit dem *„social distancing"* haben uns nochmals neu vor Augen geführt, dass wir nicht allein sein können. Ja, man kann im Homeoffice manche Arbeiten erledigen. Ja, es ist angenehm, dass dank *Teams* und *Zoom* Konferenzen per Video möglich sind und lange Reisezeiten entfallen. Die Chancen sozialer Medien wurden deutlich erkennbar. Der Wert dieser Medien besteht darin, dass sie Menschen auch über die Grenzen von Raum und Zeit hinweg vernetzen. Sie ermöglichen es, Kontakt zu pflegen, ohne körperlich anwesend sein zu müssen. Vielleicht sind soziale Medien eine ausbalancierte Form von Nähe und Distanz – wie bei der Stachelschwein-Parabel. Man hat Kontakt miteinander, kommt einander aber auch nicht zu nahe. Soziale Medien erlauben ein hohes Maß an Freiheit bei gleichzeitigem Gefühl der Verbundenheit.

Digitale Kommunikation kann reale Begegnung ergänzen, aber nicht ersetzen.

Wäre also die digitale Verbundenheit gerade diejenige Gemeinschaftsform, die am besten zu modernen individualistischen Menschen passt? Ein volles „Ja" mag man auf diese Frage nicht geben. Zu sehr merken wir, dass reale Kontakte für echte Beziehungen unerlässlich sind. Es würde etwas fehlen, wenn eine eheliche Beziehung ohne körperliche Berührung und ohne Sexualität auskommen müsse. Und es gehört zur Erfahrung echter Freundschaft, dass man einander die Hand auf die Schulter legen oder sich in den Arm nehmen kann. Es ist schon etwas anderes, ob man an einem Krankenbett sitzt und jemandem die Hand halten kann oder einander nur auf einem Bildschirm sieht. Es ist etwas anderes, ob man gemeinsam am Tisch sitzt und zusammen isst oder sich nur ein Bild vom Essen zusendet.

Es lässt sich unschwer erkennen: Soziale Medien können körperliche Begegnungen nicht ersetzen. Sie können die Sehnsucht nach Gemeinschaft, die in uns hineingelegt ist, nicht wirklich erfüllen. Das lässt sich leicht auf die Gemeindearbeit übertragen. Digitale Formate sind wertvoll, weil sie die Kommunikation erweitern und ergänzen und so neue Erfahrungen von Vernetzung und Verbundenheit ermöglichen. Sie können aber die intensive reale Gemeinschaft nicht ersetzen.

d) Gemeinschaft in Christus

Was ist nun das spezifisch Christliche an der Gemeinschaft in der Kirche? Wir haben bereits gesehen, dass die *Koinonia*, die Gemeinschaft, einer der zentralen kirchlichen Grundvollzüge ist (→ Kapitel 6d). Die Gemeinschaft in der Kirche hat Ähnlichkeiten zu unseren normalen Gemeinschaftserfahrungen, aber auch einen ganz markanten Unterschied.

Gewöhnlich denken wir bei Gemeinschaft an eine unmittelbare Erfahrung, an eine direkte Begegnung von zwei (oder mehr) Menschen, also an ein „Ich" und „Du". Das „Wir" von „Ich" und „Du" kommt zustande, weil es eine gemeinsame Schnittfläche gibt, beispielsweise eine Ehe, eine Verwandtschaft, oder auch gleiche Interessen, gleicher Wohnort oder beispielsweise eine „Social-Media-Freundschaft". Die typische Form der Verbindung von „Ich" und „Du" ist das direkte Gespräch. Es handelt sich also um eine unvermittelte Beziehung, also eine Beziehung ohne eine Vermittlung zwischen dem „Ich" und „Du".

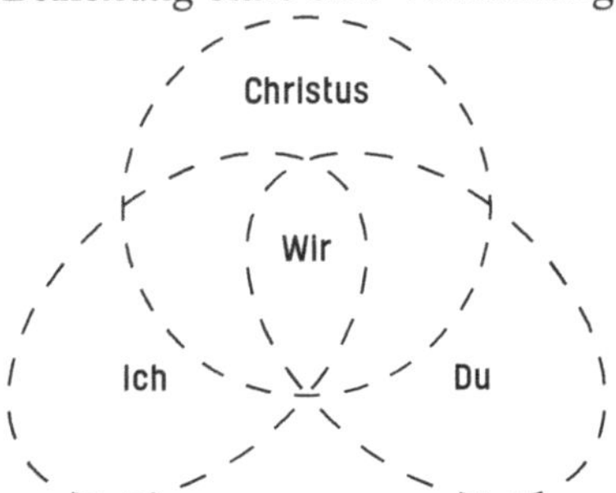

Die christliche Gemeinschaft ist dagegen eine vermittelte Beziehung. Sie kommt nicht direkt zustande, sondern indirekt. Das „Ich" und das „Du" werden zu einem „Wir", weil sie gemeinsam mit Jesus verbunden sind. Jesus Christus ist der Vermittler der christlichen Gemeinschaft. Damit übersteigt die christliche Gemeinschaft die typisch menschlichen Gemeinschaftsformen. Es ist nicht mehr entscheidend, ob man zur gleichen biologischen Familie gehört, ob man die gleichen Hobbys hat, am gleichen Ort wohnt oder zur gleichen sozialen Schicht gehört. Man muss nicht die gleiche Wellenlänge haben und einander nicht sympathisch sein. Der einzig entscheidende Faktor für die christliche Gemeinschaft ist, ob man zu Christus gehört. Die Menschen, die Jesus nachfolgen, werden einander zu Brüdern und Schwestern – und zwar ungefragt und ganz unabhängig davon, ob sie das wollen oder nicht, oder ob sie das schön finden oder nicht. Die Beziehung zu Jesus verbindet unweigerlich mit allen andern, die mit Jesus in Beziehung stehen. Deshalb kann man nicht Gott lieben und die Geschwister im Glauben hassen (1Joh 4,20). Dietrich Bonhoeffer hat diese christliche Gemeinschaft mit starken Worten beschrieben:

> *„Christliche Gemeinschaft heißt Gemeinschaft durch und in Jesus Christus [...] Bruder ist einer dem andern allein durch Jesus Christus. Ich bin dem andern ein Bruder durch das, was Jesus Christus für mich und an mir getan hat; der andere ist mir zum Bruder geworden durch das, was Jesus Christus für ihn und an ihm getan hat [...] Was einer als Christ in sich ist, in aller Innerlichkeit und Frömmigkeit, vermag unsere Gemeinschaft nicht zu begründen, sondern was einer von Christus her ist, ist für unsere Bruderschaft bestimmend [...] Gemeinschaft mit dem andern habe ich und werde ich haben allein durch Jesus Christus [...] Wir haben einander nur durch Christus, aber durch Christus haben wir einander auch wirklich, haben wir uns ganz für alle Ewigkeit.“*[121]

Es tut uns gut, uns beständig vor Augen zu halten, was christliche Gemeinschaft besonders macht – nämlich, dass sie durch Jesus Christus vermittelt wird. Das heißt: Die christliche Liebe ist in der Liebe von Jesus Christus selbst begründet. Das „Ich“ liebt das „Du“ nicht, weil das „Ich“ das „Du“ für so liebenswert hält, sondern weil beide von Jesus

Christus geliebt werden. Grundlage der christlichen Gemeinschaft ist das Evangelium (→ Kapitel 5), die Liebe von Jesus Christus. Von dieser Grundhaltung dürfen wir uns nicht abbringen lassen. Denn sie bewahrt uns davor, dass wir denken, die Kirche müsse einfach unser menschliches Beziehungsverlangen stillen. Und sie hilft uns, im Gemeindeaufbau das Augenmerk auf diese durch Jesus Christus gestiftete Gemeinschaft zu legen.

e) Gemeinde als Beziehungsnetzwerk

Dieses Verständnis von christlicher Gemeinschaft hat auch Auswirkungen darauf, wie wir über Gemeinde als Beziehungsnetzwerk denken: Die Gemeinde ist ein Raum, in dem geistliche und soziale Gemeinschaft gelebt wird. Die geistliche Gemeinschaft, also die Gemeinschaft, die Jesus Christus selbst stiftet, ist dabei die Quelle der sozialen Gemeinschaft. Es wäre zu wenig, wenn man die Gemeinschaft in der Gemeinde nur auf der horizontalen Ebene als soziale Gemeinschaft erfährt – so wie man zum Beispiel auch in einem Verein Gemeinschaft erfahren kann. Gleichzeitig hat geistliche Gemeinschaft in der Gemeinde aber auch positive Auswirkungen auf die sozialen Beziehungen. Wir würden sogar sagen: Die Kirche ist der privilegierte Ort, an dem Gemeinschaft in einem ganzheitlichen Sinn erfahrbar ist.

Damit bietet die Gemeinde eine Antwort für die gegenwärtige Sehnsucht nach Gemeinschaft. Sie ermöglicht Menschen, echte Gemeinschaft zu erfahren, die ihre Quelle in der Gemeinschaft mit Gott hat. Diese Gemeinschaft kann unterschiedliche Gestalt gewinnen. Wir wollen einige für den Gemeindeaufbau wichtige Gemeinschaftsformen miteinander betrachten.

Die intensivste Form der christlichen Gemeinschaft, die Jesus der Kirche geschenkt hat, ist das *Abendmahl*. Im Abendmahl wird in ganz konzentrierter Art und Weise die Gemeinschaft mit Jesus und untereinander deutlich.

> *„Der Kelch des Segens, den wir segnen, ist der nicht die Gemeinschaft des Blutes Christi? Das Brot, das wir brechen, ist das nicht die Gemeinschaft des Leibes Christi? Denn ein Brot ist's. So sind wir, die vielen, ein Leib, weil wir alle an einem Brot teilhaben" (1Kor 10,16-17).*

Im Trinken aus dem Kelch und im Essen vom Brot erfahren wir die Gemeinschaft mit Blut und Leib von Jesus Christus. Und weil wir alle an Christi Leib teilhaben, sind wir ein Leib. Deshalb geht es nicht, dass wir im Streit Abendmahl feiern oder dass es beim Abendmahl Spaltungen gibt. Das Abendmahl ist Quelle und Höhepunkt aller anderen Gemeinschaftsformen.

Neben dem Abendmahl wird die christliche Gemeinschaft besonders dadurch erfahrbar, dass man *gemeinsam Gottesdienst feiert* (→ Kapitel 15). Im Gottesdienst hören wir gemeinsam auf Gottes Wort. Wir singen gemeinsam. Wir loben Gott gemeinsam. Wir beten gemeinsam. Wir erzählen einander von unseren Erfahrungen mit Gott. Der Gottesdienst ist gemeinsames Handeln der Gemeinde.

Die christliche Gemeinschaft setzt sich in einem *vielfältigen Gemeindeleben* fort: beim Kirchenkaffee, beim Gemeindeessen und in Freizeiten; bei altersgerechten und bedürfnisorientierten Gruppenangeboten; in Haus-, Gebets- und Bibelkreisen. Überall geht es um die Verbindung von geistlicher und sozialer Gemeinschaft. Dadurch erhalten die Beziehungen einen verbindlichen Charakter. Das Christsein wird nicht allein gelebt, sondern gemeinsam. Man unterstützt einander in der Glaubens- und Lebensentwicklung. Man trägt einander und ist füreinander da.

Christliche Gemeinschaft äußert sich in *sozialen Vollzügen im Alltag*: Man teilt miteinander, was man von Gott erhalten hat. Hausgemeinschaft und Gütergemeinschaft, Gastfreundschaft und Spenden, Familien- und Wohngemeinschaften. Die Intensität, mit der Gemeinschaft gelebt wird, wird sehr unterschiedlich sein. Manche werden von Gott geführt, in einer klösterlichen oder klosterähnlichen Gemeinschaft ihr Leben mit andern

zu teilen und auf Eigentum zu verzichten. Andere werden ihre Häuser für Gäste öffnen. Wieder andere investieren Liebe, Zeit und Kraft in bedürftige Menschen. Einige sorgen für andere in Krankheitszeiten oder unterstützen Eltern, indem sie ihre Kinder betreuen. Andere übernehmen Patenschaften oder investieren sich in der Nachbarschaft. Es gibt unzählige Formen, wie christliche Gemeinschaft Gestalt gewinnt – wichtig ist, dass sie es tut! Denn damit wird deutlich: Die Gemeinschaft mit Jesus ist keine abstrakte Sache, sondern wird in der Liebe untereinander konkret, indem man miteinander Besitz, Zeit, Gaben und Kraft teilt.

In der gegenwärtigen Zeit scheinen auch *neue Formen von gemeinschaftlichem Wohnen* besonders bedeutsam, etwa mit generationenübergreifenden Wohngemeinschaften, in diakonischen Gemeinschaften oder in Wohnformen, in denen Ehepaare, Familien und Singles gemeinsam leben.[122] Sie eignen sich besonders gut, um der Verbindung von geistlicher und sozialer Gemeinschaft Gestalt zu geben, allein schon durch gemeinsame Gebets- und Essenszeiten.

Machen wir uns keine Illusionen: Wo das Leben miteinander geteilt wird, gibt es auch Schwierigkeiten. Man wird immer wieder neu die Bedürfnisse der Einzelnen und der Gemeinschaft abgleichen müssen. Es wird kein gemeinsames Leben geben, wenn nicht die Einzelnen bereit sind, ihre individuellen Interessen auch ein Stück weit zurückzustellen. Das fällt uns nicht leicht. Es wird Streit und Tränen geben. Man wird einander verletzen und enttäuschen – so wie die Stachelschweine, die einander zu nahe kommen. Doch man wird deshalb nicht wie die Stachelschweine wieder auf Distanz gehen, sondern einander vergeben und annehmen. Christliche Gemeinschaft lebt aus der Bereitschaft, verletzt zu werden und zu vergeben. So hat es uns Jesus Christus vorgelebt. Und so entstehen tragende Gemeinschaften. Nicht Idealgemeinschaften, sondern wirkliche, echte Gemeinschaften, die in guten und schwierigen Zeiten zusammenhalten, in denen man einander trägt und stützt, in denen man miteinander lacht und weint, betet und hofft, und weiß: Die vollendete Gemeinschaft steht noch aus. Gerade deshalb darf unsere Gemeinschaft auch unvollkommen sein.

Gemeinschaft mit unterschiedlicher Intensität

Für den Gemeindeaufbau ist es besonders wertvoll, wenn in einer Gemeinde *Gemeinschaften unterschiedlicher Intensität* vorhanden sind, beispielsweise „normale“ Haushalte und Wohngemeinschaften; Gebetskreise und Jüngerschaftsgruppen. Das gibt allen die Freiheit, entsprechend den eigenen Lebensumständen geistliches und soziales Leben gemeinsam zu gestalten. Wo nur intensive Gemeinschaftsformen gepflegt werden, entsteht leicht eine Insidergruppe, die in der Gefahr steht, sich von der übrigen Umwelt abzukapseln und sich nur noch um sich selbst zu drehen. Wer sich nicht daran beteiligen kann, gilt als „lau“. Wo es umgekehrt keine intensive Gemeinschaftsformen gibt, werden Menschen, die eine solche suchen oder pflegen möchten, als „extrem“ abgestempelt. Es fehlen dann auch die Anreize und Vorbilder, wie das Teilen des gesamten Lebens aussehen könnte. Deshalb halten wir einen Gemeindeaufbau für sinnvoll, in dem sich rund um den gemeinsam gefeierten Gottesdienst unterschiedliche und vielfältige Formen des kirchlichen und christlichen Lebens entfalten, die den Mitmenschen auf unterschiedliche Art und Weise die Möglichkeit geben, sich dem Glauben anzunähern (→ Kapitel 17).

Aus missionarischer Sicht ist daher bedeutsam, dass intensive Lebensformen nicht abgeschlossen sind, sondern offen bleiben und in einer gastfreundlichen Art und Weise interessierten Menschen die Chance bieten, einen christlichen Lebensstil zu beobachten und kennenzulernen (→ Kapitel 14). So gehört es auch zur Aufgabe einer Gemeinde mit Mission, die Gemeindeglieder zur Beziehung mit ihren christlichen und noch-nicht-christlichen Mitmenschen zu befähigen (→ Kapitel 16).

Kapitel 11

Realitätscheck:

Merkmale einer Gemeinde, die Bekehrungen fördert

Bevor wir aus den hier entfalteten Weichenstellungen (→ Teil II) konkrete Impulse für die missionarische Gemeindepraxis ableiten (→ Teil III), lohnt sich ein Realitätscheck: Welche Merkmale haben Gemeinden, die

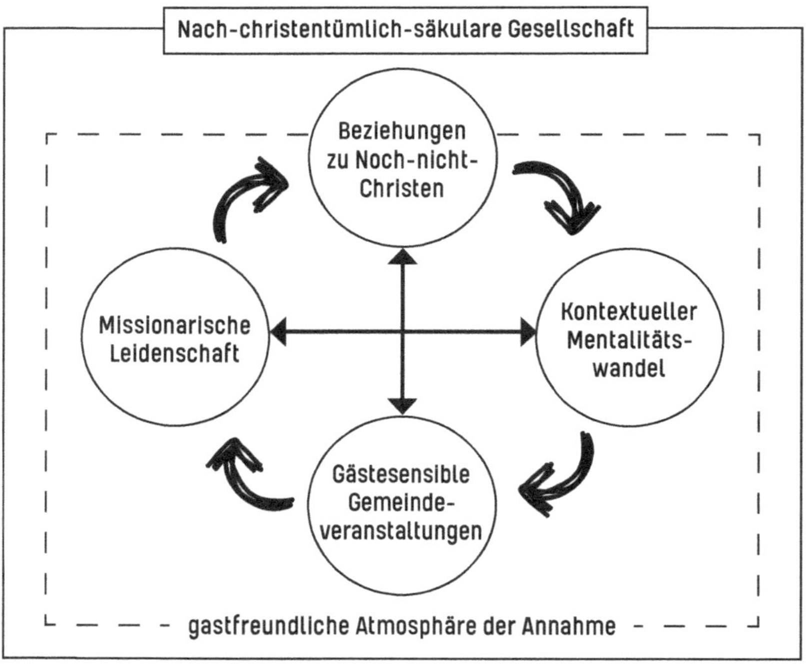

überdurchschnittlich stark durch Bekehrungen wachsen, in denen also tatsächlich Menschen neu zum Glauben kommen? Auf welche Aspekte sollten wir also besonders achten, um für die Zukunft eine wirksame missionarische Gemeindepraxis zu gestalten?

Unsere persönlichen Erfahrungen im Gemeindeaufbau sowie fundierte empirische Untersuchungen missionarisch effektiver Gemeinden[123] zeigen: Es lassen sich einige grundsätzliche Faktoren identifizieren, die in einem nach-christentümlichen Kontext Bekehrungen fördern. Sie bilden den Nährboden für eine fruchtbare Gemeindepraxis.

Das Schaubild verdeutlicht: Jeweils zwei dieser Faktoren stehen in einer besonderen Wechselbeziehung zueinander. Gleichzeitig hängen alle Aspekte auch dynamisch miteinander zusammen.

Ohne eine starke missionarische Leidenschaft (→ Kapitel 12) in weiten Teilen der Gemeinde wird Gemeindeaufbau kaum gelingen. Allerdings genügt in einem säkularen Kontext das missionarische Anliegen allein nicht, um zunehmend glaubens- und kirchenferne Menschen wirksam zu erreichen, denn gleichzeitig ist auch ein Mentalitätswandel nötig (das beschriebene „Umparken im Kopf" → Kapitel 7). Gemeinden, die dadurch wachsen, dass Menschen neu zum Glauben kommen, haben meist intensiv darüber nachgedacht, wie heute geglaubt wird – und vor allem, warum heute oft *nicht* geglaubt wird. Und sie scheuen sich nicht, daraus konkrete Schlüsse für die Gestaltung des Gemeindelebens und die Kommunikation des Evangeliums zu ziehen. Missionarische Leidenschaft verbindet sich mit kontextueller Sensibilität (→ Kapitel 13).

Hinwendungen zum Glauben werden im Gemeindekontext außerdem dadurch gefördert, dass Christen sich sehr bewusst in Beziehungen zu Nichtchristen investieren (→ Kapitel 16). Die notwendigen Kontakte zu Noch-nicht-Glaubenden entwickeln dabei aber in der Regel erst dann ihr missionarisches Potenzial, wenn sie mit Gottesdiensten (→ Kapitel 15) und anderen Gemeindeveranstaltungen in Verbindung stehen, bei deren Gestaltung bewusst mit der Anwesenheit von glaubens- und kirchenfernen Menschen gerechnet wird (→ Kapitel 17). Das persönliche und gemeindliche „Hingehen“ und das „Hinzukommen“ von Außenstehenden gehören zusammen.

Wo diese vier Komponenten zusammenkommen und ihre jeweilige Wechselwirkung entfalten können, sind wesentliche Grundlagen für ein überdurchschnittliches Bekehrungswachstum und eine wirksame missionarische Gemeindepraxis gelegt. Der dynamische Kreislauf sieht so aus: Wo das missionarische Anliegen groß ist, suchen Christen im Alltag bewusster den Kontakt zu Menschen, die noch nicht glauben. Wer wiederum regelmäßig vertrauensvoll und ehrlich mit Nichtchristen über Gott und die Welt ins Gespräch kommt, gewinnt ein vertieftes Verständnis ihrer Überzeugungen, Sehnsüchte, Ängste und ihrer Skepsis gegenüber Glauben und Kirche. Daraus erwächst dann ein besseres Gespür für den Kontext, wodurch der angestrebte Mentalitätswandel schneller in Gang kommt. Je mehr eine Gemeinde aber ein Bewusstsein dafür entwickelt, wie postmodern-säkulare Zeitgenossen „ticken“, desto leichter fällt es, Gottesdienste und andere Anlässe zu gestalten, bei denen die Empfindungen und Anfragen von nicht-glaubenden Menschen einfühlsam aufgegriffen werden. Und wo man im Rahmen unterschiedlicher Veranstaltungen mit der Anwesenheit von Nichtchristen rechnet und auf diese eingeht, steigt wiederum die missionarische Leidenschaft der Mitglieder.

Und schließlich: Diese Gesamtdynamik verstärkt sich vor allem dann, wenn die genannten Faktoren in eine gastfreundliche Atmosphäre der Wertschätzung und Annahme (→ Kapitel 14) eingebettet sind, in der noch-nicht-glaubende Menschen nicht vorschnell etwas übergestülpt bekommen, sondern auch über längere Zeiträume mit ihren Fragen und Zweifeln willkommen sind.

Wie diese Faktoren konkret umgesetzt und gefördert werden können, soll im folgenden Teil beschrieben werden.

Teil III
Konkrete Schritte gehen

Impulse für eine Gemeinde mit Mission

Jede Gemeinde ist eine *„Gemeinde mit Mission"*. Dazu hat Gott sie berufen. Dieser Teil des Buchs soll helfen, in dieser Bestimmung zu leben. Nachdem wir unseren Blick für die Gegenwart geschärft (→ Teil I) und theologische Weichen gestellt haben (→ Teil II), wird es jetzt konkreter. Dabei können wir nicht alle Facetten des Gemeindelebens beleuchten. Unser Fokus liegt auf den Aspekten, die uns für das missionarische Zeugnis in einem säkularen Umfeld besonders bedeutsam erscheinen. Bei unseren Überlegungen haben wir weder eine bestimmte Denomination noch eine bestimmte Gemeindegröße oder Gemeindeform vor Augen. Wir sind der Meinung, dass die Impulse für Gemeinden ganz unterschiedlicher Art und Größe und mit unterschiedlichen theologischen Ausrichtungen anschlussfähig sind. Die Good-Practice-Beispiele stammen aus unserem eigenen Erfahrungsschatz oder sind inspiriert duch uns bekannte Gemeinden. Sie zeigen, dass Gemeinde mit Mission keine abstrakte Idee ist, und sollen Anregungen zur praktischen Umsetzung geben.

Die Gemeindepraxis beginnt mit der Inspiration und der Motivation, also mit der Ausrichtung des Herzens. Mission liegt im innersten Wesenskern der Kirche, daher muss auch die missionarische Praxis von innen nach außen fließen.

Der Unternehmensberater Simon Sinek spricht vom „Goldenen Zirkel":[124] Das *Warum* im innersten Kreis steht für die Motivation, den eigentlichen Antrieb. Das *Wie* im mittleren Kreis bezeichnet die Art und

Weise, wie ich etwas tue, also die strategische Ausrichtung. Das *Was* im äußeren Kreis bezeichnet die Aktivität selbst.

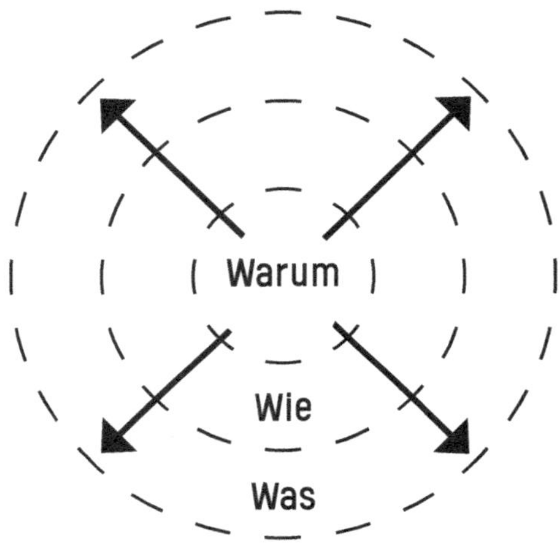

In der Bewegung von innen nach außen beginnen wir also mit dem *Warum* (→ Kapitel 12) – *warum* wir uns nichts sehnlicher wünschen, als dass unsere Mitmenschen zum Glauben kommen. Diese missionarische Leidenschaft ist der innere Antrieb. Daraus ergibt sich das *Wie* (→ Kapitel 13), also die Frage, *wie* unsere Mitmenschen überhaupt den Weg zum Glauben finden können, und das *Was* (→ Kapitel 14) – *was* kann die Gemeinde dafür tun? Dabei werden drei Handlungsfelder besonders beleuchtet: nämlich der Gottesdienst als Quelle und Höhepunkt der Mission (→ Kapitel 15), die Befähigung der Gemeindeglieder zu einem missionarischen Lebensstil (→ Kapitel 16) und die Angebote für Noch-nicht-Christen auf dem Weg zum Glauben (→ Kapitel 17).

Wie schon beschrieben ist unser Ziel eine kontextuell sensible Gemeindepraxis, die sich weder dem säkularen Zeitgeist anpasst noch sich von der Gesellschaft abschottet. Die kulturellen Differenzen zwischen einer Kirche, die sich an den Werten des Reiches Gottes orientiert, und einer Gesellschaft, die maßgeblich auf säkularen Werten aufbaut, sind uns sehr bewusst.

Den richtigen Weg sehen wir in einem offenen und sich graduell intensivierenden Gemeindeleben: Die Gemeinde feiert im Gottesdienst mit höchster Intensität die Begegnung mit Gott. Andere Gemeindeveranstaltungen haben ein geringeres Intensitätslevel. Eine solche Gemeindepraxis findet nicht abgeschottet statt, sondern offen und mitten in der Welt. Säkularen Zeitgenossen wird so eine schrittweise Annäherung an den Glauben ermöglicht. Sowohl das „Hingehen“ in die Welt als auch das „Hinzukommen“ zum Glauben sind daher als Prozesse zu verstehen – als Wege zu den Mitmenschen und als Wege zum Glauben.

Die Skizze fasst diese Überlegungen zusammen. Sie beinhaltet die Elemente des Goldenen Zirkels (*Warum, Wie, Was*) sowie die drei wichtigsten Handlungsfelder (Gottesdienst feiern; Befähigen; Einladen) und verweist mit der unterschiedlichen Schattierung auf das prozesshafte Verständnis von Mission (Hingehen; Hinzukommen).

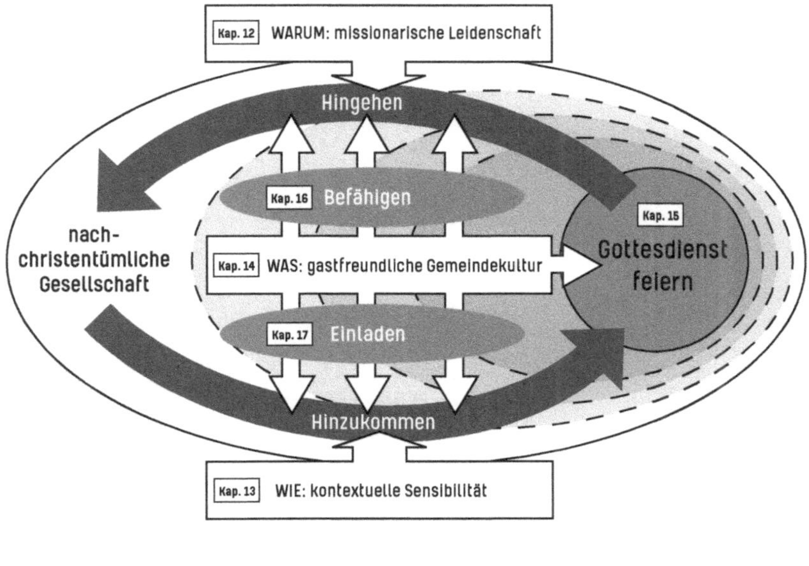

Kapitel 12

Leidenschaft stärken:

Warum uns unsere Mitmenschen am Herzen liegen

Warum soll die Kirche überhaupt missionarisch sein? Hat sie nicht selbst genug Probleme? Muss sie sich noch in das Leben anderer einmischen? Weshalb sollte ich Werbung für den Glauben machen? Ist das nicht überheblich?

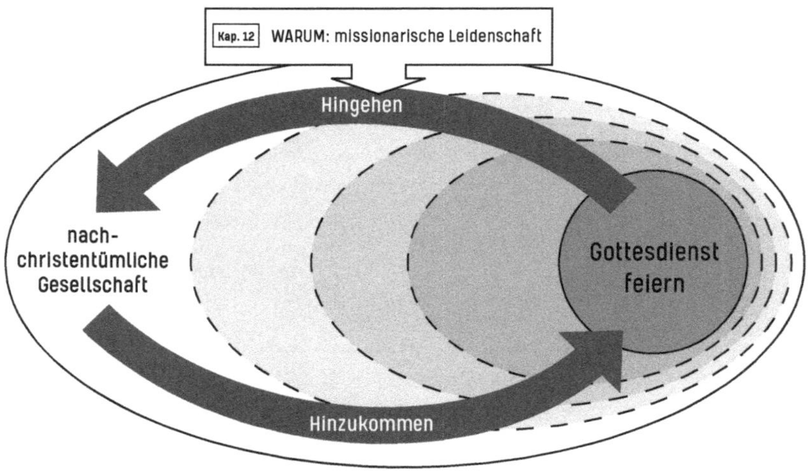

Tatsächlich ist das *Warum* ein entscheidender Ausgangspunkt für eine Gemeinde mit Mission. Ohne Leidenschaft für Mission gibt es keinen missionarischen Gemeindeaufbau. Ich muss wissen, warum ich etwas tun soll, damit ich es auch dann mache, wenn es Widerstände gibt. Ohne zu wissen, *warum*, werde ich mich nur mit halber Kraft für eine Sache einsetzen. Wenn mir das *Warum* nicht klar ist und es nicht tief in meinem Herzen und meiner Existenz verankert ist, werde ich bei Schwierigkeiten leicht resignieren und aufgeben. Daher zeigen wir in diesem Kapitel gute Gründe für missionarische Leidenschaft auf (→ a) und beleuchten, was diese Leidenschaft schwächt (→ b) und wie sie neu entfacht werden kann (→ c).

a) Gute Gründe für missionarische Leidenschaft

Im innersten Kern der missionarischen Leidenschaft steht *Gottes leidenschaftliche Liebe* zu dieser Welt. Die Menschen liegen Gott am Herzen. Diese Grundwahrheit zieht sich wie ein roter Faden durch die Bibel. Gott segnet seine geliebten Geschöpfe (1Mo 1,28). Gott erwählt und segnet sein Volk, weil er es liebt (5Mo 7,8). Weil Gott diese Welt liebt, sendet er seinen Sohn (Joh 3,16). Aus Liebe gibt sich Jesus Christus für uns in den Tod (Röm 5,8). Weil Gott uns so liebt, lässt er uns an der Auferstehung von Jesus Christus teilhaben (Eph 2,4-6). Die Liebe Christi ist unser Antrieb, an seiner Stelle zur Versöhnung mit Gott einzuladen (2Kor 5,14.20).

Alles beginnt mit Gottes Liebe.

Das heißt für mich zuerst: Ich bin von Gott geliebt. Ich liege Gott am Herzen. Das Gleiche gilt für die Menschen in meinem Umfeld: Sie sind geliebte Geschöpfe Gottes. Wie sollte ich meinen Mitmenschen nicht lieben, der doch von Gott geliebt wird? Wie könnte ich das, was mir selbst geschenkt wurde, anderen vorenthalten? Und was könnte es Besseres geben, als dass sie den kennenlernen, der sie von Herzen liebt?

Damit sind wir bei einem zweiten Grund für missionarischen Gemeindeaufbau angelangt – ein Grund, der heute auch Kopfschütteln und Stirnrunzeln auslöst. Es geht um die schwierige Tatsache, dass *Menschen ohne Gott verloren* sind. Dieses Thema lässt man heute gerne unter den Tisch fallen oder leugnet sogar, dass es so ist (→ Kapitel 4). Aber auch wenn es wie eine überholte Phrase klingen mag, ist es doch eine biblische Wahrheit, der wir uns stellen müssen. Die Liebe Gottes zielt auf Gegenliebe. Es entspricht dem Charakter der Liebe Gottes, dass sie die Gegenliebe nicht erzwingt. Die Bibel spricht ganz unverhohlen von der Möglichkeit, dass man gegenüber der Liebe Gottes resistent bleiben kann und daher im wahrsten Sinn des Wortes „gott-los" wird. Wer nicht an Jesus Christus glaubt, ist von Gott als der Quelle des Lebens abgeschnitten und daher dem Gericht und dem Tod verfallen (Joh 3,18). Sein Name steht nicht im „Buch des Lebens" und er gehört nicht zur neuen Schöpfung (Offb 20,15; 21,17).

Man könnte es auch so sagen: Der Mensch findet seine eigentliche Bestimmung, wenn er sich von Gottes Liebe erfassen lässt und die Liebe zu Gott sich in ihm entfaltet. Und umgekehrt: Der Mensch verfehlt seine Bestimmung, wenn Gottes Liebe keine Resonanz findet. Das ist die eigentliche Sünde des Menschen. Augustinus und Luther haben diese Grundsünde des Menschen anschaulich beschrieben und sprechen vom *„In-sich-selbst-gekrümmten-Menschen"*. In sich selbst gekrümmt – das heißt, dass man sich selbst anbetet, nur um sich selbst kreist und sich selbst liebt. Das hat dramatische Konsequenzen: Der Mensch, der in sich selbst gekrümmt ist, bleibt mit sich allein und bleibt es in alle Ewigkeit. Das ist die Hölle. Die totale Einsamkeit. Ohne Beziehung, ohne Gespräch, ohne Kommunikation. Es bleibt die ewige Leere, der ewige Tod (Dan 12,2; Röm 6,23).

Das wird man niemandem wünschen und für niemanden hoffen wollen. Vielmehr ist es der Wunsch, dass der Mensch aus der Selbstverkrümmung befreit und aufgerichtet wird – und das geschieht, wenn er Gottes Liebe empfängt und so befähigt wird, Gott und die Mitmenschen zu lieben. So kommt die Bestimmung des Menschen zur Erfüllung. Missionarischer Gemeindeaufbau ist vom Wissen motiviert, dass Menschen nur in der Liebesbeziehung zu Gott werden, wozu sie geschaffen wurden.[125]

Weil Gott die Menschen liebt und aus ihrer Selbstverkrümmung herausreißen will, sendet er seinen Sohn in die Welt. Das ist die große Mission Gottes zur Erlösung der Menschen. Denn Gott will, dass „alle Menschen gerettet werden und zur Erkenntnis der Wahrheit kommen" (1Tim 2,4). Deshalb sollen alle Menschen das Evangelium hören und erfahren, dass sie geliebte Geschöpfe Gottes sind. Jesus, der von Gott gesandte Sohn Gottes, sendet nun seine Nachfolger und damit die Kirche in diese Welt. Deshalb sagt Jesus: „Wie der Vater mich gesandt hat, so sende ich euch" (Joh 20,21).

Missio Dei – Gott sendet die Kirche in die Welt.

Damit sind wir beim dritten Grund für missionarischen Gemeindeaufbau: Die Kirche ist hineingenommen in die *Sendung Gottes zur Errettung der Welt.* Die Kirche ist missionarisch, weil sie Teil der Mission Gottes ist – der *missio dei.* Mission ist also nicht die Idee der Kirche, sondern die Idee Gottes. Die Kirche ist von Gott zur Teilhabe an seiner eigenen Mission berufen. Daher gehört die Mission zum Wesen der Kirche (→ Kapitel 6b). Sie ist keine Option – Kirche kann sich nicht aussuchen, ob sie missionarisch sein will oder nicht. Die Kirche ist von Jesus selbst in die Welt gesandt, wie er immer wieder klar sagt:

Jesus spricht: „Ihr seid das Salz der Erde. Wenn nun das Salz nicht mehr salzt, womit soll man salzen? Es ist zu nichts mehr nütze, als dass man es wegschüttet und lässt es von den Leuten zertreten. Ihr seid das Licht der Welt. Es kann die Stadt, die auf einem Berge liegt, nicht verborgen sein. Man zündet auch nicht ein Licht an und setzt es unter einen Scheffel, sondern auf einen Leuchter; so leuchtet es allen, die im Hause sind. So lasst euer Licht leuchten vor den Leuten, damit sie eure guten Werke sehen und euren Vater im Himmel preisen" (Mt 5,13-16).

Jesus spricht: „Mir ist gegeben alle Gewalt im Himmel und auf Erden. Darum gehet hin und lehret alle Völker: Taufet sie auf den Namen des Vaters und des Sohnes und des Heiligen Geistes und lehret sie halten alles, was ich euch befohlen habe. Und siehe, ich bin bei euch alle Tage bis an der Welt Ende“ (Mt 28,18-20).

Jesus spricht: „Ihr werdet die Kraft des Heiligen Geistes empfangen, der auf euch kommen wird, und werdet meine Zeugen sein in Jerusalem und in ganz Judäa und Samarien und bis an das Ende der Erde“ (Apg 1,8).

b) Leidenschaftskiller

Trotz dieser guten Gründe kann diese Leidenschaft oft verkümmern und einschlafen. Welche typischen Leidenschaftskiller gibt es, die den missionarischen Elan zum Erliegen bringen können?

Der erste Killer ist eine *falsche Demut*. Die klingt etwa so: „Wer bin ich denn, dass ich dem andern sage, was er glauben soll? Ich bin doch nicht besser als die andern. Ich will doch den Glauben niemandem überstülpen.“

Auf der anderen Seite gibt es auch die falsche Motivation der *Selbsterhaltung*. Wir müssen missionieren, damit die Kirche größer wird oder zumindest nicht schrumpft. Selbsterhaltung ist kein nachhaltiges missionarisches Motiv. Es kommt nicht gut, wenn man Menschen für den Glauben gewinnen muss, um die kirchlichen Finanzen ins Lot zu bringen, die Gebäudekosten zu bewältigen oder die Löhne zu bezahlen. Daher führt es aus unserer Sicht beispielsweise zu einer falschen Motivation, wenn eine Gemeinde ein größeres Gebäude baut und bei der Finanzierung schon die Spenden von Menschen einkalkuliert, die neu dazukommen sollen. Man muss dann Menschen gewinnen, um das neue Gebäude zu finanzieren. Eine solche Motivation lenkt vom eigentlichen missionarischen Auftrag ab und führt eher zur Werbung für die Kirche als zur Werbung für Jesus Christus.

Ein weiterer Killer ist die *kirchliche Selbstbezogenheit*. Jede Gruppe von Menschen hat einen Zug nach innen. Es bildet sich eine „Bubble“ (Blase), die sich mit sich selbst beschäftigt. Das gilt für Familien, Vereine und auch für Gemeinden. Es ist ganz natürlich, dass die zentripetalen Kräfte (die inneren Anziehungskräfte) größer sind als die zentrifugalen Kräfte, die nach außen gerichtet sind. Denn alles, was bereits da ist, steht einem beständig vor Augen: die Menschen, die zur Gemeinde gehören, mit all ihren Herausforderungen und Nöten; die Gebäude, die gepflegt werden müssen; das Geld, das für alle Gemeindeaufgaben gesammelt werden muss; die Führungsstruktur, die man pflegen und anpassen muss; die Förderung und Begleitung der Ehrenamtlichen. In der bestehenden Gemeinde gibt es schon mehr als genug zu tun. Die Menschen, die noch nicht mit Gott leben und die Gemeinschaft der Kirche erfahren, sind nicht automatisch im Blickfeld. Daher passiert es ganz leicht, dass die einzelnen Gemeinden um sich selbst kreisen und ihre Sendung nach außen vernachlässigen.

Keine Appelle an das schlechte Gewissen

Auch *Appelle an das schlechte Gewissen* lassen keine Freude an der Mission aufkeimen. Predigten mit der platten Aufforderung, mehr zu evangelisieren, sind oft kontraproduktiv und wirken ermüdend. Denn viele Zuhörer wissen sehr wohl, dass mehr Evangelisation gefragt wäre. Sie brauchen keine Appelle, sondern mehr Leidenschaft – und die kommt nicht durch Appelle zustande, auch wenn diese noch so gut gemeint sind.

Ein zusätzlicher Dämpfer ist die *missionarische Resignation.* Man hat sich in evangelistische Projekte investiert, doch es ist kaum etwas dabei herausgekommen. Man hat versucht, andere zum Glauben einzuladen, aber sie haben nicht positiv darauf reagiert. Enttäuschung macht sich breit und die Motivation für Mission sinkt.

Und schließlich gibt es den Killer der *Bequemlichkeit.* Wenn wir Jesus öffentlich bezeugen und zum Glauben einladen, kann das negative Folgen haben. Es kann uns in ein schlechtes Licht stellen, Widerstand auslösen und Leiden verursachen. Es ist viel bequemer, nur für sich selbst Christ zu sein und die anderen in Ruhe zu lassen. Es lässt sich nicht leugnen: Wer es gerne bequem hat und sich in seiner Komfortzone eingerichtet hat, wird nicht sonderlich an Mission interessiert sein.

Alle diese Killer sind nicht nur psychologischer oder organisatorischer Natur. Geistlich gesehen sind sie *Wirkungen des Bösen*. Satan ist als Mörder und Lügner (Joh 8,44) brennend daran interessiert, die Flamme der Mission zum Erlöschen zu bringen. Jesus nennt es einen teuflischen Impuls, als Petrus ihn davon abhalten will, seinen Auftrag auszuführen, der ihn ans Kreuz bringt (Mt 16,22-23). Leidenschaft für Mission ist immer auch Leidenschaft gegen die Macht des Bösen.

Widerstand gegen das Böse

Diese Leidenschaftskiller sind deshalb so verführerisch, weil sie auch ein Körnchen Wahrheit beinhalten: Ja, es ist richtig, dass wir niemandem den Glauben überstülpen wollen. Ja, es stimmt, dass die Kirche auch andere Aufgaben hat als die Mission. Ja, es ist richtig, dass sie sich um die Finanzen kümmern muss. Und dennoch: Diese Killer führen von dem weg, wozu die Kirche gerufen und gesandt ist, und lähmen damit die missionarische Leidenschaft. Wie ein Krebsgeschwür können sie das gesamte kirchliche Leben zersetzen und zerstören. Daher muss man diesen Killern bewusst entgegentreten. Deshalb wollen wir jetzt einige Wege anschauen, wie die Leidenschaft gefördert werden kann.

c) Leidenschaft entfachen

Es ist zuallererst ein *Geschenk Gottes*, wenn man Leidenschaft für andere Menschen verspürt und sich nichts mehr wünscht, als dass sie zum Glauben kommen. Es gibt kein Patentrezept, das diese Leidenschaft hervorrufen kann. Der Heilige Geist ist es, der in uns das Anliegen für die Mission und die Kraft dazu bewirkt. Trotzdem gibt es einige Aspekte, die uns hilfreich und förderlich erscheinen:

Das Eintreten für das Evangelium ist verbunden mit einem bewussten *Widerstand gegen die Macht des Bösen*. „Tragt an euren Füßen als Schuhwerk die Bereitschaft für das Evangelium des Friedens" (Eph 6,15), so beschreibt Paulus ein Element der „geistlichen Waffenrüstung", mit der man dem Teufel und seinen Machenschaften entgegentritt. Wer für das

Evangelium eintritt, steht in einer geistlichen Auseinandersetzung. In der Gewissheit, dass Jesus den Sieg über die Mächte des Bösen errungen hat (Kol 2,15), lässt sich die Kirche nicht vom Bösen daran hindern, Jesus zu bezeugen.

Gerade weil es sich um eine geistliche Auseinandersetzung handelt, kommt auch dem *Gebet* eine zentrale Bedeutung zu. Im Zusammenhang mit der Waffenrüstung fordert Paulus daher auch auf:

> *„Von Gebet und Fürbitte lasst nicht ab: Betet allezeit im Geist und dazu seid wach! Seid beharrlich in der Fürbitte für alle Heiligen, auch für mich, dass mir, wenn ich den Mund auftue, das rechte Wort gegeben werde, um in aller Freiheit das Geheimnis des Evangeliums kundzutun" (Eph 6,18-19).*

So ein Gebet bleibt nicht bei allgemeinen Bitten um Segen und Beistand stehen, sondern beinhaltet ganz konkrete Bitten im Blick auf die Ausbreitung des Evangeliums. Wir bitten und flehen, dass Gott die Herzen unserer Mitmenschen bewegt. Wir beten darum, dass Gott eine Tür für sein Wort öffnet (Kol 4,3) und uns schenkt, das richtige Wort zur richtigen Zeit zu sagen. Solche Gebete geben der konkreten Erwartung Ausdruck, dass tatsächlich Menschen durch die Arbeit und das Zeugnis der Gemeinde eine lebensverändernde Begegnung mit Jesus haben.

Good Practice 1: Gebet, dass Menschen zum Glauben finden
In einer Gemeinde treffen sich Mitglieder sowie Gemeinde- und Gottesdienstverantwortliche vor jedem Gottesdienst zum gemeinsamen Gebet. In den Gebeten wird nicht nur Gott gelobt und für den Gottesdienst gebetet, sondern auch regelmäßig und konkret Gott angefleht, dass Menschen den Ruf Christi hören, umkehren und zum Glauben kommen.

Die Gemeinde will erwarten, dass Menschen zu Jesus finden. Sie bringt diese Erwartungen im Gebet zum Ausdruck und weiß sich von

Gott abhängig. Für die Gemeinde wird es zur „normalen Gewohnheit", Gebet und missionarisches Handeln miteinander zu verbinden und nicht gegeneinander auszuspielen.

Die Leidenschaft für Mission wird gefördert durch die *Freude am Evangelium* (→ Kapitel 5). Wenn ich mich von Gott geliebt und angenommen weiß, wenn ich aus der Gnade und Vergebung Gottes lebe, wenn ich mich an Gott und seiner Gegenwart freue, dann weckt das in mir die Sehnsucht, dass auch andere Menschen die Güte Gottes kennenlernen. Wichtiger als alle Appelle zur Evangelisation ist es daher, dass der Gemeinde immer wieder die Schönheit des Evangeliums in all seinen Facetten vor Augen steht.

Um sich der Tendenz der Selbstbezogenheit entgegenzustellen, wird es auch darauf ankommen, dass die Verantwortlichen einer Gemeinde bewusst *die Sendung in die Welt als hohe Priorität in der Gemeindearbeit* betonen. Dynamisch missionarische Gemeinden zeichnen sich dadurch aus, dass der Ausbreitung des Evangeliums ein hoher Wert beigemessen wird und die Gemeindepraxis entsprechend gestaltet wird. Es gehört also zur Verantwortung der Gemeindeleitung, den missionarischen Herzschlag der Gemeinde im Blick zu haben und zu fördern.

Good Practice 2: Den Wert der Evangelisation hochhalten
Eine Gemeindeleitung entscheidet sich dafür, der Evangelisation den höchsten Wert im Gemeindeleben zu geben – nicht weil sie andere Aspekte des Gemeindelebens unwichtig findet, sondern weil sie beobachtet, dass Evangelisation am schnellsten in Vergessenheit gerät. Sie will daher bewusst der natürlichen Tendenz entgegentreten, dass im Laufe der Zeit die meisten Gaben und Kräfte für die innere Gemeindeentwicklung eingesetzt werden und der missionarische Auftrag aus dem Blick gerät.

Konkret wird ein Gemeindeleitungsmitglied mit einer großen evangelistischen Begabung als „Anwalt für Evangelisation" eingesetzt. Es erhält die Aufgabe, in der Gemeindeleitung und in allen Bereichen des Gemeindelebens den Wert der Evangelisation zu fördern und hochzuhalten.

Good Practice 3: Neue Leidenschaft wecken

Eine Gemeindeleitung spürt, dass die missionarische Leidenschaft in der Gemeinde eingeschlafen ist. Sie will darauf reagieren und leitet einen Prozess ein, der unter anderem Gebete, Gespräche und Seminare beinhaltet. An einem Seminarabend wird eine typische Lebenskurve einer Gemeinde vorgestellt.[126]

Die Mitglieder werden eingeladen, dort einen Klebepunkt anzubringen, wo sie ihre Gemeinde sehen. Die meisten Klebepunkte werden im Bereich „Altern" vergeben. Die Gemeindeglieder stellen fest: Wir schätzen zwar die Gemeinschaft, wir haben tolle Programme, wir sind auch gut organisiert, aber wir haben die Vision verloren. Die Teilnehmer werden aufgefordert, den Schmerz über die offensichtliche Selbstbezogenheit der Gemeinde zuzulassen und in einer ausführlichen gemeinsamen Gebetszeit vor Gott zu bekennen, zu beklagen und Buße zu tun.

Im Anschluss daran werden Schritte eingeleitet, um die Vision zu erneuern. Einzelne Programme werden unterbrochen oder beendet zugunsten eines Visions-Gebetstreffens. Die Gemeindeleitung wird durch Personen erweitert, die ein starkes Anliegen für Evangelisation haben. In mehreren Predigtreihen werden biblische Texte behandelt, die die Sendung der Gemeinde in die Welt aus unterschiedlichen Blickwinkeln beleuchten. Aus einem Workshop mit interessierten Gemeindegliedern entstehen neue evangelistische Angebote.

Schließlich braucht man auch *konkrete Wege und Angebote*, wie Menschen zum Glauben kommen können und wie sich Christen dabei engagieren können (→ Kapitel 17). Diese Angebote werden immer wieder an die aktuelle Situation angepasst werden müssen (→ Kapitel 13). Missionarische Enttäuschung kann auch daher kommen, dass man es auf eine Weise anpackt, die dem gesellschaftlichen Kontext nicht oder nicht mehr entspricht. Es gehört zur Aufgabe und Verantwortung einer Gemeindeleitung, kontextsensible Wege der Evangelisation zu erkennen und zu gestalten – nicht nur als Liebesdienst an Noch-nicht-Christen, um ihnen einen Weg zum Glauben zu ebnen, sondern auch um denjenigen die Enttäuschung zu ersparen, die schon mit Jesus unterwegs sind und bereit sind, ihn zu bezeugen.

Gott ist da und er liebt diese Welt mit großer Leidenschaft. Diese Liebe, mit der Gott uns geliebt hat, spiegelt sich in einem leidenschaftlichen Herzschlag für Gottes Mission. Das Evangelium der Liebe Gottes motiviert dazu, sich dem Bösen im Gebet entgegenzustellen, der Evangelisation hohe Priorität einzuräumen und konkrete Angebote einzurichten, die es leichter machen, Außenstehende mit dem Glauben in Berührung zu bringen.

Kapitel 13

Kontext verstehen:

Wie unsere Mitmenschen mit dem Glauben in Berührung kommen können

Leidenschaft führt nicht automatisch zu sinnvollem Handeln. Wir können beispielsweise unsere Nachbarn zum Essen einladen: Wir kochen unser Lieblingsgericht – Fleisch vom Grill mit Rosmarinkartoffeln, denn wir möchten ja das mit den Nachbarn teilen, was wir selbst auch super finden. Die Gäste kommen, es riecht lecker nach Grill, wir schwärmen vom Grillfleisch. Doch die Gäste schauen uns seltsam betreten an – sie ernähren sich vegetarisch. Was für ein Reinfall!

Deshalb braucht es zwischen dem *Warum* (Motivation, Leidenschaft, Vision; → Kapitel 12) und dem *Was* (Handeln; → Kapitel 14) das *Wie*. Dabei handelt es sich um einen inneren Fahrplan – eine Strategie, die gewährleistet, dass das, was man tut, auch sinnvoll und stimmig ist und sowohl mit der Vision als auch mit der Situation übereinstimmt.

In unserem Beispiel wäre das *Wie* ziemlich einfach: Wenn ich leidenschaftlich gastfreundlich bin (Warum), werde ich mich mit den Gewohnheiten meiner Nachbarn auseinandersetzen und beim Kochen auf die Bedürfnisse der Eingeladenen Rücksicht nehmen (Wie). Daher werde ich nicht einfach kochen, was mir selbst am besten schmeckt, sondern das Menü so anpassen, dass es für die Gäste stimmt, damit sie sich wertgeschätzt wissen und willkommen fühlen (Was).

Leidenschaft ist zwar eine notwendige Voraussetzung, reicht aber allein noch nicht aus. Aus missionarischer Leidenschaft kann auch eine kontraproduktive Praxis entstehen, wenn eine Sensibilität für die Menschen fehlt, die man zum Glauben einladen will. Man kann mit großem missionarischen Eifer in Evangelisationsformen investieren, die heute nicht mehr wirklich passen. Oder man setzt den christlichen Grundwasserspiegel einer christentümlichen Gesellschaft voraus, der heute gar nicht mehr gegeben ist (→ Kapitel 2). Oder die evangelistische Praxis entspricht nicht dem Qualitätsempfinden von heute: Wenn eine Veranstaltung in einem muffigen Saal mit schummrigem Licht und unbequemen Stühlen stattfindet, kann die Verkündigung noch so wahr sein und die Motivation zur Evangelisation noch so groß – Menschen von heute wird man damit kaum erreichen. Genauso wenig wie mit evangelistischen Schriften mit schlechtem Design auf minderwertigem Papier und platten Slogans, die nur für Insider verständlich sind.

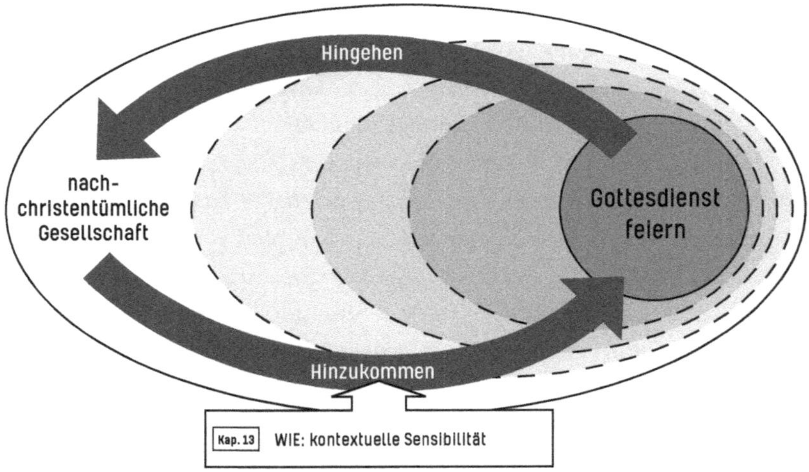

Es braucht also das *Wie* – einen Plan, der hilft, dass die missionarische Leidenschaft (→ Kapitel 12) zu einer sinnvollen und konkreten missionarischen Praxis (→ Kapitel 14) führt (→ a). Dieses *Wie* besteht wesentlich in der Kontextualisierung, also in einer strategischen Auseinandersetzung mit der Lebenswelt der Menschen, denen das Evangelium gilt (→ b und → c).[127]

Aus der Sensibilität für den Kontext ergeben sich zwei Erkenntnisse, die uns für die missionarische Gemeindepraxis als besonders bedeutsam erscheinen, nämlich die kontextsensible Verkündigung des Evangeliums (→ d) sowie die Offenheit für suchende und zweifelnde Mitmenschen (→ e).

a) Praxis der Kontextualisierung

Paulus kommt während seiner zweiten Missionsreise nach Athen, einer Metropole mit einer langen philosophischen und religiösen Tradition. Was bei seinem Aufenthalt geschieht, lässt sich als Musterbeispiel für Kontextualisierung verstehen (Apg 17,16-34).

Beobachten
Beurteilen
Anknüpfen
Herausfordern

Beobachten: Paulus geht mit offenen Augen durch die Stadt (V. 23a). Er nimmt wahr, was geschieht. Er ist dort, wo sich das Leben der Menschen abspielt. Er spricht mit den Menschen (V. 17) und erkennt ihre religiöse Suchbewegung (V. 22).

Beurteilen: Paulus ist innerlich erregt. Was er wahrnimmt, lässt ihn nicht kalt. Er beurteilt, was er sieht, anhand der Offenbarung Gottes in Jesus Christus. Von diesem Maßstab her lassen sich die Geister unterscheiden. So lassen sich die Götzen entlarven (V. 16) und so wird die Sehnsucht nach dem wahren Gott erkennbar (V. 23b).

Anknüpfen: Paulus erzählt, wer dieser Gott ist. Dabei verwendet er eine für seine Zuhörer verständliche Sprache. Er knüpft an die religiöse Sehnsucht seiner Zuhörer, an bekanntes Wissen und an anerkannte Philosophen an (V. 24-28). Deshalb predigt Paulus vor heidnischen Zuhörern ganz anders als vor jüdischen.

Herausfordern: Auch wenn Paulus anders predigt, predigt er nichts anderes als das Evangelium von Jesus, der gestorben und auferstanden ist (V. 30-31). Das löst Reaktionen aus. Einige spotten, andere sind interessiert, wieder andere kommen zum Glauben (V. 32-34). Die Provokation ist nicht zufällig. Mit der Auferstehung ist der innerste Kern des christlichen Glaubens berührt. Das provoziert in jedem Kontext, im jüdischen wie im heidnischen und auch in einer nach-christentümlichen Gesellschaft. Wenn Gott seinen Sohn von den Toten auferweckt hat, dann sprengt das alle kulturellen Vorstellungen. Dann muss jeder Mensch zur Umkehr gerufen werden. Dann kann aber auch jeder Mensch eine neue Hoffnung gewinnen und erkennen, dass Gott noch nicht am Ende ist und dass er mit ihm, mit seiner Kirche und mit dieser Welt ans Ziel kommen wird.

Bei Paulus finden wir ein hervorragendes Beispiel für gelungene Kontextualisierung. Wenn wir diese Beobachtungen verallgemeinern, führt die genaue Wahrnehmung der Kultur dazu, drei Bereiche identifizieren zu können:[128]

A-Bereich: Dieser Bereich ist die gemeinsame Schnittfläche zwischen Kultur und Evangelium. Er beinhaltet Überzeugungen, Werte und Handlungsformen, die in der Kultur verankert sind und mit dem Evangelium übereinstimmen. In unserer Gesellschaft wären das beispielsweise:

- die unbedingte Würde aller Menschen;
- das Ideal, dass man Konflikte nicht mit Gewalt lösen sollte;
- das Konzept von Religionsfreiheit – dass man also frei ist, was man glaubt und zu welcher Religionsgemeinschaft man gehören will (oder nicht), und dass es in Sachen Religion auf keinerlei Zwang geben soll;
- die Anerkennung des Gebets als individuelle religiöse Praxis;
- die menschlichen Grundsehnsüchte (→ Kapitel 8);
- charakterliche Tugenden wie Selbstbeherrschung, Freundlichkeit, Höflichkeit, Respekt.

Je nach Kultur und gesellschaftlicher Entwicklung beinhaltet der A-Bereich unterschiedliche Themen und ist unterschiedlich breit gefasst. In unserer nach-christentümlichen Gesellschaft wird der A-Bereich zunehmend schmaler. Aber in keiner Kultur verschwindet der A-Bereich ganz.

Daher lohnte es sich, in jeder Kultur die Sinne für die noch vorhandenen Übereinstimmungen zu schärfen.

B-Bereich: Das sind die Aspekte des Evangeliums, die in der Gesellschaft Widerspruch auslösen. Dazu gehören beispielsweise:

- der universale Anspruch des christlichen Glaubens und die damit verbundene Werbung für den Glauben;
- die Überzeugung, dass es einen Gott gibt, der von der Welt unterschieden ist, aber in Raum und Zeit eingreift (Stichworte: Wunder; Fürbitte);
- die Auferstehung von Jesus Christus als Beginn der neuen Schöpfung;
- ethische Überzeugungen im Blick auf Familie, Geschlecht und Sexualität.

G-Bereich: Das ist der Bereich der gesellschaftlichen „Götzen", also derjenigen Aspekte der Kultur, die im Widerspruch zum Evangelium stehen und so den Weg zum Glauben verbauen. Es handelt sich bei solchen „Götzen" um etablierte gesellschaftliche sündige Praktiken und Haltungen, an die man leicht sein Herz hängt, denen man leicht Glauben schenkt und von denen man sich leicht fesseln lässt. Einige Beispiele für solche „Götzen":

- *Konsumstreben* ist eine Lebensform, die im Konsum die Erfüllung der menschlichen Sehnsüchte sucht. Begehrenswert ist dabei nicht das, was man erwirbt, sondern der Erwerb an sich – sodass man gar nicht mehr richtig genießen kann, was man erworben hat. Ein solches Verhalten beschreibt die Bibel als „Habsucht" und qualifiziert dieses als „Götzendienst" (Kol 3,5).
- *Naturalismus* ist die Überzeugung, dass es außerhalb der materiellen Welt keine Wirklichkeit gibt, dass also beispielsweise Gott nur eine Einbildung der Menschen ist und der Geist nur ein Produkt von Hirnströmen. Gott zu leugnen, ist nach der biblischen Weisheit eine Torheit (Ps 14,1; 53,2), nicht an Jesus als den Sohn Gottes zu glauben, ist nicht nur eine der Sünden, sondern die Sünde an sich (Joh 16,9).

- *Konstruktivismus* ist die Meinung, dass es keine Wahrheit an sich gibt, sondern dass jede Wahrheit von Menschen gebildet – konstruiert – wird. Diese innere Haltung verwehrt es, Jesus als die Wahrheit in Person (Joh 14,6) zu erkennen, und führt dazu, sich in einem Lügengebilde zu verstricken.
- *Anbetung eines anderen Gottes.* Der Kern des Götzendienstes besteht darin, dass man sein Vertrauen auf etwas anderes setzt als auf den lebendigen Gott. So schildert es Luther anschaulich in der Erläuterung des ersten Gebots im großen Katechismus:

  „Worauf du nun dein Herz hängst und verlässest, das ist eigentlich dein Gott.“[129]

  Was daher mein Leben antreibt, ist – wenn es nicht der lebendige Gott ist – ein Götze. Denn ich schenke dann meine Liebe diesem Objekt und nicht dem, dem sie eigentlich zukommen sollte, nämlich meinem Schöpfer.[130]

Die Identifikation dieser Bereiche hilft, in der Gegenwart das Evangelium nachvollziehbar und plausibel zu erklären, indem man bei A ansetzt, um B zu begründen und G zu entlarven.

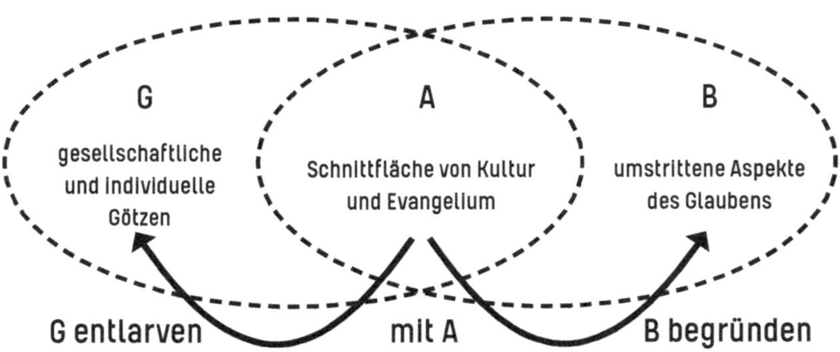

b) Prinzipien der Kontextualisierung

Wenn man Kontextualisierung ernst nimmt, bedeutet das: Es gibt nicht die eine richtige Form von Gemeinde, sondern viele unterschiedliche Formen, weil es unterschiedliche Lebensumfelder gibt. Das Evangelium von Jesus Christus findet eine Gestalt, die zum jeweiligen Kontext passt. In einer Stammeskultur wird das Evangelium eine andere Gestalt annehmen als in einer städtischen Kultur. In einer antiken Stadt wird Kirche anders gelebt als im heutigen Berlin oder Zürich. Kontextualisierung ist aber auch kein zufälliger Prozess. Ohne dass wir hier alle Details diskutieren können,[131] wollen wir einige Grundprinzipien der Kontextualisierung vorstellen:

Jede Kultur ist für das Evangelium anschlussfähig. Es gibt keine Kultur, die so hermetisch gegen das Evangelium abgeriegelt ist, dass es gar keine Chance mehr für Evangelisation geben könnte. Eine Kultur mag noch so heidnisch oder gottlos sein – selbst dann gibt es Andockstellen für das Evangelium. Das ist eine hoffnungsvolle und gute Nachricht! Keine Kultur ist gegenüber dem Evangelium total verschlossen. Oder positiv formuliert: Das Evangelium hat die Kraft, Menschen aus allen Kulturen zu erreichen.

Jede Kultur wird durch das Evangelium verändert. Wann immer das Evangelium auf eine Kultur trifft, wird die Kultur nicht bleiben, wie sie ist, sondern sie wird aufgebrochen und eine Transformation erfahren. Denn keine Kultur entspricht schon dem Evangelium! Solche Veränderungsprozesse können herausfordernd sein. Tief sitzende Vorstellungen und Handlungsweisen müssen überdacht und angepasst werden.

Der *Prozess der Kontextualisierung ist nie abgeschlossen.* Wenn das Evangelium erstmalig auf eine bestimmte Kultur trifft, beispielsweise im Erreichen neuer Volksgruppen, sehen wir leicht, dass eine Auseinandersetzung mit der Kultur notwendig ist. Kontextualisierung ist aber auch dann nötig, wenn eine Kultur sich verändert – so wie bei uns. Die Gestalt des Evangeliums muss bei gesellschaftlichen Umbruchsprozessen neu bedacht werden.

Gute Kontextualisierung zeichnet sich dadurch aus, dass sie in *Treue zum Evangelium* (→ Kapitel 5) erfolgt und *den Kontext ernst nimmt*. Es braucht daher immer beides: eine Auslegung der Heiligen Schrift und eine Auslegung der Kultur. Theologische und soziologische Kompetenz ergänzen sich. Die Zusammenarbeit von Personen mit unterschiedlichen Gaben und Kenntnissen kann dafür ganz besonders hilfreich sein, sodass nicht eine Person alles leisten muss.

Gute Kontextualisierung gibt dem *Evangelium Priorität vor der Kultur*. Die geheime Verlockung bei der Kontextualisierung besteht darin, die Aspekte des Evangeliums, die in einer bestimmten Kultur Schwierigkeiten bereiten, auszublenden oder einen faulen Kompromiss zwischen Kultur und Evangelium zu finden. Der Prozess der Kontextualisierung darf das Evangelium nicht abschwächen, sondern soll zur präzisen Erkenntnis führen, was das Evangelium für *diese* Kultur (und nicht für eine andere) bedeutet und wie es in *dieser* Kultur Gestalt gewinnen kann.

Weder Anpassung noch Abgrenzung

Gute Kontextualisierung zielt auf einen *mittleren Weg zwischen Abgrenzung und Anpassung*. Sie führt nicht zu einem Rückzug der Kirche aus der Gesellschaft, aber auch nicht zu einer Angleichung der christlichen Botschaft an die gesellschaftlichen Überzeugungen, sondern zu einer Kirche, die in der Gegenwart glaubwürdig das Evangelium verkündigt und lebt.

c) Kontextsensible Verkündigung des Evangeliums

Kontextualisierung hilft zu einer der Situation angemessenen Verkündigung des Evangeliums. Wer von Jesus spricht, berücksichtigt dabei, welche Voraussetzungen die Adressaten mitbringen.

In unserem nach-christentümlichen Kontext (→ Kapitel 2) muss man damit rechnen, dass man es mit Menschen zu tun hat, die gegenüber dem christlichen Glauben uninformiert skeptisch eingestellt sind. Das heißt: Sie haben kaum Kenntnisse des christlichen Glaubens, aber dennoch emotionale Vorbehalte. Sie halten Christen insgesamt für rückständig, altmodisch und fortschrittshemmend. In der Verkündigung wird man daher sowohl christliche Grundwahrheiten vermitteln als auch die skeptische Stimmung aufgreifen müssen.

Viele Mitmenschen haben tiefe Sehnsüchte (→ Kapitel 8), erwarten jedoch nicht, dass die Gemeinde oder der christliche Glaube auf diese Sehnsüchte passende Antworten liefert. Kontextsensible Verkündigung wird zeigen, dass diese Sehnsüchte mit der Geschöpflichkeit des Menschen zusammenhängen und letztlich nur in der Beziehung zu Gott ihre Erfüllung finden.

Bei Menschen, die bereits an Jesus Christus glauben, muss man davon ausgehen, dass die gesellschaftlichen Entwicklungen auch Zweifel und Unsicherheit auslösen. Stimmt es wirklich, was ich glaube? Ist das, was ich glaube, gesellschaftlich kompatibel? Bin ich bereit zu glauben, auch wenn das nicht dem gesellschaftlichen Mainstream entspricht? Eine kontextsensible Verkündigung ermutigt und befähigt Christen, mit klarer Überzeugung und in einer mündigen Art und Weise ihr Christsein zu gestalten. Predigthörer werden durch Predigten, in denen ihre eigenen Zweifel thematisiert werden, einerseits selbst im Glauben gestärkt, und sie werden andererseits befähigt, im Gespräch mit ihren Mitmenschen für deren Zweifel sensibel zu sein (→ Kapitel 16).

Eine kulturell sensible Präsentation des Evangeliums ist daher nicht nur bei evangelistischen Veranstaltungen oder in Glaubenskursen gefragt, sondern auch in sonntäglichen Predigten. Das hat zwei Gründe: Einerseits rechnen missionarisch orientierte Gemeinden damit, dass im sonntäglichen Gottesdienst Nichtchristen anwesend sind (→ Kapitel 15). Andererseits ist eine kontextsensible Verkündigung auch eine Stärkung der Christen, damit sie ihrerseits in ihrem Alltag glaubwürdig Jesus bezeugen können (→ Kapitel 16). Auch Feiern, an denen zahlreiche Personen teilnehmen, die nicht mit dem Glauben vertraut sind, bieten große Chancen, das Evangelium lebensnah zu verkündigen. Bei Trauungen und Trauerfeiern etwa kann man die großen menschlichen Erfahrungen, Ängste und Sehnsüchte rund um Liebe und Tod ansprechen und davon ausgehend das Evangelium zum Leuchten bringen.

Good Practice 1: Traupredigt

Bei der Trauung von Emma und Michael sind viele Familienangehörige und Freunde anwesend, die mit Kirche und Glaube sehr wenig am Hut haben. Auch wenn sich die Traupredigt in erster Linie an das Brautpaar richtet, bemüht sich der Pastor um eine direkte Ansprache der glaubensfernen Gäste. Er greift einen ihrer potenziellen Einwände unter Zuhilfenahme einer „Kronzeugin" aus ihrer Kultur auf (→ Kapitel 14c) und verknüpft die menschliche Sehnsucht nach „sicherer Liebe" mit dem Evangelium. Hier einige Ausschnitte aus der Traupredigt:

Ich halte es für sehr wahrscheinlich, dass einige eurer Gäste heute nicht nachvollziehen können, was dieses ganze Tamtam um die „Ehe" überhaupt soll. Ich kann das gut verstehen. Können wir die Vorteile und den Spaß, den eine Beziehung mit sich bringt, nicht auch in einer freier geführten Partnerschaft haben? Muss es gleich „bis der Tod uns scheidet" sein? Geht es auch eine Nummer kleiner?

Ich bin davon überzeugt, dass der vor Gott geschlossene Bund der Ehe eine richtig gute Idee ist. Denn eine Ehe, in der zwei Menschen dauerhaft vor Gott Verantwortung füreinander übernehmen, bietet etwas, das es sonst kaum noch gibt: Sicherheit – in einer zunehmend unsicheren und sich ständig verändernden Welt. Genau darin liegt die Schönheit einer Ehe […]

Vor einiger Zeit hat eine junge Autorin in einem Lifestyle-Magazin darüber nachgedacht, warum ihre Generation (also eure Generation!) „andauernd an der Liebe scheitert" und oft so beziehungsunfähig ist. Diese junge Frau teilt definitiv nicht meine christlichen Überzeugungen, aber ich fand erstaunlich, zu welchen Schlüssen sie am Ende kommt: „Wie kamen wir nur auf die Idee, verbindliche Beziehungen nicht mehr nötig zu haben?" Und: „Viel entscheidender aber ist: Wort halten, knallharte Beharrlichkeit, offene Verletzlichkeit und, ja, komplett ernst gemeinte emotionale Abhängigkeit." Das ist eine ziemlich gute Beschreibung dessen, was Gottes Wort, die Bibel, unter „Ehe" versteht. [...] Diese Sehnsucht nach Sicherheit kann sich aber nur dann erfüllen, wenn Mann und Frau auch bereit sind, in Treue Verantwortung füreinander zu übernehmen – und zwar dauerhaft, unabhängig davon, ob ihnen gefühlsmäßig gerade danach ist, egal was kommt, bis der Tod sie scheidet.

Das Evangelium bringt der Prediger dann ins Spiel, indem er auf die Frage zu sprechen kommt, wo die Quelle für eine solche Liebe zu finden sein könnte:

Doch woher kommt am Ende in eurer Ehe die Kraft, um den anderen mit dieser Sicherheit und Beständigkeit zu lieben? Sie kommt aus dem Evangelium. Jesus hat euch gnädig angenommen, unabhängig von eurer Performance, obwohl ihr es nicht verdient habt [...] Opferbereite Liebe wurzelt in der Liebe Jesu. Denn Jesus hat nicht an sich gedacht, Jesus hat nicht an seinen göttlichen Vorrechten festgehalten, sondern hat sich hingegeben für euch. Und ihr beide, Emma und Michael, bekommt dann die Kraft aufopferungsvoll zu lieben, wenn ihr deutlich vor Augen habt, wie viel Jesus bereit war für euch zu geben. Dort am Kreuz. [...]

Good Practice 2: Ansprache bei einer Trauerfeier
Beim plötzlichen Tod von Kurt, einem Musikerkollegen, wird der Pastor, der im Orchester mitgewirkt hat, gebeten, bei der Abschiedsfeier einige Worte zu sagen. Hier einige Ausschnitte aus der Rede.

Für uns alle war es ein Schock, als Kurt mitten im Konzert zusammengebrochen und gestorben ist [...] Mich erinnerte dieses Ereignis an die ‚Unvollendete Symphonie' von Schubert. Die wunderschöne Komposition ist nicht zuletzt wegen ihrem fragmentarischen Charakter beliebt geworden [...] Was bei Kurt offensichtlich ist, gilt für uns alle. Unser Leben gleicht einer unvollendeten Symphonie. Da gibt es musikalische Fragmente, Harmonien und Dissonanzen, Pausen und Wiederholungen, Abbrüche und Neuanfänge, Piano und Forte, Soli und Tutti. Es gibt Zeiten, in denen wir aus dem Takt gefallen sind und schiefe Töne gespielt haben. Das darf so sein – weil wir Menschen sind [...] Jeder Versuch, mit seinem Leben eine vollendete Symphonie abliefern zu wollen, führt zur Verkrampfung und scheitert am eigenen und fremden Unvermögen [...] Aus dieser Perspektive verstehe ich den Glauben an Jesus Christus. Es ist der Glaube daran, dass ich mein Leben nicht selbst zur Vollendung bringen kann und muss, sondern dass mir die Vollendung geschenkt wird [...] Denn Jesus selbst hat sich mit den Fragmenten unserer unvollendeten Symphonie verbunden, ist unter unsäglichen Schmerzen einen Verbrechertod am Kreuz gestorben – und wurde dann zu einem neuen Leben auferweckt [...] So kennt er beides: das Unvollendete und das Vollendete. Das Zerbrochene und das Ganze. Und deshalb kann er dich und mich zur Vollendung führen [...] So, wie sich Jesus mit mir und meiner unvollendeten Symphonie verbindet, so kann ich mich nun mit ihm verbinden [...] Er nimmt die Fragmente, Disharmonien und Bruchstücke unseres Lebens und macht daraus die schönste Melodie. [...]

d) Suchende und Zweifelnde willkommen heißen

Wir haben in unserer Gesellschaft gelernt, alles kritisch zu hinterfragen. Das führt dazu, dass nichts mehr selbstverständlich ist. Das gilt für politische Einstellungen, ethische Werte, Rollenerwartungen oder Karrierewege ebenso wie für religiöse Haltungen und Handlungen. Der Mensch von heute muss sich beständig neu ausrichten, was er zu diesem oder jenem denkt, in welche Richtung er sich entwickeln will und wie er sein Leben gestalten will. Es ist nichts mehr einfach vorgegeben, man muss den eigenen Weg immer wieder neu finden. Deshalb gehören Suchbewegungen und Zweifel zu typischen Mustern heutiger Biografien. Natürlich gab es schon immer suchende und zweifelnde Menschen, aber die gesellschaftliche Konstellation führt dazu, dass Suchen und Zweifeln nicht mehr die Ausnahme, sondern den Normalfall darstellen. Das gilt unabhängig davon, ob man christlich oder nicht-christlich aufwächst.

Die Kirche hat daher mit Menschen zu tun, die suchen und zweifeln. Wie soll sie darauf reagieren? Es wäre nicht gut und würde dem Evangelium widersprechen, suchende und zweifelnde Menschen auszugrenzen oder Zweifel unterdrücken zu wollen. Ebenso unangebracht wäre es aber auch, die Suche und den Zweifel zu einem Ideal zu verklären und damit den Weg zum eigentlichen Ziel zu machen. Das Evangelium gilt Suchenden und Zweifelnden, es zielt aber nicht auf Suchen und Zweifeln, sondern auf Finden und Glauben.

Suchen & Zweifeln

- Die Bibel würdigt das *Suchen* als einen Weg, der dazu führt, Gott zu finden: „Wer sucht, der findet" (Mt 7,8). Gott lässt sich gerne suchen und finden (Jer 29,13-14). Es soll nicht beim Suchen bleiben, sondern zum Finden kommen. Die Suchbewegung des Menschen findet die Erfüllung in der Beziehung zu Gott.
- Der *Zweifel* gehört zum Leben der Jesus-Nachfolger dazu. Als die Jünger dem auferstandenen Jesus begegneten und ihn sahen, „fielen sie vor ihm nieder; einige aber zweifelten" (Mt 28,17). Dieser Zweifel wird weder gelobt noch getadelt, sondern als Realität anerkannt. Der Zweifel ist kein Hinderungsgrund, Jesus nachzufolgen – auch die zweifelnden Jünger sendet Jesus als seine Boten in die Welt (Mt 28,18-20). Die

> Grundrichtung ist aber sehr deutlich: Die Beziehung zu Gott zeichnet sich im Kern nicht durch Zweifel, sondern durch Glauben aus (z. B. Mt 21,21; Röm 4,20). Denn „wer zweifelt, der gleicht einer Meereswoge, die vom Winde getrieben und aufgepeitscht wird" (Jak 1,6) – mit anderen Worten: Der zweifelnde Mensch steht in der Gefahr, sich von sich selbst, seinen eigenen Zweifeln und von seiner Umwelt viel zu sehr bestimmen zu lassen. Demgegenüber entsteht die Glaubensgewissheit dadurch, dass sie nicht aus dem eigenen Herzen stammt, sondern aus dem Vertrauen auf Jesus Christus.[132]

Es gehört also zur Aufgabe der Kirche, suchende und zweifelnde Mitmenschen herzlich willkommen zu heißen und mit ihnen einen Weg zu gehen, der über das Suchen und Zweifeln hinaus zur Gewissheit und Freude führt. Was das für eine gastfreundliche Gemeindepraxis bedeutet, wird im nächsten Kapitel entfaltet (→ Kapitel 14b).

Kapitel 14
Kultur prägen:

Was eine gastfreundliche Gemeindepraxis auszeichnet

Vor einigen Jahren besuchten meine Frau und ich (Philipp) ein Restaurant in der ersten Liga der Gastronomie. Sehr teuer, gehobene Küche, sogar ein Michelin-Stern. Es wurde der unentspannteste Restaurantbesuch unseres Lebens. Alles war irritierend und ungewohnt: die Vorspeise aus Seetang und Algen, das unübersichtliche Arsenal an Besteck, keine Cola auf der Getränkekarte. Den Restaurant-Bediensteten muss schnell klar gewesen sein: Die gehören hier nicht her. Sie bemühten sich spürbar, uns als Gäste freundlich und respektvoll zu behandeln, aber trotzdem fühlten wir uns fehl am Platz und waren ständig darauf bedacht, nichts falsch zu machen. Ein solches Sterne-Restaurant funktioniert offensichtlich nach Regeln, die wir nicht kannten. Wir waren Uneingeweihte in einer für uns fremden Welt. Die daraus resultierende Verunsicherung war unangenehm. Wir waren so angespannt, dass wir die Gaumenfreuden gar nicht wirklich genießen konnten. In der Pizzeria gegenüber hätten wir uns wohler gefühlt …

Nicht nur Christen machen die Erfahrung des Fremdseins innerhalb einer nach-christentümlichen Gesellschaft (→ Kapitel 9). Auch umgekehrt gilt: Wo Nichtchristen uns auf unserem christlichen Terrain begegnen, kann sich ebenfalls leicht ein Gefühl der Fremdheit einstellen. Wo derart unterschiedliche „Welten“ aufeinandertreffen, sind Fremdheitserfahrungen nicht zu vermeiden. Das kann wie im Restaurant zu Frustration, Unsicherheit und innerer Abneigung führen. Es kann aber auch eine sehr anregende, im positiven Sinn aufrüttelnde Wirkung entfalten, weil sich neue Horizonte eröffnen und bisher selbstverständliche Überzeugungen infrage gestellt werden.

Fremdheitserfahrungen sollten im Blick auf die missionarische Gemeindepraxis intensiv bedacht werden: Wie fühlen sich unsere kaum noch christlich sozialisierten Mitmenschen, wenn sie mit einer für sie fremden „christlichen Gemeindekultur" in Berührung kommen? Was bleibt ihnen unverständlich, was macht ihnen Mühe? Empfinden Gäste in einem für sie ungewohnten kirchlichen Kontext auch ein gewisses Unbehagen oder eine unterschwellige Anspannung? Könnte sie das daran hindern, ihre Herzen für das Wesentliche zu öffnen? Und natürlich stellt sich umgekehrt auch die Frage, unter welchen Bedingungen Fremdheitserfahrungen zu positiven Katalysatoren von Veränderungsprozessen werden. Was also bedeutet unter diesen Voraussetzungen christliche Gastfreundschaft und warum ist sie so wichtig? Wie können wir heute für Suchende, Fragende und Noch-nicht-Glaubende freundliche, verständnisvolle und fürsorgliche Gastgeber sein? Und was zeichnet eine gastfreundliche Gemeindepraxis insgesamt aus?

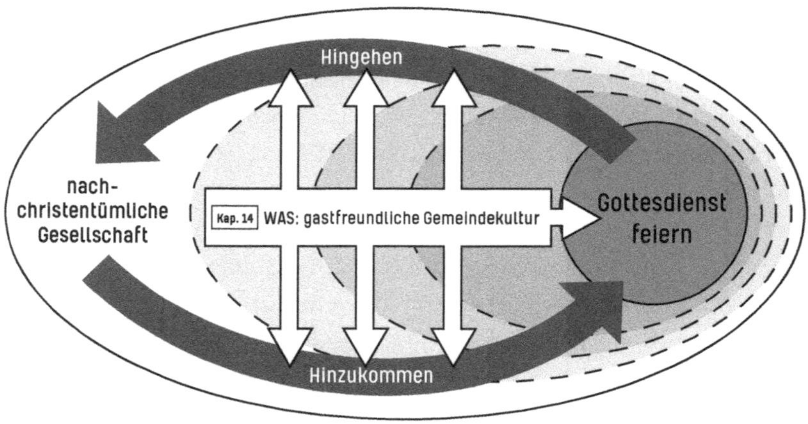

Diese Fragen führen uns mitten hinein in ein zentrales *Was* des missionarischen Gemeindeaufbaus. Denn um eine Gemeinde missionarisch auf Kurs zu bringen, muss ich wissen, was zu den zentralen Rahmenbedingungen einer solchen Gemeindepraxis gehört. Dabei zeigt sich: In Gemeinden, die Bekehrungen fördern, spielt die Gastfreundschaft eine missionarische Schlüsselrolle. Daher denken wir in diesem Kapitel darüber nach, was gute Gründe für Gastfreundschaft sind (→ a), welche prägenden Elemente zu einer Kultur der Gastfreundschaft gehören (→ b) und was das speziell für gastfreundliche Gottesdienste heißt (→ c).

a) Gute Gründe für Gastfreundschaft

Christliche Gemeinden sollten gastfreundliche Orte sein, weil Gott ein gastfreundlicher Gott ist. Als Vater, Sohn und Heiliger Geist existiert der dreieinige Gott von Ewigkeit her als vollkommene, liebevolle und freudige Gemeinschaft. Wenn Jesus in Joh 17,23-24 erklärt, dass diejenigen, die an ihn glauben, in diese Herrlichkeit hineingenommen und vom Vater geliebt werden, wie er als Sohn Gottes vom Vater geliebt wird, dann bedeutet das: Gott öffnet in Christus diese trinitarische Gemeinschaft für uns. Er lädt uns ein, Teil dieser von Liebe und Freude geprägten Beziehungen zu sein.[133] Durch diesen ultimativen Akt der Gastfreundschaft werden aus solchen, die „fern von Gott" waren, Menschen, die das Vorrecht haben, in seiner Nähe zu sein (Eph 2,13).

Ein gastfreundlicher Gott

Weil Gastfreundschaft in Gottes Wesen liegt, ist es keine Überraschung, dass sie von Anfang an auch die Menschen auszeichnet, die ja von Gott nach seinem Bild geschaffen und in seine Gemeinschaft berufen wurden. Das lässt sich bereits beim Volk Israel beobachten.[134] Sowohl der einzelne Israelit als auch die Gemeinschaft des Volkes Gottes waren dem Fremden gegenüber Gastfreundschaft schuldig. Das galt für den alltäglichen Umgang ebenso wie für Feste oder das Beten im Tempel (Hiob 31,32; 3Mo 19,33; 5Mo 16,11.14; 1Kö 8,41-43).

Im Neuen Testament wird das Anliegen der Gastfreundschaft nicht zuletzt durch den Begriff der „Fremdenliebe" (*philoxenia*, von griechisch *philos:* Liebe und *xenos:* der Fremde) ausgedrückt. Gastfreundschaft beinhaltet also im Kern, für die Bedürfnisse des „Fremden" zu sorgen und gerade dem Tür und Herz zu öffnen, der ganz anders ist als ich. Genau diesen Lebensstil hat Jesus geprägt. Auch wenn er selbst unter seinem Volk in gewisser Weise ein „Fremdling" blieb (Joh 1,11), war er doch in der Lage, die Volksmengen mit ihren inneren und äußeren Nöten gastfreundlich „aufzunehmen" (Lk 9,11). Und während die religiöse Elite seiner Zeit einen starken Exklusivismus pflegte und sich den Fremden gerne vom Leib hielt, hatte Jesus mit „Zöllnern und Sündern" Tischgemeinschaft und erwies sich dabei als der eigentliche Gastgeber (Mt 11,19; Lk 7,34). Er ist das Vorbild einer grenzüberschreitenden Gastfreundschaft, die andere mit dem Evangelium „ansteckt".[135]

Den Fremden lieben

Diesem Vorbild entsprechend soll die neutestamentliche Gemeinde eine liebevolle Gastfreundschaft praktizieren (Röm 12,13; Hebr 13,2). Nicht umsonst wird Gastfreundschaft – und damit der Blick hin zum Fremden – als Charaktereigenschaft von Gemeindeleitern vorausgesetzt (1Tim 3,2; Tit 1,8). Die Bibel stellt die Gastfreundschaft ins Zentrum einer an Jesus orientierten Gemeindekultur. An der Gastfreundschaft der Gemeinde erfahren Menschen die Gastfreundschaft Gottes.

Diese biblisch-theologischen Perspektiven lassen sich durch die wahrnehmbare Realität des missionarischen Gemeindeaufbaus ergänzen (→ Kapitel 11): Immer wieder zeigt sich, dass missionarisch wirksame Gemeinden bewusst eine gastfreundliche Atmosphäre pflegen.[136] Christopher James spricht speziell für den nach-christentümlichen Kontext zurecht von einer „cornerstone practice" (einem Eckstein, also dem Fundament der Gemeindepraxis).[137] Menschen fühlen sich am ehesten in Gemeinden zu Hause, die Gäste in ihrer Fremd- und Andersartigkeit annehmen.

Gastfreundliche Gemeinden laden Außenstehende dazu ein, christliche Gemeinschaft als „Erlebniswelt“ persönlich und hautnah zu erfahren – wenn nötig auch über einen längeren Zeitraum. So erleben sie aus der Nähe, was Christus-Nachfolge bedeutet und wie sie sich im Alltag verwirklicht. Sie dürfen dazugehören, sich mit ihren Gaben einbringen, Teil der Gemeinschaft sein und auf diese Weise hoffentlich die Schönheit des Evangeliums entdecken. Die Erfahrung zeigt: Menschen „bekehren“ sich heute häufig zuerst zu einer Gemeinschaft und erst dann zu Jesus (zu möglichen Gefahren dieses „belonging before believing“ → Kapitel 17a).

b) Bausteine einer Kultur der Gastfreundschaft

Gastfreundschaft ist kein Programm, das sich einer Gemeinde einfach so verordnen ließe. Gastfreundschaft ist eine Herzenshaltung. Sie fließt – wie wir gesehen haben – aus dem Wesen Gottes und gehört zu den „positiven Klimaveränderungen“, die das Evangelium bewirkt (→ Kapitel 5d). Von Natur aus kümmern wir uns lieber um unsere eigenen Belange und haben stärker uns selbst im Blick als die anderen. Das gilt auch für Gemeinden. Deshalb gehört es zu den wesentlichen Aufgaben von Verantwortungsträgern, sowohl den Wert als auch die konkreten Ausprägungen eines gastfreundlichen Lebensstils immer wieder neu in Kopf und Herz der Gemeindemitglieder zu verankern. Schauen wir uns also einige Bausteine einer solchen Kultur der Gastfreundschaft an:[138]

Gastfreundschaft fängt in unseren *Häusern und Wohnungen* an. Wir haben es hier mit einem Kreislauf zu tun: Was wir in der Gemeinde leben, formt unsere alltägliche Praxis, aber was wir in unserem persönlichen Umfeld nicht leben, prägt auch unsere Gemeinden nicht. Gastfreundschaft bedeutet, regelmäßig und unkompliziert sein eigenes Zuhause zu öffnen, sowohl für Menschen innerhalb der Familie Gottes als auch für Nachbarn und Freunde, die noch nicht glauben. „Das Evangelium kommt mit einem Haustürschlüssel“[139] – das heißt: Die gastfreundliche Liebe Jesu drängt uns dazu, anderen Zutritt zu unserer eigenen Komfortzone zu geben

(→ Kapitel 10e). Gerade in stark säkularisierten Kontexten, wo viele Menschen intuitiv Abstand von allem nehmen, was mit Kirche zu tun hat, ist häusliche Gastfreundschaft ein besonders wichtiger missionaler Baustein, der Herzen öffnet. Um in einem Umfeld, das mit den Inhalten unseres Glaubens „fremdelt" und Christen misstraut oder sie sogar für gefährlich hält, „ein authentisches christliches Zeugnis zu geben, müssen wir transparent gastfreundlich sein".[140]

Gastfreundschaft als Herzenshaltung

Im Zentrum der Gastfreundschaft steht die *Tischgemeinschaft*. In unserem gesellschaftlichen Klima ist das nicht immer einfach. Denn für viele gilt das Haus oder die Wohnung als ein intimer Raum, also als Privatsphäre, die klar vom öffentlichen Raum unterschieden wird. Für Gastgeber bedeutet das, dass sie sehr bewusst diese Hürde überschreiten. Es hilft emotional und gedanklich, wenn man Ess- und Wohnzimmer nicht einfach als privaten Raum betrachtet, sondern als mittleren Raum, der zwischen dem Privatraum (beispielsweise dem Schlafzimmer) und dem öffentlichen Raum steht. Ess- und Wohnzimmer haben dann eine ähnliche Funktion wie „dritte Orte" (→ Kapitel 3b), an denen man sich ungezwungen begegnen kann. Auch Gäste kann es Überwindung kosten, sich einladen zu lassen, weil sie das als ein Eindringen in eine fremde Privatsphäre empfinden.

Deshalb wird einem als Gastgeber daran gelegen sein, es den Gästen möglichst einfach zu machen – und das ist dann der Fall, wenn man natürlich und unkompliziert ist. Meist rückt die mentale Unterscheidung zwischen Privatem und Öffentlichem schnell in den Hintergrund, wenn man in einer entspannten Atmosphäre am Tisch sitzt und gemeinsam spricht und lacht. Es hilft auch, wenn sich die Einladung von der alltäglichen Esskultur nicht allzu stark unterscheidet. Ein Fünfsternemenü an einem dekorierten Esstisch in einem perfekt aufgeräumten Wohnzimmer mag zwar gelegentlich großartig sein, kann aber auch zu Verkrampfung und einer eher angespannten Atmosphäre führen. Als Gast kann man sich leicht beschämt fühlen, weil man gar nicht will, dass die Gastgeber so viel Aufwand betreiben. Aber wenn der Gastgeber eine lockere, „normale" Alltagsatmosphäre schafft, ist das für ihn selbst wie auch für die Gäste entspannend. Eine solche Art von Gastfreundschaft ist ansteckend. Sie fördert die Wechselseitigkeit, sodass man nicht nur einlädt, sondern sich auch einladen lässt. In beide Richtungen ist es in unserem kulturellen Setting eine bewusste Entscheidung, den eigenen Lebensraum mit anderen zu teilen und in gemeinsame Mahlzeiten zu investieren.

Gastfreundliche Jesus-Nachfolger werden daher sowohl zu Hause als auch an „dritten Orten" sowie im größeren Rahmen als Gemeinde regelmäßig miteinander essen und Noch-nicht-Christen dazu einladen – damit „Fremde zu Nächsten und Nächste zu Gottes Familie werden".[141]

Gastfreundliche Gemeinden verkörpern eine Haltung der Offenheit gegenüber dem „Fremden" und sind bereit, *eigene Bedürfnisse und Vorlieben hintenanzustellen*. Machen wir uns nichts vor: Die meisten Gemeinden stehen in der Gefahr, die Mentalität eines Karussells zu pflegen. Irgendwann dreht man sich nur noch um sich selbst. Doch auf ein schnell drehendes Karussell aufzuspringen, ist schwierig. Wer es dennoch versucht, macht unter Umständen eine schmerzhafte, im wahrsten Sinne des Wortes „abstoßende" Erfahrung. Gemeinden mit Mission brauchen stattdessen eine Kultur, die Gästen einen leichten Zugang zu ihrer Gemeinschaft ermöglicht. Dazu gehört eine vom Evangelium geprägte Offenheit für Menschen, die bisher kaum Bezug zum christlichen Glauben hatten und sich in unserer „Bubble" nicht auskennen. Das betrifft nicht nur Menschen anderer Herkunft, die anders aussehen, eine andere Muttersprache sprechen, ganz anders denken und fühlen, sondern auch Einheimische, die heute trotzdem oft ganz anders „ticken" als wir. Eine solche Offenheit kostet etwas Mühe. Denn sie muss mit der Bereitschaft verbunden sein, unsere persönlichen Vorlieben, Geschmäcker und Präferenzen zurückzustellen. Entscheidend ist nicht, was uns gefällt oder guttut, sondern was den anderen dient. Wir sind nicht für uns selbst da. Gastfreundliche Gemeinden sehen von ihren eigenen Bedürfnissen weg und fragen: Wie können wir verhindern, dass sich Gäste übermäßig fremd fühlen? Was ist für sie unverständlich oder potenziell unangenehm? Auf welche lieb gewordenen Traditionen können wir verzichten, um Außenstehende nicht unnötig vor den Kopf zu stoßen? Oder umgekehrt: Was zeigt Gästen Wertschätzung? Woran merken sie, dass wir sie liebevoll im Blick haben?

Die Spannung zwischen Distanz und Nähe

Zur Gastfreundschaft gehört auch, *die Spannung zwischen angemessener Distanz und einladender Nähe zu halten.* Laden wir jemanden, den wir noch nicht sehr gut kennen, zu uns nach Hause ein, würden wir ihn nach dem Öffnen der Haustür wohl nicht noch eine halbe Stunde im Eingangsbereich stehen lassen, um noch einige E-Mails zu beantworten. Das wäre wenig gastfreundlich. Wir würden diese Person aber auch nicht gleich an die Hand nehmen und in unser Schlafzimmer führen, um dort auf der Bettkante ein Gespräch zu beginnen; das wäre dann doch etwas zu viel der Vertrautheit und unserem Gast mit ziemlicher Sicherheit äußerst unangenehm. Auch für Gemeinden ist es wichtig, Gästen gegenüber eine gute Balance zwischen Distanz und Nähe zu finden. Außenstehende sollten die Möglichkeit haben, sich voll auf die christliche Gemeinschaft einzulassen, aber auch die Freiheit, dem Geschehen erstmal aus sicherer Entfernung zuzuschauen. Penetrante Nähe und übereifrige Kontaktaufnahme werden gerade in unserer Zeit von kirchenfremden Gästen in der Regel als zu viel des Guten empfunden. So sehr wir uns als Gemeinde über Gäste freuen – wir sollten sie nicht allzu schnell vereinnahmen und nicht unsensibel in ihren persönlichen Freiraum eindringen. Das darf umgekehrt aber nicht zu einem Mangel an Herzlichkeit und persönlicher Nahbarkeit führen. Die meisten Menschen unserer Zeit sind sozial bedürftig, sie wollen wahrgenommen und angesprochen werden und freuen sich, wenn wir Interesse an ihnen zeigen. Gemeindemitglieder sollten deshalb regelmäßig ermutigt werden, ihre natürliche Trägheit zu überwinden und auf Leute zuzugehen, die sie noch nicht kennen.

Außerdem machen gastfreundliche Gemeinden *Skeptikern, Suchenden und Noch-nicht-Glaubenden deutlich, dass sie wertgeschätzt und willkommen sind.* Das geschieht vor allem dort, wo man tief verinnerlicht hat, wie unplausibel und unglaubwürdig der Glaube an Gott in unserer Welt geworden ist (→ Kapitel 2). Wo Gemeinden Suchende begleiten wollen, erlauben sie ihnen ausdrücklich, ihre Skepsis und kritische Anfragen an den christlichen Glauben ehrlich zu äußern, ohne dafür verurteilt oder belächelt zu werden. Respektvoll und einladend versucht man deutlich zu machen: Wir erwarten nicht, dass du von vornherein alles glaubst, was wir glauben. Du bist bei uns herzlich willkommen, auch wenn du dem christlichen Glauben mit Vorbehalten gegenüberstehst, einen anderen Lebensentwurf verwirklichst oder von uns abweichende religiöse Überzeugungen hast.

Gastfreundschaft gegenüber Skeptikern

Gastfreundliche Gemeinden *fördern die intellektuelle und existenzielle Auseinandersetzung mit dem Glauben.* Sie legen besonders viel Wert darauf, Orte zu schaffen, an denen man Zweifeln und Fragen auf den Grund gehen kann. Orte, an denen man herausfinden kann, ob die Inhalte des christlichen Glaubens bisherigen Einwänden standhalten und tragfähige Antworten auf die tiefsten menschlichen Sehnsüchte liefern (→ Kapitel 8). Es gibt Seminare und Lektürehinweise für Menschen, die sich mit bestimmten Fragen intensiver befassen möchten, und Seelsorgeangebote für die Auseinandersetzung mit der eigenen Lebensgeschichte. Solche Angebote können in der lokalen Gemeinde erfolgen oder in einem regionalen übergemeindlichen Rahmen.

Klar ist: Wege zum Glauben werden häufiger gegangen, wo auch diejenigen, die „noch nicht ganz“ glauben können, Verständnis und Wertschätzung erfahren. Wenn Gäste merken: „Hier kann man nachvollziehen, dass ich mich erst mal etwas fehl am Platz fühle“, „In dieser Gemeinde werden meine kritischen Rückfragen ausgehalten“ oder „Hier darf ich auch zweifeln“, wird so manches Unbehagen abgebaut und es entsteht tatsächlich ein Umfeld, in dem Glauben gefördert wird. Fragt man Menschen, die aus recht großer Gottesferne in freikirchlichen Gemeinden zum Glauben gekommen sind, hört man immer wieder eine ganz ähnliche Geschichte: Sie seien im Vorfeld davon ausgegangen, als „Ungläubige" in einem kirchlichen Umfeld nicht willkommen zu sein. Doch statt der erwarteten Ablehnung hätten sie ehrliches Interesse und geduldige Annahme erfahren und das als entscheidenden Schritt auf dem Weg zum Glauben erlebt.

Die Offenheit für Suchende und Zweifelnde setzt voraus, dass es einen stabilen Kern von Menschen gibt, die sich ihres Glaubens an Jesus Christus gewiss sind und mit Freude und Überzeugung aus diesem Glauben heraus leben. Solche Menschen kennen sehr wohl ihre eigene Suche, haben ihre Zweifel und erleben selbst emotionale Wellenbewegungen, aber sie lassen sich in ihrer Identität und in ihrem Glauben nicht davon beirren. Diese Stabilität ermöglicht es, sich offen und angstfrei auf suchende und zweifelnde Menschen einzulassen.

Schließlich zeichnet sich eine Kultur der Gastfreundschaft dadurch aus, *dass auch noch-nicht-glaubenden Gästen die Möglichkeit gegeben wird, sich aktiv am Gemeindeleben zu beteiligen.* Vielen Menschen ist es heute unangenehm, etwas zu empfangen, ohne selbst etwas zu geben. Man will einen Beitrag zum Leben der Gemeinschaft leisten, die einen freundlich aufgenommen hat. Deshalb sind missionarisch aktive Gemeinden immer wieder mit der Frage konfrontiert: „Ich kann das zwar alles noch nicht so glauben – kann ich trotzdem bei euch mitmachen, habt ihr eine Aufgabe für mich?" Folgen wir der oben skizzierten Logik des Dazugehörens, sollten wir diese Frage bejahen. Natürlich gibt es Aspekte im Gemeindeleben, die den Glauben des Einzelnen voraussetzen – beispielsweise bei Taufe und Abendmahl oder bei Verkündigungs- und Führungsaufgaben. Aber auch Menschen, die noch auf dem Weg hin zu einem rettenden Glauben sind, können Gott und der Gemeinde mit ihren Gaben dienen. Die daraus entstehende Dynamik ist nicht zu unterschätzen: Wer sich aktiv in die

Gemeinde investiert, verliert schon bald den Status des „Fremden“. Dabei wächst nicht nur die Verbundenheit mit der Gemeinde, sondern auch die innere Bereitschaft, sich von der Botschaft des Evangeliums prägen zu lassen, von der die christliche Gemeinschaft getragen wird.

Good Practice 1: Tischgemeinschaft und Dienst für die Gemeinde

Eine Gemeinde bleibt an jedem ersten Sonntag im Monat nach dem Gottesdienst zu einem „Bring-and-Share"-Mittagessen zusammen. Auch fremde Gottesdienstteilnehmer werden herzlich dazu eingeladen. Ulrike, ein Mitglied der Gemeinde, hat ihre Nachbarin Sabine mitgebracht, die in ihrer Kindheit das letzte Mal in einer Kirche war und mit Gott eigentlich gar nichts am Hut hat. Beim Mittagessen ergibt sich die Gelegenheit, Sabine mit einigen Leuten aus Ulrikes Kleingruppe ins Gespräch zu bringen. Auf dem Weg nach Hause sagt Sabine augenzwinkernd und doch sichtlich bewegt zu Ulrike: „Hätte ich nicht gedacht, dass es außer dir noch so viele nette Christen gibt. Die schienen echtes Interesse an mir zu haben." Einige Tage später erhält der Pastor der Gemeinde einen Anruf von Sabine: Sie sei am Sonntag im Gottesdienst gewesen und immer noch sehr aufgewühlt von der Predigt. „Mir schwirren viele Fragen durch den Kopf. Darf ich mal zu einem Gespräch vorbeikommen?" Eigentlich sei ihr Anliegen aber ein anderes: „Ich betreibe einen kleinen Catering-Service. Weil ich am Sonntag die Gemeinschaft beim Essen so sehr genossen habe, würde ich der Gemeinde gerne etwas zurückgeben. Wäre es denkbar, dass ich beim nächsten Gemeinde-Mittagessen für alle die Hauptspeise zubereite?" Der Pastor bittet Emma, die das Küchenteam der Gemeinde koordiniert, mit Sabine Kontakt aufzunehmen. Durch die gemeinsame Vorbereitung des Mittagessens entsteht eine Freundschaft. Sabine geht jetzt regelmäßig in Emmas Kleingruppe. Sie ist fasziniert vom gemeinsamen Bibellesen in der Kleingruppe und dankbar, dass sich dort nicht alles um sie dreht. Sie darf einfach nur zuhören – und wenn sie Fragen hat, versuchen alle gemeinsam, diese geduldig zu beantworten. Manchmal bricht es aus ihr heraus: „Das ist doch völlig verrückt, was die Bibel hier sagt. Wie könnt ihr das nur glauben?" Am Anfang hatte Sabine Angst, dass sich die anderen aufgrund ihrer skeptischen Äußerungen von ihr abwenden und sie die Gruppe vielleicht verlassen muss. Inzwischen weiß sie: Ihre neuen Freunde halten das erstaunlich gelassen aus. „Es tut uns so gut, dass du unseren Glauben hinterfragst und herausforderst", meinte Emma kürzlich sogar. Die Kleingruppe beginnt übrigens immer mit einem einfachen Abendessen und Sabine lässt es sich nicht nehmen, jede Woche einen Nachtisch beizusteuern ...

c) Gastfreundschaft und Gottesdienst

Eine Kultur der Gastfreundschaft im Gottesdienst

Der Gottesdienst steht in den meisten Kirchen und Freikirchen nach wie vor im Zentrum des Gemeindelebens. Deshalb werden wir uns später ausführlich dem Gottesdienst als Quelle und Höhepunkt der Mission widmen (→ Kapitel 15). An dieser Stelle einige Beispiele, wie sich eine Kultur der Gastfreundschaft konkret auf den Gottesdienst auswirkt:

- Bereits auf der *Gemeinde-Webseite* sollte man erläutern, dass es sich beim Gottesdienst nicht um eine reine „Insider-Veranstaltung" handelt. Interessierten, die sich zunächst über diesen Kanal ein Bild von der Gemeinde machen, wird so deutlich: Hier kann ich auch als Gast reinschnuppern und bin auch als bisher Kirchenfremder willkommen.
- Gäste wissen es zu schätzen, wenn sie *am Eingang freundlich begrüßt* werden und man ihnen die wichtigsten Wege grundsätzlich erklärt (Garderobe, Toiletten, Gottesdienstraum usw.). Wo die nötigen Ressourcen vorhanden sind, könnte ein *Gottesdienst-Programmheft* (gefaltet, DIN A5) kirchen- und glaubensfernen Gästen Sicherheit vermitteln. Der abgedruckte Ablauf, der jeweils mit den Namen der handelnden

Personen versehen ist, schafft Vertrauen, weil die Besucher jederzeit wissen, was als Nächstes passiert, und so keine unliebsamen Überraschungen fürchten müssen. Kurze Erläuterungen zu einzelnen Gottesdienstteilen – z. B. die Erklärung, was Anbetung eigentlich ist oder was das Abendmahl zum Ausdruck bringt – können das, was im Gottesdienst passiert, auch für Nichteingeweihte verständlicher machen.

- In der *Gottesdienstbegrüßung* bietet sich die Chance, Nichtchristen gleich zu Beginn explizit „abzuholen" und glaubensdistanzierten Menschen ausdrücklich zu vermitteln, dass sie trotz abweichender Überzeugungen und womöglich vorhandener Vorbehalte und Skepsis herzlich willkommen sind.
- Im Blick auf die *Predigt* sollten wir bewusst davon ausgehen, dass sich unter den Zuhörern Personen befinden, die so gut wie kein christliches Vorwissen mitbringen, und keine Bibelkenntnis voraussetzen. Entsprechende Aussagen („Ihr kennt ja alle die Geschichte vom Goldenen Kalb …") sollten wir tunlichst vermeiden, denn sie schließen Gäste auf unangenehme Weise aus. Zuhörer, die sich dem christlichen Glauben erst langsam annähern, werden ihr Herz leichter öffnen, wenn wir ihnen zeigen, dass wir ihre Zweifel und mögliche Gegenargumente verstehen und ernst nehmen, anstatt sie zu ignorieren oder leichtfertig abzutun. Es schafft Vertrauen, wenn beim Gegenüber der Eindruck entsteht, dass wir seine Einwände besser formulieren können als er selbst. Außerdem werden unsere Predigten überzeugender, wenn wir unsere Aussagen mit Autoritäten untermauern, die kulturell anerkannt sind.[142]
- Eine gastfreundliche Gemeinde bemüht sich in der gesamten Gottesdienst-Kommunikation, *so zu sprechen, dass Nicht-Insider sie verstehen können*. Frommer Jargon wird weggelassen. Das heißt nicht, dass Begriffe aus der „biblischen Sprachwelt" (wie „Sünde", „Gnade" oder „Evangelium") aus dem Wortschatz entfernt werden sollten, denn damit würde inhaltlich zu viel verloren gehen. Aber uns muss bewusst sein, dass nicht christlich sozialisierte Gottesdienstteilnehmer nicht automatisch verste-

hen, was wir meinen, wenn wir vom „Blut des Lammes", von „Rechtfertigung", dem „Tisch des Herrn" oder (eine neue Variation der „Sprache Kanaans") von „Worship" sprechen. Auch Wendungen wie „im Herrn wandeln" oder „Zeugnis geben" bleiben fremd oder missverständlich. Selbst der Begriff „Evangelium" könnte missverstanden werden (als Spezialbegriff für eine Jesus-Biografie). Vieles kann man einfacher sagen oder durch gelegentliche kurze Erklärungen auch für Gäste zugänglich machen. Auch bei der Weitergabe von Informationen im Gottesdienst sollte man auf eine gemeindeinterne Insider-Sprache verzichten. Die Aufforderung „Wer am kommenden Sonntag beim Gemeindefest mithelfen will, melde sich bitte bei Christiane oder Manfred" schließt sofort diejenigen aus, die Christiane und Manfred nicht kennen.

- Ohne die grundsätzliche Unterscheidung zwischen Glaubenden und Nicht-Glaubenden einzuebnen, achten gastfreundliche Gemeinden darauf, auch *Außenstehende in die Anrede einzubeziehen*. Konkret heißt das: Man geht davon aus, dass alle Gottesdienstteilnehmer eine gemeinsame Identität als gewollte, geliebte, aber gebrochene Geschöpfe Gottes haben. Wir alle teilen das Menschsein miteinander. Hinsichtlich vieler Fragen des Lebens und der Beziehung zu Gott sitzen wir „im selben Boot". Deshalb nehmen wir im Gottesdienst – wann immer möglich – die Wir-Perspektive ein, anstatt allzu häufig zwischen „uns" und „euch" bzw. „ihr" und „wir" zu unterscheiden.
- Der Gottesdienst bietet Raum, um *auf den Ruf zum Glauben eine Antwort* geben zu können, beispielsweise durch die Möglichkeit, ein Gebet mitzusprechen, durch ein Gebet in der Stille, durch seelsorgerliche Gespräche oder durch eine körperliche Handlung wie Aufstehen, Niederknien oder zu einem Kreuz gehen.
- *Nach dem Gottesdienst* sollten möglichst viele Gemeindeglieder, die dafür die Begabung und notwendige Sensibilität mitbringen, auf Menschen zugehen, die sie noch nicht kennen – um sie dann auch mit anderen Gemeinde-Freunden in Kontakt zu bringen. Ein schön gestaltetes und

liebevoll dekoriertes Foyer und guter Kaffee bieten dafür das richtige Ambiente. In größeren Gemeinden könnte man Gäste auf einen zugänglichen, gut sichtbaren „Info-Point“ hinweisen. Dort kann man sich über mögliche nächste Schritte hinein ins Gemeindeleben informieren, den Wunsch nach vertieftem Kontakt äußern oder direkt das Gespräch über persönliche Anliegen suchen. Ein Geschenk für Erstbesucher ist ebenfalls eine schöne Geste der Gastfreundschaft.

- Der gesamte Gottesdienst wird in einer *angemessenen Qualität* gefeiert; nicht perfektionistisch, aber auch nicht schäbig. Es soll spürbar werden, dass alle, die sich engagieren, von Herzen dabei sind und es so gut wie möglich machen. Wichtigstes Kriterium für die Qualität ist, ob die Gemeinde mit Freude bei der Sache ist. Zu geringe Qualität zeugt ebenso wenig von Freude wie der krampfhafte Versuch zur Perfektion – das gilt übrigens nicht nur für Gottesdienste, sondern beispielsweise auch für Familienfeiern. Man muss sich auch nicht mit anderen Gemeinden oder mit einer durchgestylten Showkultur vergleichen. Es geht einfach darum, dankbar die Gaben anzunehmen, die Gott der Gemeinde geschenkt hat, und diese möglichst gut zur Entfaltung zu bringen. Qualität heißt also: Das Beste machen mit den Gaben, die Gott der Gemeinde geschenkt hat. Solche Qualität steckt an, stiftet Freude, motiviert zum Engagement und lässt die Gemeinde und die Gäste etwas schmecken und sehen von der Schönheit des Evangeliums.

Good Practice 1: Webseite

Auf der Webseite einer freikirchlichen Gemeinde ist u. a. zu lesen:

Es ist nicht immer leicht, einen ersten Besuch in einer christlichen Gemeinde oder Kirche zu wagen. Was erwartet mich? Was für Menschen werde ich dort treffen? Ist es okay, wenn ich andere Ansichten oder Wertvorstellungen habe als die Leute dort? Weil wir uns dieser Hürden bewusst sind, wollen wir eine gastfreundliche Kirche sein.

Wir bemühen uns darum, unsere Gottesdienste so auszurichten, dass auch Menschen sich willkommen fühlen, die ohne festen Bezug zu einer Kirche und dem christlichen Glauben leben.

An anderer Stelle findet sich folgendes Statement:

Uns ist bewusst, dass der Glaube an Gott in unserer postmodernen Welt vielen Menschen unplausibel und unglaubwürdig erscheint. Deshalb möchten wir eine Kirche sein, in der es erlaubt ist, Fragen zu stellen. Wenn du dem christlichen Glauben skeptisch gegenüberstehst, deine religiösen Überzeugungen nicht mit unseren übereinstimmen, bist du bei uns herzlich willkommen. Egal, welche Prägung, Weltanschauung oder Ansichten du hast.

Direkt darunter findet man ein kurzes Video, in dem der Pastor der Gemeinde genau diese Botschaft audiovisuell unterstreicht und sich ausdrücklich an Fragende, Suchende und Zweifler richtet.

Good Practice 2: Gottesdienstbegrüßung
Nach Bibelwort und Gebet begrüßt die Gottesdienstleiterin die Gottesdienstteilnehmenden. Weil sie weiß, dass (möglicherweise) noch-nicht-glaubende Gäste anwesend sind, spricht sie diese bewusst an und nimmt sie so in das Gottesdienstgeschehen mit hinein:

Vielleicht warst du schon lange nicht mehr in einem Gottesdienst und musstest heute Morgen einige innere Hürden überwinden. Danke, dass du uns so viel Vertrauen entgegenbringst. Wir erwarten nicht, dass du von vornherein glaubst, was wir glauben. Aber wir laden dich ein, dich auf diesen Gottesdienst einzulassen – mit deinen Zweifeln, deiner Skepsis und in der Intensität oder Distanz, die für dich heute Morgen angemessen ist. Du darfst uns hinterher gerne deine Fragen stellen. Wir freuen uns, dass du da bist. Und wir wünschen dir sehr, dass du heute eine bedeutsame Begegnung mit Gott hast.

Das freundliche Angebot, im Anschluss an den Gottesdienst bei einer Tasse Kaffee am „Info-Point" ins Gespräch zu kommen, und der Hinweis auf einen demnächst stattfindenden Glaubens-Entdeckerkurs (→ Kapitel 17) erfolgen erst gegen Ende des Gottesdienstes bei den Informationen.

Good Practice 3: Predigt

In einer Auslegungspredigt zu Röm 3 erklärt der Prediger die Aussagen von Paulus, wonach „alle gesündigt haben" und „unter der Herrschaft der Sünde stehen" (Röm 3,9.23). Zunächst greift er verständnisvoll das Problem auf, das noch-nicht-glaubende Zuhörer vermutlich mit diesem Bibeltext haben:

Die Diagnose von Paulus ist für uns moderne Menschen schwer zu akzeptieren. Ich kann durchaus nachvollziehen, wenn diese Statements des Apostels dich gerade richtig ärgern. Paulus scheint maßlos zu übertreiben. „Unter der Herrschaft der Sünde" – wirklich? Wahrscheinlich denkst du: Ja, klar, Menschen sind unvollkommen und sicher auch zu manchem Bösen in der Lage. Aber sind wir nicht doch im Grunde irgendwie gut?

Nachdem der Prediger so den möglichen Einwand säkularisierter Zuhörer selbst artikuliert hat, unterfüttert er seine folgende Auslegung des Textes mit einem „Kronzeugen" aus der säkular-postmodernen Kultur.

Paulus ist allerdings nicht allein mit seinem Urteil. Der Musiker Peter Fox kommt in seinem Lied „Das zweite Gesicht" zu einer bemerkenswerten Einschätzung des menschlichen Zustands:

„Denn es steckt mit dir unter einer Haut
und du weißt, es will raus ans Licht,
die Käfigtür geht langsam auf
und da zeigt es sich: das zweite Gesicht!
Ein Biest lebt in deinem Haus,
du schließt es ein, es bricht aus,
das gleiche Spiel jeden Tag,
vom Laufstall bis ins Grab.
Ein Biest lebt in deinem Haus,
du schließt es ein, es bricht aus,
es kommt durch jede Tür,
es wohnt bei dir und bei mir."[143]

Die eindrückliche Bildsprache von Peter Fox spiegelt unsere menschliche Intuition und Erfahrung wider. Auf zeitgenössische Predigthörer könnte das entwaffnend wirken und hoffentlich dazu führen, dass sie die weiteren Inhalte der Predigt mit größerer Offenheit an sich heranlassen.

Nicht alle diese Aspekte können und müssen in jeder Gemeinde in der gleichen Intensität gelebt werden. Aber sie geben die Richtung vor und beschreiben etwas von der Atmosphäre, die in gastfreundlichen Gemeinden herrscht. Letztlich geht es einfach darum, wie gemeindefremde Besucher das Klima in unseren Gemeinden empfinden. Gewinnen sie den Eindruck: „Die machen hier so ihr Ding und wir gehören irgendwie nicht dazu"? Oder merkt der Gast: „Ich bin zwar (noch) nicht gläubig, aber man hat mich hier wertschätzend im Blick"?

Gemeinden mit Mission signalisieren deutlich: Es gibt keinen unüberwindbaren Graben zwischen eingeweihten Insidern und ausgeschlossenen Outsidern. Und Gemeinden mit Mission sind überzeugt: Eine Kultur der Gastfreundschaft spielt eine große Rolle dabei, unseren Freunden, Bekannten und Nachbarn den Weg zum Evangelium zu ebnen.

Kapitel 15

Feiern:

Den Gottesdienst als Quelle und Höhepunkt der Mission gestalten

In Gemeinden mit Mission spielt der gemeinsame Gottesdienst[144] eine wichtige und zentrale Rolle. Er ist für die Gemeinde das wichtigste Ereignis.

> *„Das Herzstück unserer Kirche ist der gemeinsame Gottesdienst am Sonntagvormittag.“*[145]

Nirgendwo sonst im Gemeindeleben kommen regelmäßig so viele Personen aus allen Generationen zusammen, um gemeinsam auf Gottes Wort zu hören und Gott zu loben. Nirgendwo sonst investieren regelmäßig so viele Ehrenamtliche ihre Gaben und ihre Zeit wie für den wöchentlichen Gottesdienst. Und gleichzeitig ist der Gottesdienst ein Aushängeschild der Gemeinde für interessierte Personen. Denn an keinem anderen Ort wird man den Pulsschlag der Gemeinde besser fühlen können als im Gottesdienst. Der Gottesdienst ist die intensivste Form der Begegnung Gottes mit der Gemeinde. Ohne ihn würde der Gemeinde die Mitte fehlen. Mit dem Gottesdienst wächst die Gemeinde über sich selbst hinaus – zu Gott hin und zur Welt hin. Denn die Gemeinde feiert mitten in dieser Welt die Begegnung mit Gott. Deshalb glauben wir, dass der Gottesdienst Quelle (→ a), Höhepunkt (→ b) und Ort (→ c) der Mission ist.

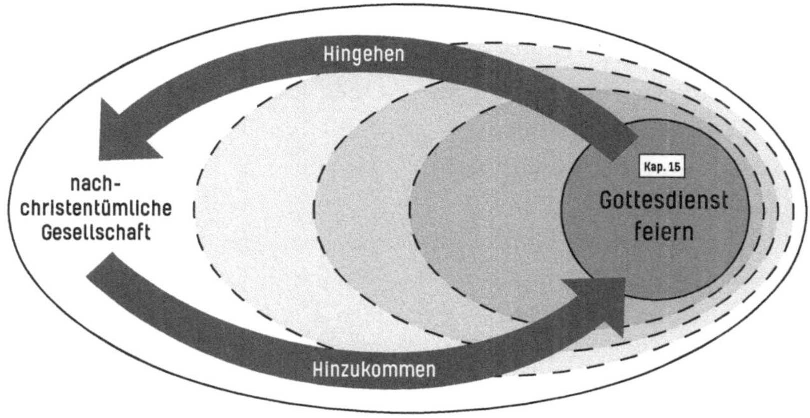

a) Gottesdienst als Quelle der Mission

Der Gottesdienst ist die Quelle und der Höhepunkt des gesamten kirchlichen und christlichen Lebens. Der Grundgedanke, dass aus dem Gottesdienst das christliche Leben strömt („Quelle") und dass das christliche Leben wieder auf den Gottesdienst hinzielt („Höhepunkt"), ist deshalb so bedeutsam, weil dadurch der Gottesdienst nicht zu einer isolierten und abgeschotteten Handlung wird, sondern mit dem alltäglichen Leben der Gemeinde und der Christen innerlich verbunden ist. Das gilt beispielsweise, wie wir bereits gesehen haben, beim Thema der Gemeinschaft. Das Abendmahl und der Gottesdienst stellen die intensivsten Varianten der Gemeinschaft dar, und daraus strömen unterschiedliche Formen, wie Gemeinschaft gelebt wird (→ Kapitel 10e). Und dieser Strom fließt über die Gemeinde hinaus. Der Gottesdienst ist daher die Quelle der Mission – und zwar gleich in mehrfacher Hinsicht.

Der Gottesdienst vollzieht sich in *Sammlung und Sendung*. Man kann mit Recht sagen, dass das ganze Leben ein Gottesdienst ist (Röm 12,1-2). Der sonntägliche Gottesdienst unterscheidet sich vom alltäglichen dadurch, dass die Gemeinde sich versammelt. Rein soziologisch könnte man sagen: Beim Gottesdienst kommen Menschen zusammen und gehen wieder auseinander – wie bei anderen Anlässen auch. Theologisch geht das aber noch viel tiefer. Jesus hat die zwölf Apostel berufen, um bei ihm zu sein (Sammlung) und um sie auszusenden (Sendung). Sammlung und Sendung ist also eine von Jesus ausgehende Grundbewegung, die im Gottesdienst Gestalt gewinnt. Jesus ruft Menschen zu sich und sendet sie wieder in die Welt.

Daher ist es auch sinnvoll, die erste Phase des Gottesdienstes als „Sammlung“ und die letzte Phase als „Sendung“ zu gestalten. Es ist üblich, dass Gottesdienste mit einem Segen enden. Das ist auch gut so. Es würde aber zu kurz greifen, wenn der Segen allein bleibt. Denn dieser ist aufs Engste mit der Sendung verbunden. Wir werden im Gottesdienst nicht gesegnet, nur damit wir uns etwas besser fühlen und unser Leben etwas besser gelingen kann. Sondern wir werden gesegnet, um im Alltag als Christen zu leben und Jesus zu bezeugen. Segen und Sendung gehören zusammen. Sendung ohne Segen wäre ein überfordernder Anspruch, Segen ohne Sendung ein zu billiger Zuspruch. Der Gottesdienst wird gerade dadurch zu einer Quelle der Mission, dass ich mich mit Gottes Segen in die Welt senden lasse.

Der Gottesdienst ist auch deshalb eine Quelle der Mission, weil er *zu einem missionarischen Lebensstil motiviert.* Diese Motivation stammt weniger aus den Appellen einer Predigt, sondern vielmehr aus der Erfahrung, wie unermesslich wertvoll und beglückend die Begegnung mit Gott ist. Das Wort Gottes, das mir in der Predigt gesagt wird, durchbricht mein kleines Leben. Im Lobpreis verbinde ich mich mit dem himmlischen Lobgesang, werde auf Gott hin ausgerichtet und höre auf, mich um mich selbst zu drehen. Im Gebet wird mein Leben vor Gott zur Sprache gebracht. Im Abendmahl erfahre ich die Gemeinschaft mit Jesus Christus in leibhafter Form. Wenn all das mein Herz erfüllt, geht es nicht anders, als dass ich mir wünsche, dass auch meine Mitmenschen diese Erfahrung machen. Denn „wes das Herz voll ist, des geht der Mund über“ (Mt 12,34). Wer selbst von Gott begeistert ist, wird ansteckend. Wer selbst die Freude erfährt, Gottesdienst zu feiern, wird gerne andere dazu einladen.

Der Gottesdienst ist schließlich auch eine Quelle der Mission, weil er *vorbildlich vermittelt, wie ich im Alltag Jesus bezeugen kann.* Eine gastfreundliche Gemeindepraxis (→ Kapitel 14) prägt und fördert die Gastfreundschaft im Alltag. Aus einer kontextsensiblen Verkündigung (→ Kapitel 13c) kann ich lernen, wie ich auch in meinen alltäglichen Beziehungen über das Evangelium reden kann. Wenn die Predigt abgehoben und weltfremd ist, muss man sich nicht wundern, dass es den Gemeindegliedern nicht gelingt, mit ihren Nachbarn und Arbeitskollegen glaubwürdig über Jesus zu sprechen. Wenn aber die Verkündigung ein Musterbeispiel dafür ist, wie menschliche Sehnsüchte und Fragen thematisiert und vom Evangelium her erhellt werden, dann werden dadurch die Zuhörenden nicht nur selbst getroffen, sondern gleichzeitig auch befähigt, in ähnlicher Art und Weise mit ihren Mitmenschen zu sprechen.

b) Gottesdienst als Höhepunkt der Mission

Gott sendet seine Gemeinde in die Welt. Diese Sendung hat ein klares Ziel. Gott will alle Menschen zu sich rufen und sammeln. Mission ist daher nicht die letzte Station des Weges Gottes mit den Menschen, sondern höchstens die vorletzte. Sendung zielt auf Sammlung. Mission zielt auf Gemeinde. Wer das Evangelium hört, davon getroffen wird und zum Glauben kommt, bleibt nicht allein. Sondern er wird eingegliedert in die Familie Gottes und feiert mit ihr zusammen Gottesdienst. Wo Mission nicht zum Gottesdienst führt, ist das Ziel der Mission nicht erreicht. Es ist daher ganz natürlich, dass dort, wo Menschen sich Jesus zuwenden, Gemeinde entsteht und wächst und Gottesdienst gefeiert wird. So war es an Pfingsten. Als direkte Reaktion auf die Predigt des Petrus kamen 3000 Menschen zum Glauben, ließen sich taufen und wurden in die Gemeinde eingegliedert – und „sie blieben beständig in der Lehre der Apostel und in der Gemeinschaft und im Brotbrechen und im Gebet“ (Apg 2,42).

Dass Mission auf den Gottesdienst hinführt, zeigt die zukünftige Vollendung. Denn daran erkennen wir: Die Mission ist zeitlich begrenzt, der Gottesdienst ist ewig. Wenn Gott seine Kirche und diese Welt zur Vollendung führt, wird die Zeit kommen, in der es keine Mission mehr gibt, wohl aber noch den Gottesdienst der universalen Gemeinde aus allen Sprachen und Nationen (→ Kapitel 6a). Das ist das große Ziel, das vor uns steht. Der sonntägliche Gottesdienst ist ein kleiner Vorgeschmack dieser herrlichen Zukunft, die der Gemeinde verheißen ist.

Mission führt zum Gottesdienst.

Missionarisches Engagement zielt daher auch heute sinnvollerweise nie nur darauf, dass Einzelmenschen eine Umkehr erfahren und in eine persönliche Beziehung mit Gott kommen, sondern immer auch darauf, dass diese Einzelmenschen in eine Gemeinde eingebettet werden und im gemeinsamen Gottesdienst schon ansatzweise etwas von der neuen Schöpfung erfahren.

c) Gottesdienst als Ort der Mission

Gottesdienste sind also Quelle und Höhepunkt der Mission. Aber sind sie selbst auch missionarisch? Welche Bedeutung haben Gottesdienste als Ort der Mission?

Bei einer *sucherorientierten* Gottesdienstkultur rechnet man damit, dass Noch-nicht-Christen am Gottesdienst teilnehmen, und richtet die Gottesdienstgestaltung quasi komplett auf die Gäste aus (→ Kapitel 3a). Der Gottesdienst wird als zentraler Ort der Evangelisation verstanden. Elemente, die für Gäste schwierig oder irritierend sein könnten, werden bevorzugt aus dem Gottesdienst in andere Gemeindeveranstaltungen ausgelagert. Das gilt beispielsweise für die Abendmahlsfeier, für intensiven Lobpreis, für spontane Erlebnisberichte, für freie Gebetsgemeinschaften, für Sprachengebet oder für gründliche Bibelauslegung.

Im Gegensatz dazu wäre ein rein *gemeindeorientierter* Gottesdienst nur für Menschen konzipiert, die bereits Christen sind und zur Gemeinde gehören. Missionarische Überlegungen haben keine Bedeutung für die Gottesdienstgestaltung. Evangelisation findet außerhalb des Gottesdienstes statt.

Gästesensible Gottesdienste

Wir denken, dass beide Konzepte ihre Vor- und Nachteile haben und plädieren für *gästesensible* Gottesdienste als einen Weg, der positive Impulse sowohl aus der sucher- als auch der gemeindeorientierten Gottesdienstkultur integriert. Henning Wrogemann beschreibt diese Grundhaltung anschaulich:

> *„Wo wird eine Gemeinde oder eine christliche Zeugengemeinschaft missionarisch? […] Wo ein Gespür für andere und Fremde gelebt wird und der Gottesdienst als Fest der Befreiung verstanden wird, zu dem man gerne Gäste einlädt, ihnen mit Aufmerksamkeit begegnet und sie in das Geschehen des Gottesdienstes mit hineinnimmt."*[146]

Wie die Gottesdienstgestaltung konkret zu einer gastfreundlichen Gemeindekultur beitragen kann, wurde bereits skizziert (→ Kapitel 14c). Ergänzend dazu werden hier die leitenden Grundüberzeugungen vorgestellt:

- Gottesdienste haben einen *öffentlichen Charakter*. Diese Überzeugung teilen wir mit dem sucherorientierten Ansatz. Der Gottesdienst ist kein Insider-Event einer geschlossenen Gruppe. Beim Gottesdienst geht es darum, dass mitten in dieser Welt Gottes Wort verkündigt und Gott gelobt wird. Gemeindeorientierte Gottesdienste stehen in der Gefahr, zu Insider-Veranstaltungen zu werden, die man nur mitfeiern kann, wenn man zur Gemeinde gehört und mit der Gottesdienstpraxis vertraut ist.
- Gottesdienste werden *von der Gemeinde gefeiert*. Gemeinsam mit der gemeindeorientierten Gottesdienstkultur sind wir überzeugt, dass der

Gottesdienst von Menschen getragen wird, die an Jesus Christus glauben und sich mit ihm und untereinander verbunden wissen. Gottesdienste sind daher auch keine Events, in denen Profis auf der Bühne den „Besuchern" eine schöne Darbietung liefern, sondern sind ein gemeinsames Handeln der Gemeinde. Nicht der Pastor oder der Lobpreisleiter, sondern die ganze Gemeinde ist der eigentliche Akteur des Gottesdienstes – beim Hören, beim Singen, beim Beten, bei der Feier des Abendmahls. In sucherorientierten Gottesdiensten kann dieser Aspekt leicht vergessen gehen. Das führt zu einer unglücklichen Trennung zwischen „Bühne" und „Zuschauern". Aus einer gemeinsamen Feier wird ein konzertähnliches Bühnenprogramm. Es besteht dann die Gefährdung, dass Christen, die eigentlich den Gottesdienst mittragen könnten, zu Konsumenten degradiert und so behandelt werden, als wären sie noch gar nicht Christen. Allerdings darf man umgekehrt auch nicht alle zu Christen erklären, die es vielleicht noch nicht sind. Diese Differenz wird besonders beim Abendmahl deutlich.[147] Denn hier ist die Teilnahme denen vorbehalten, die sich zu Jesus Christus bekennen. Wenn in gästesensiblen Gottesdiensten Abendmahl gefeiert wird, dann wird man gut darauf achten müssen, dass die Teilnahmebedingungen klar kommuniziert werden und dass die Feierform so gewählt wird, dass es möglich ist, unauffällig und ohne Peinlichkeiten am Abendmahl *nicht* teilzunehmen. Das Abendmahl stellt die Anwesenden vor eine Entscheidungssituation und verleiht so dem Gottesdienst eine missionarische Zuspitzung.

Good Practice 1: Abendmahl in einem gästesensiblen Gottesdienst[148]

In einer Gemeinde, die ihre Gottesdienste bewusst gästesensibel gestalten will, wird regelmäßig das Abendmahl gefeiert. Es wird liebevoll und klar kommuniziert, dass zum Abendmahl nur eingeladen ist, wer an Jesus als Retter und Herrn glaubt und sich zu ihm bekennt. Wer den Glauben an Jesus nicht teilt, wird höflich gebeten, die Zeit des Abendmahls anders zu nutzen, beispielsweise indem man mitsingt, persönliche Gedanken reflektiert oder ein Gebets- und Segensangebot in Anspruch nimmt.

Das Abendmahl wird so gestaltet, dass man individuell (nicht „reihenweise") während einer längeren Lobpreiszeit zu einem Tisch hinten oder vorne im Saal geht und sich dort Brot und Kelch reichen lässt. Parallel dazu stehen Personen aus dem Gebetsteam zur Verfügung, sodass man für sich beten oder sich segnen lassen kann.

Die Bewegung im Raum, die keinem vorgegebenen Schema folgt, sowie die vielfältigen Handlungsformen von Lobpreis, Gebet und Abendmahl eröffnen einen unkomplizierten Freiraum, um am Abendmahl nicht teilzunehmen, ohne dadurch negativ aufzufallen.

- Weil der Gottesdienst öffentlich ist, ist er *offen für die Präsenz von Gästen*, auch von Menschen, die noch nicht zum Glauben gekommen sind. So geht Paulus davon aus, dass in Korinth in der Gemeinde auch Nichtchristen anwesend sind (1Kor 14,20-25) und durch die Teilnahme am Gottesdienst erkennen, dass Gott gegenwärtig ist. Deshalb gibt Paulus der verständlichen Prophetie gegenüber der unverständlichen Zungenrede den Vorzug und deshalb betont er, dass Zungenrede übersetzt werden muss.
- Wenn man den Gottesdienst als öffentliche Feier der christlichen Gemeinde versteht, bedeutet es, dass Gottesdienste *offene und intensive Orte der Begegnung mit Gott* sind. Sie leben aus einer möglichst intensiven Gestaltung der Begegnung Gottes mit seiner Gemeinde. Sie sind gleichzeitig offen, sodass, wer immer will, miterleben kann, wie eine Gemeinde Gott feiert. Die Sensibilität für Gäste zeigt sich darin, dass die besonders intensiven Elemente so gestaltet werden, dass Gäste, die daran nicht teilnehmen können oder wollen, sich deshalb nicht ganz

aus dem Gottesdienst ausklinken müssen. Das gilt besonders fürs Abendmahl (wie bereits oben geschildert), aber auch für Lobpreiszeiten. Variabel gestaltete Lobpreiszeiten,[149] die nicht nur gemeinsam gesungene Lieder, sondern auch gesprochene Gebete, biblische Lesungen, Liedvorträge, Momente der Stille, gemeinsam gebetete Psalmen etc. enthalten, können von Gästen einfacher mitgefeiert werden als lange, gleichförmig wirkende Phasen. Es ist einfacher, auch ohne Mitsingen bei einem Gottesdienst doch noch halbwegs dabei zu sein, wenn die Singphasen nicht zu lange am Stück dauern. Als Richtwert würden wir sagen, dass eine Singphase nicht länger als ca. 12-15 Minuten dauern sollte. Wenn danach ein anderes Element kommt, hat man wieder eine neue Chance, sich mehr oder weniger intensiv ins gottesdienstliche Geschehen einzuklinken. Eine angemessene musikalische Qualität hilft zusätzlich, dass man selbst dann eine Lobpreiszeit als ansprechend erfahren kann, wenn man nicht mitsingt.

- Vor dem Hintergrund der geschilderten Überlegungen stellt sich die Frage, was *Verständlichkeit* im Gottesdienst bedeutet. Es geht nicht darum, dass man bei einem ersten Besuch alles verstehen muss und alles mitmachen oder nachvollziehen kann. Man muss in einem Gottesdienst also nicht alles erklären, was man tut. Wir beobachten, dass Erstbesucher nicht deshalb wiederkommen, weil für sie alles verständlich war, sondern weil sie etwas erlebt haben, das über ihre bisherigen Erfahrungen und Vorstellungen hinausging. Es wäre aber auch schwierig, wenn Erstbesucher nichts verstehen! Wenn wir nochmals auf die Argumentation in 1Kor 14 zurückgreifen, wird deutlich, dass die Verständlichkeit vor allem in der Verkündigung eingefordert wird. Die Verständlichkeit ist daher besonders für die Predigt, aber auch für andere moderierende Sequenzen ein wesentliches Kriterium. Sie ist aber nicht ein exklusives Kriterium für die Gestaltung des ganzen Gottesdienstes.
- Alle diese Überlegungen bedeuten in der Konsequenz, dass der Gottesdienst *nicht primärer, aber möglicher Ort der Mission* ist. Hauptausrich-

tung des Gottesdienstes ist die Ehre Gottes und die Erbauung der Gemeinde. Gestalt und Gehalt des Gottesdienstes können daher nicht auf das begrenzt werden, was für Noch-nicht-Christen nachvollziehbar ist, sondern müssen auf das ausgerichtet sein, was die Gemeinde möglichst intensiv in die Begegnung mit Gott führt. Man darf und soll aber mit „missionarischen Nebenwirkungen“[150] rechnen. Menschen können im Gottesdienst zum Glauben eingeladen, gereizt und von der Freude an Gott angesteckt werden. Gäste sind herzlich willkommen und erfahren eine offene und einladende Atmosphäre (→ Kapitel 14).

- Gästesensible Gottesdienste fördern in der Gemeinde eine *Kultur des Einladens und Mitbringens* (→ Kapitel 17c). Eine gästesensible Gestaltung baut emotionale Barrieren ab, die Gemeindeglieder daran hindern könnten, ihre Mitmenschen und Freunde zum Gottesdienst einzuladen. Die Erfahrung gästesensibler Gottesdienste weckt die Freude am Evangelium (→ Kapitel 5), entfacht missionarische Leidenschaft (→ Kapitel 12) und motiviert dazu, Freunde und Bekannte in den Gottesdienst einzuladen.
- Gästesensible Gottesdienste bilden ein unverzichtbares Element im evangelistischen Repertoire einer Gemeinde mit Mission. Es braucht ergänzend aber auch vielfältige *Wege, die zum Gottesdienst hinführen*, beispielsweise Veranstaltungen, die es ermöglichen, sich dem Glauben schrittweise anzunähern (→ Kapitel 17).

Kapitel 16

Befähigen:

Christen auf dem Weg der Mission fördern

Mission ist die Aufgabe der ganzen Gemeinde, nicht nur der Pastoren, Profis und Spezialisten. Das klingt zu schön, um wahr zu sein – und in der Tat sieht die Realität des kirchlichen Lebens oft anders aus. Pastoren stecken bis über beide Ohren in innerkirchlichen Aufgaben und haben weder Kraft noch Zeit, sich in Beziehungen mit Mitmenschen außerhalb der Gemeinde zu investieren. Selbst Verantwortungsträger missionarisch gesinnter Gemeinden betrachten den Mangel an natürlich gelebten Beziehungen zu glaubensfernen Menschen als eines der größten Hindernisse für eine fruchtbare Gemeindepraxis.[151] Und viele Gemeindemitglieder sehen sich selbst dort, wo Beziehungen zu Nichtchristen bestehen, nicht imstande, ihren Glauben überzeugend ins Spiel zu bringen.[152]

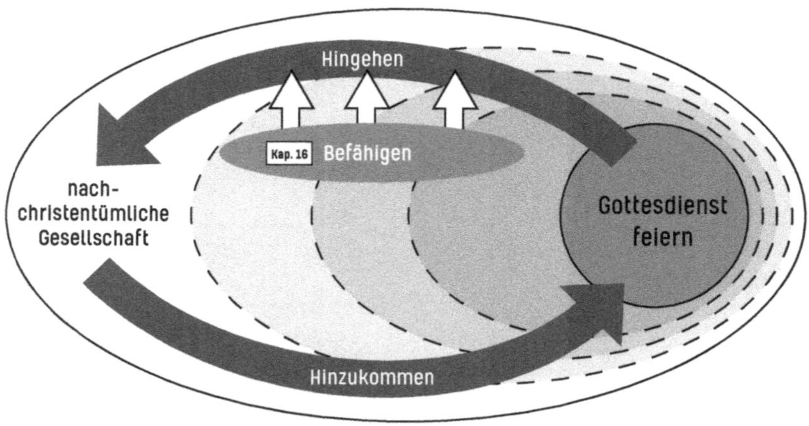

Es gehört daher zu den vitalen Aufgaben einer Gemeinde mit Mission, Christen auf dem Weg der Mission zu befähigen. Wir fragen uns in diesem Kapitel, was Befähigung bedeutet (→ a), wozu Christen genau befähigt werden sollen (→ b) und wie diese Befähigung erfolgen kann (→ c).

a) Was heißt „befähigen"?

Befähigen heißt, dass jemand in die Lage versetzt wird, bestimmte Dinge selbst zu tun. Das Konzept der Befähigung wird präziser, wenn wir es mit anderen und ähnlichen Begriffen in Verbindung bringen, nämlich mit Bildung, Mündigkeit, Jüngerschaft und Empowerment.

Bildung zur Gottebenbildlichkeit

Der Begriff *Bildung* ist im innersten Kern biblisch-christlich geprägt. Es geht darum, dass in einem Menschen die Ebenbildlichkeit Gottes (1Mo 1,27) entfaltet wird und er nach dem Bild des Schöpfers erneuert (Kol 3,10) und in das Bild Christi umgestaltet wird (Röm 8,29).[153] Daraus ergibt sich eine wesentliche Präzisierung: Befähigung darf nicht dazu führen, einem Menschen etwas aufzupfropfen, was gar nicht in ihn hineingelegt ist, oder ihn dazu zu bringen, etwas zu tun, was gar nicht zu ihm passt. Befähigung zielt darauf, dass in jedem Menschen das ihm von Gott gegebene Potenzial zur Entfaltung kommt. Daher wird die Persönlichkeit und Begabung der Einzelnen auch im Blick auf die Mission berücksichtigt (→ b).

Mündigkeit bezeichnet die Fähigkeit eines Menschen, selbstständig zu sein, also auf eigenen Füßen zu stehen, eigene Meinungen zu haben, zu begründen und zu vertreten und eigene Entscheidungen zu fällen. Es gibt auch in christlichen Gemeinschaften ungesunde Abhängigkeiten, die dann entstehen, wenn ein Mensch nicht selbst tun kann, was er tun könnte. Wenn beispielsweise eine permanente Abhängigkeit von einem Seelsorger oder einer charismatischen Führungsperson besteht und man daher nicht den Mut hat, eigene Entscheidungen zu treffen und eigene Wege zu gehen. Der Apostel Paulus schildert, dass Gott der Gemeinde unter anderem Evangelisten gegeben hat, die „die Heiligen zurüsten“ sollen, damit sie fähig sind zum „Werk des Dienstes“, und damit sie „nicht mehr unmündig sind“ (Eph 4,11-14). Es gehört daher zur Befähigung, Menschen zur geistlich-missionarischen Mündigkeit zu führen.[154] Zu dieser Mündigkeit gehört die Fähigkeit, im Alltag selbstständig als Christ zu leben und „auf Sendung“ zu sein.[155]

Wir meinen mit der christlichen Mündigkeit also einen reflektierten, den Kinderschuhen entwachsenen Glauben. Der Begriff Mündigkeit hat aber auch eine negative Kehrseite. Man kann ihn als kompletten Akt der Emanzipation verstehen, der zu vollständiger Unabhängigkeit führt. Darum geht es im Glauben gerade nicht. Der Abschnitt in Epheser 4 zeigt sehr schön, dass Mündigkeit damit zu tun hat, immer mehr von Gott abhängig zu seine und sich als Glied in den Leib Christi einfügen zu lassen.

Missionsfördernde Jüngerschaft

Damit sind wir beim Stichwort *Jüngerschaft* angelangt. Jesus hat seinen Nachfolgern geboten, in die ganze Welt zu gehen und Menschen aus allen Völkern zu Jüngern zu machen, indem sie getauft und gelehrt werden (Mt 28,19-20). Jüngerschaft bezeichnet also den gesamten Prozess des Christ-Werdens und Christ-Seins und beinhaltet alle Elemente des geistlichen Wachstums. Befähigen ist also keine Einmal-Aktion, sondern ein langfristiger und nachhaltiger Prozess. Eine Gemeinde mit Mission wird besonders darauf achten, dass Jüngerschaftsprozesse *missionsfördernd* sind.[156] Es geht also nicht einfach nur darum, dass aus einem „Baby-Christen“ ein reiferer Christ wird oder dass ich in meiner persönlichen Beziehung zu Gott wachse. Sondern es ist ein elementarer Bestandteil des Jüngerseins, dass man selbst eine Reich-Gottes-Perspektive einnimmt und andere zur Jüngerschaft anleitet. Ein gesunder Jüngerschaftsprozess zeichnet sich daher dadurch aus, dass er mit einer höheren missionarischen Leidenschaft (→ Kapitel 12) gekoppelt ist. Markus Schmidt hält in seinem Buch über geistliches Wachstum unmissverständlich fest: „Wer geistlich wachsen will, lebt evangelistisch.“[157]

Good Practice 1: VIP-Strategie.[158]

Eine Gemeinde hat unter Aufnahme verschiedener Impulse aus dem missionarischen Gemeindeaufbau einen Fünf-Schritte-Plan für persönliche Evangelisation entwickelt:

- Das eigene Missionsfeld *erforschen*. Aus dem Kreis von Freunden, Kollegen, Nachbarn, Verwandten, Arbeitskollegen, Vereinskameraden etc. wird eine Kontaktliste mit circa fünf Personen erstellt.
- Konsequent für diese Personen *beten*, dass Gott ihnen begegnet.
- Diesen Menschen auf eine passende Art und Weise *dienen*. Das kann eine praktische Hilfestellung sein, oder auch Gastfreundschaft, eine Aufmunterung, ein Lob, ein Geschenk, eine gemeinsame Unternehmung etc.
- Gelegenheiten nutzen, um *über den Glauben ins Gespräch zu kommen*. Dabei können eigene Glaubenserfahrungen und die Grundwahrheiten des Evangeliums weitergegeben werden.
- Zu passenden Veranstaltungen *einladen* (→ Kapitel 17). Das können niederschwellige Events wie Konzerte sein, oder auch Glaubenskurse oder Gottesdienste.

Das letzte Stichwort, das wir im Zusammenhang mit *Befähigen* beleuchten, heißt *Empowerment*.[159] Zur Befähigung gehört die Bevollmächtigung. Es geht also nicht nur darum, dass jemand in der Lage ist, etwas zu tun (Fähigkeit), sondern auch den Auftrag dazu hat, also mit Vollmacht ausgestattet ist. Es ist aus dieser Perspektive nicht zufällig, dass Jesus die Sendung seiner Nachfolger mit den Worten eröffnet: „Mir ist alle Macht gegeben im Himmel und auf Erden" (Mt 28,18). Und deshalb wird uns die Kraft des Heiligen Geistes gegeben, um überall Jesus zu bezeugen. Es ist also nicht unsere Macht und Kraft, sondern Gottes Macht, die in der Mission zur Geltung kommen soll. Der allmächtige Gott beauftragt und verleiht Vollmacht – und ihm gegenüber sind wir verantwortlich, wie wir mit dieser Macht umgehen.

Empowerment verweist uns auch auf die Mitwirkung in der Gemeinde. Wer an der Mission der Gemeinde teilhat, gestaltet die Gemeinde mit. Daraus ergibt sich, dass missionarische Gemeinden der Mitwirkung aller im Sinne des allgemeinen Priestertums eine hohe Priorität geben.[160] Ein Gemeindeglied, das missionarisch tätig ist, führt eben nicht nur aus, was andere entschieden haben, sondern redet mit, denkt mit, entscheidet mit. Manchmal ist das gar nicht so einfach. Denn das bedeutet, dass nicht nur eine charismatische Führungsperson den Kurs bestimmt, sondern dass die Gestaltung der Gemeinde ein gemeinsames Werk aller Gemeindeglieder ist. Vielleicht benötigen manche Prozesse dann etwas mehr Zeit. Aber es lohnt sich. Denn wenn Menschen spüren: „Da bin ich gefragt, nicht nur als Arbeitskraft, sondern als Person mit meinen Gaben; da kann ich mich mit meinen Meinungen einbringen; da würdigt man meine Erfahrungen“ – wird das nachhaltig und langfristig das Engagement fördern und zu einem gesunden Gemeindeklima beitragen.

Einander befähigen und fördern

Damit hat sich nun ein facettenreiches Bild ergeben, was Befähigen bedeutet: nämlich ein bevollmächtigendes Handeln der Gemeinde, durch das die Gemeindeglieder entsprechend ihren individuellen Persönlichkeiten und Begabungen in ihrer geistlichen Mündigkeit gefördert werden und an der Mission der Gemeinde teilhaben.

Good Practice 2: Gaben & Mitmenschen zusammenbringen

Auf einem Seminarabend wird unter anderem erläutert, dass sich ein missionarischer Lebensstil durch die Verbindung von Gaben und Mitmenschen auszeichnet: „Mit meinen Gaben Beziehungen zu meinen Mitmenschen leben“. Die Teilnehmenden erhalten dazu drei einfache Fragen:

- Wer sind meine *Mitmenschen*? [Namen von Personen, die in meinem Umfeld leben und denen ich im Alltag begegne]
- Welche *Gaben* hat Gott mir gegeben? [Was macht mir Freude? Was kann ich gut? Was mache ich gerne? Welche zeitlichen Möglichkeiten habe ich?]
- Wie kann ich *Gaben und Mitmenschen* zusammenbringen? [Wie könnte ich meine Gaben einsetzen, um Beziehungen zu meinen Mitmenschen zu fördern?]

In einem anschließenden Austausch erzählt eine Teilnehmerin: „In der Corona-Zeit beschäftigte uns die Frage, wie wir unser Gemeindeleben gestalten. Ich hatte die Idee, unseren Wohnwagen zu einem Kaffeemobil umzufunktionieren. Dieses haben wir vor dem Gemeindegebäude aufgestellt. Das gab uns die Möglichkeit, im Freien gemeinsam Kaffee zu trinken und auszutauschen. Ich habe das sehr gerne gemacht und es gab viele positive Rückmeldungen aus der Gemeinde. Diese Übung gab mir nun die Anregung, das Kaffeemobil vor unserem Haus in unserer belebten Nachbarschaft aufzustellen und für Passanten und Nachbarn zu öffnen."

Die Teilnehmerin hat eine entscheidende Erkenntnis gewonnen. Sie hat gemerkt, dass die Gaben, die Gott ihr geschenkt hat, nicht nur für das interne Gemeindeleben eingesetzt werden können, sondern auch für die Mission. Gleichzeitig befreit es davon, einen missionarischen Lebensstil auf eine Art und Weise praktizieren zu müssen, der nicht zur eigenen Person oder zu den eigenen Gaben passt.

b) Wozu sollen Christen befähigt werden?

Christsein ist ein ganzheitlicher Lebensstil, der alle Bereiche des Lebens und alle Facetten der Existenz umfasst. Von all diesen Bereichen listen wir hier einige Kompetenzen auf, die wir im Blick auf das „*Hin-*

gehen" für zentral halten und zu denen daher eine Gemeinde mit Mission besonders befähigen sollte. Es handelt sich um drei Basiskompetenzen, die die Grundlage für zwei weitere explizit missionarische Kompetenzen legen.

1) Geistliche Kompetenz

Schwerpunkt: Beziehung zu Gott
Aspekte der geistlichen Kompetenz im Blick auf Mission: • Bekehrung: eigene Erfahrung der Hinwendung zu Gott. • Bekenntnis: mit Überzeugung in das christliche Bekenntnis einstimmen. • Gottvertrauen: mit der Kraft des Heiligen Geistes rechnen, der zum Glaubenszeugnis befähigt. • Bibel: regelmäßig die Bibel als Wort Gottes lesen, hören, meditieren und studieren, um sich von Gottes Wort prägen zu lassen. • Gebet für Mitmenschen, die noch nicht glauben.

2) Kulturelle Kompetenz

Schwerpunkt: Beziehung zur Welt
Aspekte der kulturellen Kompetenz im Blick auf Mission: • Interesse: interessierte und offene Wahrnehmung gesellschaftlicher Entwicklungen. • Verständnis: die gegenwärtige Situation vor dem Hintergrund geistesgeschichtlicher, sozialer und religiöser Entwicklungen verstehen. • Partizipation: in mindestens einem Bereich bewusst am gesellschaftlichen Leben teilnehmen (z. B. Politik / Bildung / Kunst / Kultur / Sport / Musik / Vereinswesen ...). • Kontextuelle Sensitivität: Gemeinsamkeiten (A-Bereich) und Unterschiede (B-Bereich) zwischen Kultur und Evangelium identifizieren können.

Good Practice 1: Popkultur als Anknüpfungspunkt für den Glauben

Um die kulturelle Kompetenz zu stärken, bietet eine Gemeinde die Workshop-Reihe „Geschichten, die wir uns erzählen"[161] an. Angelehnt an die Vorgehensweise von Paulus in *Apg 17* (vgl. dazu die Darstellung in → Kapitel 13a) wird in jeder Session ein Film oder eine Netflix-Serie und die dahinterliegende „Story" analysiert.[162] Nachdem man einen Überblick über das große Thema der jeweiligen Geschichte gewonnen hat, werden gezielt aus drei Richtungen Fragen gestellt.

- *Das Gute* (vgl. Apg 17,22-23a): Wo ist Gottes gute Schöpfung (noch) zu erkennen? Welche Elemente der Gnade lassen sich finden? Was ist gut, wahr und schön in der Welt dieses Films oder dieser Serie?
- *Die Götzen* (vgl. Apg 17,29): Was wird in dieser Geschichte angebetet, welche Götzen stehen im Mittelpunkt? Wie sieht die vermeintliche „Erlösung" in dieser Story aus? Was ist falsch, hässlich, verdreht oder pervertiert in der Welt dieses Films oder dieser Serie?
- *Das Evangelium* (Apg 17,23b): Inwiefern „erfüllt" das Evangelium (→ Kapitel 5) die in der Geschichte ausgedrückten menschlichen Sehnsüchte? Warum bietet das Evangelium eine „bessere Antwort" auf diese Sehnsüchte und damit eine „tragfähigere Erlösung" als die Götzen in der Story?

Eine Auseinandersetzung mit diesen Geschichten erfüllt einen mehrfachen Zweck: Man gewinnt ein vertieftes Verständnis für die Umgebungskultur. Man bekommt neu vor Augen geführt, wie relevant das Evangelium in das hineinspricht, was Menschen heute bewegt. Und man lernt, mit dem Evangelium ganz natürlich an diese „popkulturellen Storylines" anzuknüpfen, von denen viele Zeitgenossen im Alltag geformt werden (→ Kapitel 8).

3) Selbstkompetenz

Schwerpunkt: Beziehung zu sich selbst
Aspekte der Selbstkompetenz im Blick auf Mission: • Persönlichkeit: die eigene Persönlichkeit, den Charakter, die Stärken und Schwächen und das damit verbundene missionarische Potenzial realistisch einschätzen können. • Begabung: die eigene Begabung dankbar annehmen und deren Bedeutung für die Mission erkennen. • Evangelisationsstil: den eigenen Evangelisationsstil erkennen, annehmen und einsetzen. • Gesundes Selbstbewusstsein: in der demütigen Abhängigkeit von Gott sich weder von Minderwertigkeit noch von Hochmut bestimmen lassen.

Good Practice 2: Evangelisationsstil

In einer Gemeinde gibt es ein Seminar, das dazu hilft, die evangelistische Ausrichtung, die zur eigenen Person passt, zu entdecken. Die Gemeinde arbeitet mit dem Material „42 Tage leben für meine Freunde".[163] Im Material werden sechs Stile unterschieden:[164]

- Beziehungsorientierter Stil
- Intellektueller Stil
- Zeugnishafter Stil
- Dienender Stil
- Einladender Stil
- Konfrontativer Stil

Mittels eines Fragebogens[165] werden die eigenen Präferenzen ermittelt. Personen mit ähnlichen Präferenzen setzen sich in Gruppen zusammen, tauschen über ihre Erfahrungen aus, ermutigen einander und beten füreinander. Es wird auch deutlich, dass die Unterscheidung der Stile nur ein Hilfsmittel ist, um die Vielfalt zu erkennen, und dass es daher nicht darum geht, sich in eine „Stil-Schublade" stecken zu lassen. Vielmehr zielt die Unterscheidung mehrerer Stile darauf, sich selbst und andere besser zu verstehen und sich an der Vielfalt, die Gott in die Gemeinde hineingelegt hat, zu freuen. Das bewahrt vor einer einseitigen Sicht auf nur eine Facette der Evangelisation (z. B. konfrontative Straßenevangelisation oder einladende Gastfreundschaft) und unterstützt die Gemeindeglieder darin, mit ihrer von Gott geschenkten Individualität in Gottes Mission zu leben.

Diese Basiskompetenzen bilden einen gesunden Boden, um sich den Mitmenschen liebevoll zuzuwenden, zu ihnen hinzugehen und sie beim Entdecken des Glaubens zu begleiten. Dabei sind zwei Kompetenzen besonders gefragt, nämlich die Beziehungsfähigkeit (soziale Kompetenz) und die Sprachfähigkeit (kommunikative Kompetenz).

4) Soziale Kompetenz

Schwerpunkt: Beziehung zu Mitmenschen
Aspekte der sozialen Kompetenz im Blick auf Mission: • Liebe: den Mitmenschen als Geschöpf Gottes achten und nicht als Missionsobjekt missbrauchen. • Offenheit: echtes Interesse an der Lebenswelt und der Geschichte der Mitmenschen. • Zeit: Bereitschaft, Zeit in Kontakte mit Mitmenschen zu investieren. • Gastfreundschaft: Mitmenschen zum Essen und Feiern einladen; Tischgemeinschaft pflegen; das Haus öffnen.

Persönliche Kontakte waren schon immer eine wichtige Brücke zwischen Kirche und Welt. Aber in säkularen Kontexten sind solche Beziehungen unverzichtbares Schlüsselelement. Wir leben in einer Zeit, in der das Interesse, an christlichen Gottesdiensten oder ähnlichen religiösen Veranstaltungen teilzunehmen, bei vielen gegen null tendiert (→ Kapitel 2). Folglich wird auch eine noch so gute Öffentlichkeitsarbeit kaum jemanden dazu animieren, eine christliche Gemeinde zu besuchen. Umso mehr gilt auch bei uns, was Christopher James für stark entkirchlichte Landstriche der USA formuliert hat:

> *„Wenn Christen am Arbeitsplatz, in der Nachbarschaft, an dritten Orten oder bei lokalen Events proaktiv authentische Freundschaften mit Nichtchristen aufbauen und diese dann herzlich in eine Gemeinschaft von Freunden aufnehmen, von denen einige ihr Leben nach dem Vorbild Jesu gestalten, dann handelt es sich um die wesentlichste Vitalfunktion einer missionarischen Gemeinde."*[166]

Oder in den Worten von Alexander Garth:

> *„Die persönlichen Beziehungen zu gläubigen Menschen, die ihre Spiritualität überzeugend und ausstrahlend leben, sind häufig der Auslöser dafür, sich ernsthaft mit dem Glauben auseinanderzusetzen."*[167]

Soziale Kompetenz äußert sich konkret darin, dass Kontakte zu säkularen Zeitgenossen bewusst geknüpft und gepflegt werden. Es liegt nahe, bei diesen Kontakten anzusetzen, die sowieso schon bestehen. Man sollte sich dabei auch nicht überfordern. Einige können einmal im Monat bewusst Gäste einladen, die noch nicht an Jesus glauben. Für andere passt ein höherer oder tieferer Rhythmus. Auch Feiern – kirchliche Feiertage, Geburtstage, Jubiläen etc. – bieten einen guten Anlass, um Arbeitskollegen, Vereinskameraden oder Nachbarn einzuladen.

Good Practice 3: Ein außergewöhnlicher Namenstag

Bei Stefan zieht eine neue Familie in die Nachbarschaft ein. Wie es in seiner Familie üblich ist, begrüßen sie die Familie mit einem selbst gebackenen Butterzopf. Bei der Vorstellung schmunzeln alle, denn der Mann der neu eingezogenen Familie heißt auch Stefan. Und die beiden sind nicht die einzigen Stefans in der Nachbarschaft. Aus dieser Beobachtung entsteht die Idee, am Stefanstag (26. Dezember) alle Familien aus der Nachbarschaft, die einen Stefan haben, zu einer kleinen Namenstags-Feier einzuladen – auch wenn sonst kaum jemand den Namenstag begeht. Alle vier eingeladenen Familien, die sich bisher noch gar nicht kennen, kommen. Die Familien stammen aus unterschiedlichen Kulturen und sind unterschiedlich religiös geprägt, christlich, säkular und aus anderen Religionen. Es ergibt sich ein fröhliches Zusammensein. Mitten im Apéro hält der einladende Stefan eine kurze Tischrede und erzählt mit Bildern aus der eindrücklichen Kirche Santo Stefano Rotondo in Rom die Stefanus-Geschichte aus der Bibel. Die Gespräche werden fortgesetzt, nun auch über Themen rund um Glauben, Glaubensüberzeugung, Martyrium und Rom.

5) Kommunikative Kompetenz

Schwerpunkt: Sprachfähigkeit im Glauben entwickeln
Aspekte der kommunikativen Kompetenz im Blick auf Mission: • Sprachfähigkeit im Glauben: natürlich über Glaubensthemen sprechen können. • Auskunft geben: vom eigenen Glaubensweg und eigenen Erfahrungen mit Gott erzählen. • Jesus bezeugen: Grundwahrheiten des Evangeliums vermitteln. • Argumentieren: auf Einwände und Skepsis angemessen und sinnvoll reagieren.

Nicht überall, wo Beziehungen geknüpft und gelebt werden, gelingt es, den Glauben zu thematisieren. Manche Christen fühlen sich dazu unfähig und überfordert. Zur Befähigung gehört daher neben der Beziehungsförderung auch besonders die Entwicklung der Sprachfähigkeit im Glauben. Die Gemeinde bildet eine erste ideale Plattform, um diese Sprachfähigkeit einzuüben. Erlebnisberichte im Gottesdienst inspirieren dazu, eigene Erfahrungen im Glauben mit anderen zu teilen. Das kann in Kleingruppen ausführlicher und intensiver erfolgen. Der Kirchenkaffee bietet eine ausgezeichnete Gelegenheit, sich nicht nur über Wetter, Sport und Weltpolitik zu unterhalten, sondern auch geistliche Themen zur Sprache zu bringen. In der Familie drehen sich Tischgespräche auch um Glaubensfragen. Insgesamt geht es darum, einen Kommunikationsstil zu pflegen, bei dem es ganz normal ist, über Gott und den Glauben zu sprechen. Das kann man nicht erst im Gespräch mit Noch-nicht-Christen einüben, sondern es beginnt lange vorher.

Im Unterschied zu einem christlichen Kontext ist aber zusätzlich zu bedenken, dass man im Gespräch mit nicht-christlichen Mitmenschen einen kleineren gemeinsamen Wortschatz hat. Zusätzlich zur natürlichen Glaubenskommunikation ist es daher hilfreich, auch einzuüben, wie man allgemein verständlich über den Glauben sprechen kann. Auch hier ist es förderlich, wenn man in Predigten ein Vorbild erhält, wie das geschehen kann. Gelegentlich kann man auch praktische Kommunikationsübungen machen.

Good Practice 4: Zentrale Glaubensbegriffe erläutern

In einem Gemeindeseminar erhalten die Teilnehmenden die Aufgabe, in Gruppen einander zentrale Glaubensbegriffe zu erklären. Es gibt fünf Gruppen zu fünf Themenbereichen: Kreuz und Auferstehung; Sünde; Gnade; Stellvertretung; ewiges Leben.

In den Gruppen entwickelt man gemeinsam eine Erklärung für den jeweiligen Begriff, von der man denkt, dass sie auch für Nicht-Insider verständlich ist. Anschließend werden im Plenum die Ergebnisse vorgestellt und diskutiert. Alle Teilnehmenden haben dadurch ihren Wortschatz erweitert und Anregungen erhalten, wie man verständlich über Glaubensthemen sprechen kann.

Good Practice 5: Erlebnisbericht

Gemeindeglieder erhalten die Aufgabe, in drei Minuten eine geistliche Erfahrung aus ihrem Leben zu erzählen. Es kann um die Hinwendung zu Jesus gehen oder auch um einen anderen Meilenstein im geistlichen Leben. Im Bericht soll es gelingen, persönliche Erfahrungen mit grundsätzlichen geistlichen Wahrheiten zu kombinieren.

In einem zweiten Schritt erzählen sich Gemeindeglieder gegenseitig ihre Erlebnisberichte. Durch Rückmeldung kann deutlich werden, was unverständlich oder irritierend war. Einige Berichte können an den folgenden Sonntagen auch in die Gottesdienste integriert werden.

Wir werden auch Mitmenschen begegnen, für die intellektuelle und argumentative Aspekte sehr wichtig sind. Hier wird es darauf ankommen, die Plausibilität des christlichen Glaubens kommunizieren zu können und auf Einwände gegen den Glauben sinnvoll zu reagieren.[168] Für Gemeindeglieder, die eine entsprechende Begabung mitbringen, kann man ein Argumentationstraining anbieten, in dem gute Gründe für den Glauben erörtert werden. Solche Veranstaltungen können von mehreren Gemeinden gemeinsam regional durchgeführt werden. Ebenfalls hilfreich ist die Bereitstellung von apologetischer Literatur, von der man lernen kann, wie man sinnvoll und verständlich für den christlichen Glauben eintreten und die man ggf. auch weitergeben kann.[169]

Good Practice 6: Gesprächsfähigkeit fördern

Der Pastor einer Gemeinde will die Sprachfähigkeit seiner Gemeindemitglieder fördern und ihr Vertrauen in die Plausibilität des christlichen Glaubens erhöhen. Er bietet an mehreren Abenden ein Seminar an – mit dem Titel „Die Welt ist (nicht) genug: Warum Nicht-Glauben heute so einleuchtend ist und Glauben trotzdem Sinn macht". Zu den Gründen für den weitverbreiteten „gewohnheitsmäßigen Unglauben" zählen beispielsweise ein tief sitzendes „Negativbild von Kirche" oder Überzeugungen wie „Ich muss nicht an Gott glauben, um ein erfülltes Leben mit Bedeutung und Zufriedenheit zu führen". Diese und einige weitere Glaubenshindernisse[170] werden im Seminar jeweils anhand eines pädagogischen Dreischritts thematisiert.

- In einem ersten Schritt *„Zuhören"* geht es zunächst darum, sich ernsthaft in säkular geprägte Freunde und Nachbarn hineinzuversetzen, um besser nachvollziehen zu können, warum es für sie so selbstverständlich ist, nicht an Gott zu glauben.
- Der zweite Schritt *„Durchdenken und nach Antworten suchen"* zielt darauf, die entsprechenden Glaubenshindernisse auf ihre Überzeugungskraft zu prüfen. Gemeinsam wird überlegt, wie man bezogen auf die jeweilige Thematik weise und verständlich aufzeigen könnte, dass der christliche Glaube dennoch plausibel und gut begründbar ist.
- Schließlich bekommen die Teilnehmer in einem dritten Schritt *„Ins Gespräch kommen"* konkrete „Gesprächsstarter" bzw. „Einstiegsfragen" für die Glaubenskommunikation an die Hand.

Auf dem Seminarhandout finden sich zu den oben genannten Themen beispielsweise folgende „To-dos":

- Stelle deinen Freunden/Bekannten bei passender Gelegenheit die Fragen: „Welche Erfahrungen hast du bisher mit Kirche gemacht?" oder „Was stößt dich an der Kirche bzw. am Glauben ab?" Berichte (nach aufmerksamem Zuhören!) zeugnishaft davon, wie du Kirche erlebt hast und was dir Glaube bedeutet.
- Frage deine Freunde/Bekannten: „Was gibt deinem Leben Bedeutung?" oder „Warum denkst du, sind wir Menschen eigentlich nie wirklich endgültig zufrieden?" Eventuell ergibt sich daraus die Möglichkeit, demütig zu bekennen, was deinem Leben Bedeutung gibt und woraus du deine Zufriedenheit zu beziehen versuchst.

c) Wie kann das Befähigen erfolgen?

In den Beispielen ist bereits angeklungen, dass es unterschiedliche Wege gibt, wie Befähigung erfolgt. Die unterschiedlichen Wege lassen sich in drei Bereiche gliedern: Inspiration, Reflexion und Erfahrung.

Der Bereich der *Inspiration* beinhaltet Facetten, die ein Gemeindeglied zur Mission motivieren. Dazu gehört neben dem Stärken der missionarischen Leidenschaft (→ Kapitel 12) insbesondere das Vorbild. Gemeindeglieder benötigen Personen, Veranstaltungen und Berichte, die ihnen ein Bild eines missionarischen Lebensstils vermitteln. Eine gastfreundliche Gemeindekultur (→ Kapitel 14) mit gästesensiblen Gottesdiensten und kontextsensiblen Predigten ist nicht nur im Blick auf Gäste bedeutsam, sondern wirkt auch belebend und inspirierend für Gemeindeglieder und vermittelt anschaulich unterschiedliche Aspekte, die in die eigene missionarische Praxis integriert werden können. Das Gebet in der Gemeinde, dass Menschen zum Glauben finden, stiftet dazu an, auch in der persönlichen Fürbitte an die Mitmenschen zu denken. Ein Pastor, der sich entsprechend seiner Persönlichkeit und seiner Gaben in die Mission investiert, spornt durch sein Vorbild Gemeindeglieder zur Mission an. Gerade in diesem Bereich wäre es ein starkes Signal der Gemeindeleitung, wenn in einem pastoralen Arbeitsprofil auch Freiräume für missionarisches und evangelistisches Engagement bewusst integriert werden, sodass auch die Gaben des Pastors nicht nur innerhalb, sondern auch außerhalb der Gemeinde zur Entfaltung kommen können.

Good Practice 1: Pastorenprofil
Das Pastorenprofil einer Gemeinde hält fest, dass etwa ein halber Tag pro Woche für Beziehungen außerhalb der Gemeinde investiert werden soll. Der Pastor der Gemeinde überlegt sich, wie er das realisieren kann. Er tritt der lokalen freiwilligen Feuerwehr bei. Das hat zur Folge, dass sich viele Beziehungen im Dorf ergeben. Es entsteht Vertrauen zu ihm als Feuerwehrmann und dadurch auch als Pastor. So ist er nicht nur gefragt, wenn es brennt, sondern auch wenn dabei Menschen in existenzielle Krisen geraten.

Der Bereich der *Reflexion* umfasst diejenigen Aspekte des Gemeindelebens, die den Gemeindegliedern helfen, das Evangelium, die Kultur, ihre Mitmenschen und sich selbst besser zu verstehen. Seminare und Workshops sind hervorragende Wege, um solche Reflexionsprozesse zu initiieren und zu fördern. Dabei werden wesentliche Erkenntnisse aus der Erwachsenenbildung berücksichtigt, insbesondere die Selbststeuerung von Lernprozessen, aber auch die Würdigung des Wissens und der Erfahrungen, die die Gemeindeglieder mitbringen.[171] Seminare schaffen Räume, in denen sich die Teilnehmenden aktiv und interaktiv einbringen können, indem sie selbst miteinander ins Gespräch kommen und indem sie beim Erarbeiten von Lösungen mitwirken und mitgestalten.

Good Practice 2: Workshop Evangelisation von Senioren für Senioren
Eine Gemeinde beobachtet, dass durch evangelistische Veranstaltungen die Senioren in der Umgebung kaum erreicht werden und dass es in der Gemeinde zahlreiche Senioren gibt, die sich nicht so stark für die bisherigen evangelistischen Veranstaltungen engagie-

ren. Die Gemeindeleitung entscheidet sich daher, mit den Senioren der Gemeinde einen Workshop zu gestalten. Rund 30 Senioren nehmen am Workshop teil. Der Workshop enthält vier Phasen:

- Phase 1: *Motivation* – Auseinandersetzung mit einem biblischen Text zur Evangelisation.
- Phase 2: *Reflexion* – Senioren reflektieren und erzählen einander, was ihnen der Glaube bedeutet und welche ermutigenden und enttäuschenden Erfahrungen sie mit Evangelisation gemacht haben.
- Phase 3: *Ideen generieren* – Senioren entwickeln in Gruppen Ideen, wie sie mit ihren Mit-Senioren Beziehungen aufbauen und das Evangelium teilen können. Die Ideen werden auf Flipcharts festgehalten und im Plenum vorgestellt.
- Phase 4: *Konkretion* – Im Austausch über die Ideen werden diese verfeinert und angepasst. Mittels einer Rating-Methode wird eine Idee ermittelt, die die Senioren gerne umsetzen möchten.

Der Workshop führt zur Realisierung eines Projekts. Es wird ein mehrteiliges Seminar zum Umgang mit digitalen Medien (Internet, Smartphone, Social Media) angeboten. Im Rahmen des Seminars werden in Gruppenchats Themen besprochen, die die Gäste und die gemeindeeigenen Senioren einbringen können. So können auf natürliche Weise auch Gespräche über geistliche Fragen entstehen. Social-Media-Beziehungen, die im Seminar geknüpft werden, werden auch nach dem Seminar weiter gepflegt.

Learning by Doing

Der dritte Bereich der *Erfahrung* beinhaltet alle Angebote, die es ermöglichen, eigene Praxiserfahrungen zu sammeln. Dieser Bereich zielt auf das *Learning by Doing*. Man hilft beispielsweise bei einem evangelistischen Straßeneinsatz mit. Dabei kann man erfahrenen Personen über die Schulter schauen und einzelne Aufgaben ausprobieren. Die gemachten Erfahrungen werden in Gesprächen reflektiert. Mit der Zeit kann das Level der Selbsttätigkeit gesteigert und die Unterstützung reduziert werden, sodass Gemeindeglieder zu selbstständigem Handeln befähigt werden.

Gemeindeveranstaltungen mit unterschiedlichem Intensitätslevel (→ Kapitel 17) eröffnen vielfältige Möglichkeiten für Gemeindeglieder, sich einzubringen – sei es in der Vorbereitung oder Durchführung der Veranstaltung oder darin, die Veranstaltung zur Einladung von Mitmenschen zu nutzen. Solche Erfahrungen helfen, das evangelistische Potenzial der eigenen Persönlichkeit und der eigenen Gaben präziser wahrzunehmen. Erfahrungen im Bereich der Mission werden naturgemäß sehr unterschiedlich ausfallen. Manches ist ermutigend und hoffnungsvoll, manches ernüchternd und frustrierend. Es lohnt sich daher, Erfahrungen mit Reflexion zu verbinden, um sich nicht durch Enttäuschungen von der Teilhabe an Gottes großer Mission abbringen zu lassen.

Kapitel 17

Einladen:

Noch-nicht-Christen auf dem Weg zum Glauben begleiten

Die natürliche Anziehungskraft qualitativ guter Gottesdienste oder evangelistischer Sonderevents reicht in einem säkularen Kontext nicht aus; das ist schon mehrfach angeklungen. Wir können nicht mehr nur auf Programme setzen. Dennoch sollten wir uns auch hier davor hüten, das Kind mit dem Bade auszuschütten. Evangelistisch orientierte Veranstaltungen behalten zweifellos ihren Wert. Immer wieder zeigt sich: Ein Gemeindeleben, das Bekehrungen fördert, entsteht besonders dort, wo der beziehungsorientierte „Geh-Faktor" (das Hingehen, das „Missionale") und der anziehende „Komm-Faktor" (das Einladen, das „Attraktionale") keinen Gegensatz bilden, sondern fruchtbar miteinander verbunden werden (→ Kapitel 3; → Kapitel 10).[172]

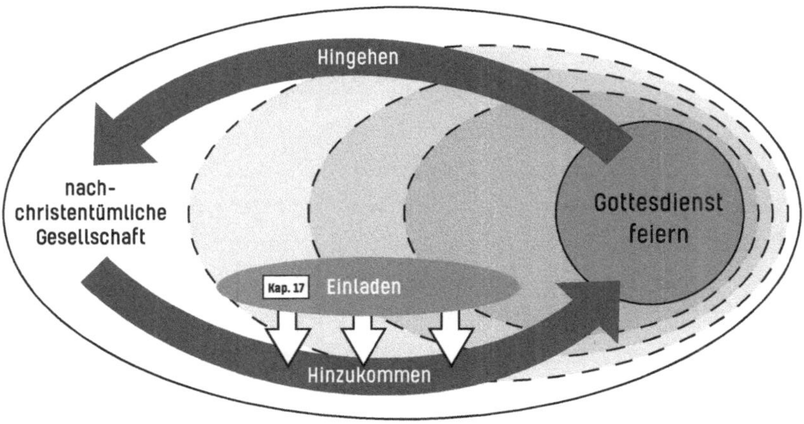

Was wir auf den folgenden Seiten entfalten, ist also aus unserer Sicht die notwendige Ergänzung der im vorherigen Kapitel ausführlich beleuchteten Befähigung zum Hingehen (→ Kapitel 16). Persönliche Kontakte und gemeindliche Angebote wirken dynamisch zusammen: Missionarisch leidenschaftliche und glaubensmäßig sprachfähige Gemeindemitglieder pflegen Freundschaften zu Menschen in ihrem Lebensumfeld – und laden diese dann zu gegebener Zeit zu unterschiedlichen, niederschwelligeren oder intensiveren evangelistischen Veranstaltungsformaten ein.

Wenn wir als Gemeinden im „Zusammenspiel" von Hingehen und Einladen Noch-nicht-Christen auf dem Weg zum Glauben begleiten wollen, gilt es einige Dinge noch zu bedenken. In diesem letzten Kapitel machen wir uns zunächst bewusst, dass es sich beim Christwerden heute vielfach um einen längeren Prozess handelt, der mit missionarischer Geduld begleitet werden muss (→ a). Anschließend nehmen wir die Möglichkeiten vielfältiger evangelistischer Angebote in den Blick, die in ihrer je eigenen Intensität auf unterschiedlichen Etappen des Glaubenswegs ihre Wirkung entfalten können (→ b). Schließlich fassen wir die Gesamtdynamik noch einmal zusammen (→ c).

a) Christwerden als Prozess

Wer sich mit unserer Gesellschaft auseinandersetzt, wird unschwer entdecken, dass der „christliche Grundwasserspiegel" gesunken ist und dass man christliches Grundwissen immer weniger voraussetzen kann (→ Kapitel 2). Daraus ergibt sich, dass der Weg zu einem überzeugten Christsein oft länger wird. Die punktuelle Erfahrung der Umkehr muss in einen längeren Prozess eingebettet werden. Gemeinden, denen es gelingt, andere Menschen neu mit dem Evangelium zu erreichen, geben Noch-nicht-Glaubenden die Möglichkeit, sich über *längere Zeiträume* mit den christlichen Glaubensinhalten auseinanderzusetzen.

Der Weg zum Christsein kann lang sein.

Das ist für die Kirche keine neue Situation. Im jüdischen Kontext waren die Voraussetzungen zunächst sehr gut gegeben, um in kürzester Zeit zu erfassen, was es heißt, dass Jesus der Messias ist. So ließen sich am Pfingsttag aufgrund einer einzigen Predigt 3000 Menschen taufen (Apg 2,41). Das Wirken des Geistes traf bei diesen Menschen auf einen vorbereiteten Boden. Als das Evangelium dann aber im heidnischen Raum Fuß fasste, hatte man immer mehr mit Menschen zu tun, die die entsprechenden religiösen und denkerischen Voraussetzungen nicht mitbrachten. Daher waren größere Anstrengungen nötig, um solche Menschen zum Christsein zu führen. In der Frühzeit der Kirche wurde daher das Katechumenat eingerichtet, eine Art Vorbereitungszeit auf den Akt der Umkehr und der Taufe, in der interessierte Personen mit den Grundwahrheiten des christlichen Glaubens und den damit verbundenen ethischen Lebensformen vertraut gemacht wurden.

Insofern lässt sich das Christwerden mit einer Liebesgeschichte vergleichen, in der es unterschiedliche Phasen gibt: Interesse aneinander – sich verlieben – einander besser kennenlernen – Heiratsantrag – Hochzeit. Wie auch immer die Phasen im Einzelnen gestaltet sind, dem Eheschluss geht eine längere Zeit der Annäherung voraus. Für die Evangelisation bedeutet das, dass eine Annäherungsphase nötig ist, um Jesus und den christlichen Glauben besser kennenzulernen, bevor es zum Bundesschluss mit Jesus kommt.

Der Missiologe James F. Engel hat modellartig einen solchen Weg entworfen.[173] Die ursprüngliche *Engel-Skala* geht von -8 bis +5, wobei die Null die Bekehrung markiert. Die negativen Zahlen beschreiben den Weg bis zur Umkehr, die positiven die weiteren Entwicklungen im Christsein. Neuerdings ist dieses Modell mehrfach erweitert und speziell auf den heutigen westlich-säkularen Kontext angepasst worden. Der Negativbereich beginnt dann häufig bereits weiter vorne bei Stufe -9 oder -10, die einen grundsätzlich areligiösen Menschen ohne jegliches Bewusstsein für Gott beschreiben, dessen Moralempfinden recht willkürlich auf den vorhandenen kulturellen Normen beruht. Ab Stufe -7 sind Menschen prinzipiell offen für den Glauben an Gott. Was konkrete Glaubensinhalte angeht, sind sie allerdings noch sehr uninformiert und es herrscht mitunter eine sehr negative Grundstimmung gegenüber der Kirche als Institution. Unterschiedlich starke religiöse Sehnsüchte drängen sich in den Vordergrund. Die Stufe -5 beschreibt eine positive Grundeinstellung gegenüber dem Evangelium. In dieser Phase erscheinen christliche Glaubensinhalte zunehmend plausibel und Menschen fühlen sich immer stärker von der christlichen Gemeinschaft angezogen. Ab Stufe -3 würde man von geistlich Suchenden sprechen, die vom Evangelium persönlich betroffen und inzwischen mehr und mehr vom Wahrheitsgehalt des christlichen Glaubens überzeugt sind. Durch Buße und Glauben kommt es schließlich zur Bekehrung.

Phasen der Glaubensentwicklung

Auch wenn eine solche Skala etwas zu schematisch sein mag, hilft sie uns doch zu verstehen, dass Evangelisation gerade in unserem säkularisierten Kontext nicht nur auf die Schwelle von -1 zu 0 ausgerichtet sein kann.

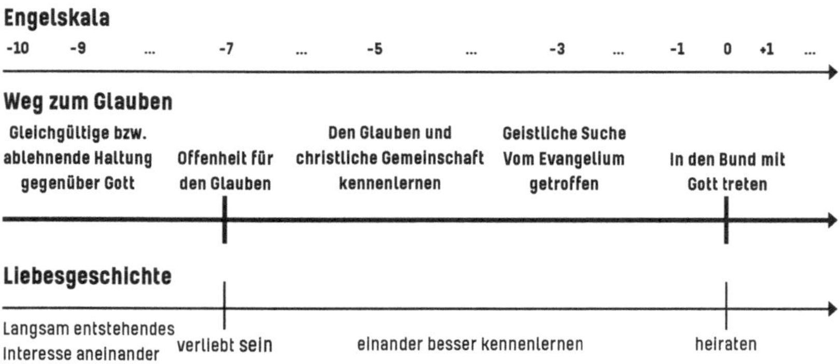

Es ist genauso die Aufgabe der Kirche, langfristige Grundlagenarbeit zu leisten, damit Menschen überhaupt ein Verständnis für das Evangelium entwickeln können. Deshalb ist es so wichtig, dass gastfreundliche Gemeinden es suchenden Noch-nicht-Christen ermöglichen, den Glauben in Gemeinschaft auch über längere Zeiträume „auszuprobieren" (→ Kapitel 14). Gerade die Erfahrung, dass man nicht ausgeschlossen wird, sondern schon dazugehören und sich mit den eigenen Gaben einbringen kann, hilft suchenden Menschen (ungefähr ab Stufe -5), den Glauben weiter zu entdecken.

Doch bei dieser Art des „belonging before believing" (→ Kapitel 3d) kann leicht der Eindruck entstehen, dass bereits die regelmäßige Teilnahme am gemeindlichen Leben die Zugehörigkeit zum Leib Christi bewirkt. Wo Menschen ohne entsprechendes Bekenntnis allzu leichtfertig für den christlichen Glauben vereinnahmt werden, täuschen wir im Blick auf ihre Gottesbeziehung womöglich falsche Tatsachen vor. Damit ist dann auch die Identität von Kirchen und Gemeinden bedroht (→ Kapitel 6). Darum sollte immer wieder umso klarer und einfühlsamer betont werden, dass die Grenze zwischen Glauben und Nicht-Glauben tatsächlich bewusst überwunden werden muss. Sonst werden Gemeindebesucher zu „Dauergästen", die im Negativbereich der Engel-Skala hängen bleiben, ohne dass eine wirkliche Bekehrung hinein in die Gemeindefamilie stattfindet.

Doch ungeachtet dieser möglichen Gefahr gilt: Weil der Prozess des Zum-Glauben-Kommens heute vielfach länger dauert als noch vor wenigen Jahrzehnten, braucht es missionarische Geduld, einen langen Atem und die Bereitschaft, Menschen durch eine Reihe von kleinen Einzelentscheidungen innerhalb einer offenen Gemeinschaft hin zum Glauben zu begleiten. Gemeinden, die die Zukunft missionarisch klug gestalten, bieten Suchenden einen gastfreundlichen Ort des Dazugehörens, um sie dann schrittweise, aber gezielt, zur Umkehr und Hinwendung zu Gott und hinein in ein Leben in verbindlicher Nachfolge Jesu zu führen.[174]

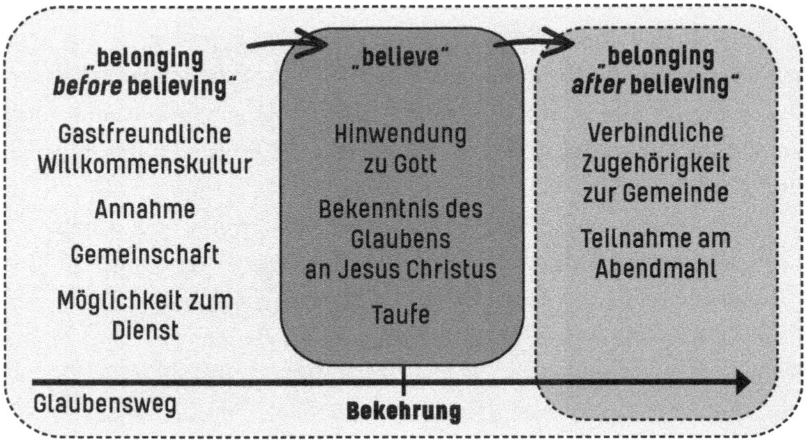

b) Evangelistische Veranstaltungsformate unterschiedlicher Intensität

Weil Christwerden ein Prozess ist, brauchen wir entsprechend vielfältige evangelistische Formate, die sich den verschiedenen Etappen eines Glaubensweges zuordnen lassen. Weil viele Zeitgenossen erst aus größerer Glaubens- und Kirchenferne an christliche Inhalte herangeführt werden müssen, können einzelne Veranstaltungen heute nicht alles leisten. Der Glaubensweg verläuft häufig in Etappen, deshalb braucht es unterschiedliche Veranstaltungstypen. So können Menschen gezielt dort angesprochen und abgeholt werden, wo sie glaubensmäßig stehen, und es werden immer wieder kleine Denk- und Entscheidungsschritte angestoßen, die bis zum Punkt der Bekehrung hinführen.

Eine breite evangelistische „Angebots-palette"

Im Blick auf diese verschiedenen Veranstaltungsformate lassen sich drei grundsätzliche Kategorien nach ansteigender evangelistischer Intensität und theologischem Gehalt unterscheiden:

1. natürliche Begegnungsflächen und niederschwellige Angebote,
2. punktuelle Veranstaltungen mit deutlichem Glaubensbezug und
3. Glaubenskurse und gästesensible Gottesdienste.

Die einzelnen Kategorien setzen bei der Zielgruppe ein unterschiedlich großes Interesse am christlichen Glauben voraus. Die Veranstaltungstypen sind allerdings nicht zwangsläufig im Sinne einer aufeinander aufbauenden Abfolge zu verstehen, die im Idealfall in einer bestimmten Reihenfolge durchlaufen werden müssten, sondern im Sinne einer breiten „Angebotspalette“, die missionarischen Gemeinden (je nach Ressourcen) viele Optionen bietet, um Menschen mit unterschiedlichen Startvoraussetzungen zu nächsten Glaubensschritten einzuladen. In Verbindung mit den prozessorientierten Angeboten, die wir hier ausführlicher vorstellen, können punktuelle evangelistische Großveranstaltungen wie „ProChrist“, „Life on Stage“ oder sonstige örtliche Evangelisationswochen ihre Wirkung besonders gut entfalten. Solche Großveranstaltungen haben den Vorteil, dass das Evangelium öffentlichkeitswirksam präsentiert wird, dass Gemeinden zusammenarbeiten, dass Christen in ihrem evangelistischen Engagement gefördert und motiviert werden und dass der Schritt zum Glauben (von -1 zu 0) klar adressiert wird. Bei der folgenden Auswahl legen wir den Schwerpunkt auf diejenigen Elemente des evangelistischen Repertoirs, die besonders auf einen nach-christentümlichen Kontext ausgerichtet sind:

1) Natürliche Begegnungsflächen und niederschwellige Angebote

- *Bewusst geplante Unternehmungen*, bei denen Noch-nicht-Christen auf natürliche Weise mit Christen in Berührung kommen. Hier reicht das Spektrum von sozial-diakonischen Initiativen, bei denen man unabhängig von der jeweiligen Glaubensüberzeugung gemeinsam dem Umfeld dient (Flüchtlingshilfe, Nachbarschaftshilfe, Tafel usw.), über Sportangebote in der Gemeinde bis hin zu Freizeitaktivitäten von Gemeinde-Kleingruppen, zu denen man Freunde und Bekannte einlädt.
- *Gemeindefreizeiten* als gute Gelegenheit, um Freunde mit der Gemeinde in Kontakt zu bringen. Solche Freizeiten sollten nicht nur als gemeindeinterne Veranstaltungen angekündigt werden, sondern als gute Möglichkeit, Freunde einzuladen. Selbst wenn nichtglaubende Gäste

an den thematischen Einheiten nicht teilnehmen, erleben sie „drumherum“ doch christliche Gemeinschaft hautnah (→ Kapitel 10; → Kapitel 14) und erhalten in persönlichen Gesprächen „zwischendrin“ wesentliche Glaubensimpulse.

- *Angebote für eine breitere Öffentlichkeit*: Hier wäre an Sommerlager zu denken, die auch für gemeindefremde Kinder und Jugendliche offenstehen, oder an einen Winterspielplatz, bei dem Gemeinden in den ungemütlichen Wintermonaten wöchentlich ihre Räumlichkeiten in einen Indoor-Spielplatz verwandeln und auf lokaler Ebene Eltern mit jüngeren Kindern dazu öffentlich einladen.
- *Veranstaltungen für spezielle Zielgruppen* (z. B. Menschen in bestimmten Lebenssituationen oder mit besonderen Interessen): Das können Kunstaustellungen sein, auf denen der Künstler den Einfluss des Glaubens auf seine Kunst erklärt, Vorträge zu Erziehungsthemen für Eltern oder Netzwerktreffen für Geschäftsleute, bei denen sich Christen am Erfahrungsaustausch beteiligen.

Bei diesen Veranstaltungsformaten besteht das Ziel darin, Menschen, die dem christlichen Glauben noch fernstehen, positive Begegnungen mit Christen zu ermöglichen und den Glauben insgesamt als positiv und für das Leben relevant zu präsentieren.

Good Practice 1: Offene Kleingruppen

Eine große Gemeinde ist in Kleingruppen strukturiert, die sich wöchentlich treffen, um sich gegenseitig Anteil am Leben zu geben, Bibel zu lesen und mit- und füreinander zu beten. Mindestens alle zwei Monate wird dieser Modus bewusst unterbrochen: Man verabredet sich als Gruppe zu einem Spieleabend, einem Samstagnachmittag am See, einem Grillabend oder zum Wandern. Diese Aktivitäten sollen als „Einstiegspunkte“ hinein in die christliche Gemeinschaft dienen, zu denen die Teilnehmer der Kleingruppe gezielt ihre Freunde und Bekannten einladen. Auch wenn nicht immer jemand Neues dazustößt, wird so das evangelistische Anliegen in der Gemeinde wachgehalten.

Good Practice 2: Sportangebot in den Gemeinderäumen
In einer ostdeutschen Freikirche bietet eine Physiotherapeutin einen ihrer Jumping-Fit-Kurse mittwochs abends in den Gemeinderäumen an. Die Hälfte der Teilnehmer gehört zur Gemeinde, die anderen sind gemeindefremd. Durch den beeindruckenden Einsatz der Gemeinde in mehreren sozialen Initiativen haben viele ihre Berührungsängste merklich abgebaut und sich zu diesem Sportangebot einladen lassen. Mareike wurde von ihrer Nachbarin Steffi auf den Kurs aufmerksam gemacht. Das letzte Mal war sie als Kind mit ihrer Großmutter in einer christlichen Kirche. Mareike empfindet die Atmosphäre im Gemeindehaus als „irgendwie besonders", immer wieder ergeben sich nach dem Sport auch gute Gespräche. Neulich fiel ihr im Foyer die Einladung zu einem Entdeckerkurs ins Auge. Vorsichtig fragt sie Steffi: „Meinst du, ich könnte da mal reinschnuppern? Auch wenn ich von Jesus und Bibel und so keine Ahnung habe?" Mareike ist dankbar, als Steffi ihr anbietet, sie zum ersten Kurstreffen zu begleiten.

Good Practice 3: Sommerlager mit ergänzenden Vorträgen zu Erziehungsthemen
In den Sommerferien bietet eine Gemeinde mit Unterstützung einer christlichen Organisation ein 10-tägiges Zeltlager für junge Teenager an. Ein großes Kontingent an Plätzen ist für Freunde und Klassenkameraden von Gemeindekindern reserviert. Für viele erwerbstätige Eltern ist dieses Angebot eine echte Entlastung, für die

sie der Gemeinde sehr dankbar sind. Für die Wochen nach den Sommerferien hat die Gemeinde zwei Vorträge eines angesehenen Kinder- und Jugendpsychologen angesetzt zu den Themen „Gelassen durch stürmische Zeiten: Erziehen in der Pubertät" und „Herausforderungen des Instagram-Zeitalters: Wie soziale Medien unsere Kinder prägen". Zu diesen Vorträgen, in die der Referent auch immer wieder seine christliche Perspektive einfließen lässt, werden am Ende des Sommerlagers alle Eltern eingeladen. Einige gemeindefremde Elternteile zeigen im Anschluss an die Vorträge ein wachsendes Interesse an der Gemeinde. Am Ende der Abende lädt die Leiterin des Sommerlagers zu den sonntäglichen Gottesdiensten ein. Dort startet demnächst eine kleine Predigtreihe zum Thema „Erziehen mit Vision". So schafft man einen weiteren natürlichen Anknüpfungspunkt an die Lebenssituation der Zielgruppe und bietet Außenstehenden gleichzeitig die Chance, einen authentischen Gemeindegottesdienst mitzuerleben.

2) Punktuelle Veranstaltungen mit deutlichem Glaubensbezug

- *Dialogveranstaltungen*, bei denen Behauptungen des christlichen Glaubens diskutiert werden können. Die christliche Sicht ist dabei nur eine unter mehreren. Verschiedene Sichtweisen werden mit gleichen Redeanteilen präsentiert und ins Gespräch gebracht. Vorstellbar wären z. B. Dialoge zu ökologischen Fragen aus muslimischer, jüdischer, christlicher und säkularer Sicht oder zur Entstehung der Welt aus der Perspektive unterschiedlicher Weltanschauungen.
- *Diskussionsforen*, bei denen ein kompetenter christlicher Redner einen Vortrag zu einer theologischen Frage oder einer verbreiteten Anfrage an den christlichen Glauben hält, z. B. zu Themen wie „Wie kann ein liebevoller Gott so viel Leid zulassen?" oder „Wie kann man an Gott glauben, wenn die Kirche für so viel Unrecht verantwortlich ist?", jeweils mit anschließender Möglichkeit zu Fragen und Diskussion.

- *„Wer wir sind"-Formate*, die Menschen aus dem Umfeld die Möglichkeit geben, die Gemeinde kennenzulernen und eventuell vorhandene Vorbehalte v. a. gegenüber Freikirchen abzubauen.
- *Gebets- und Segensangebote*, durch die Menschen die freundliche Zuwendung Gottes in konkreten Lebenssituationen erfahren können, auch besonders in krisenhaften Zeiten. Das könnte z. B. ein offenes Gemeindegebäude sein, in dem zu bestimmten Zeiten Seelsorger bereitstehen, um mit Personen zu beten und sie zu segnen.

Diese Veranstaltungsformate zielen spezifischer auf Glaubensthemen ab als in der vorigen Kategorie. Sie setzen bereits ein gewisses Interesse an religiösen Fragen voraus und ermöglichen – immer noch aus einer gewissen Distanz – eine intensivere Auseinandersetzung mit dem christlichen Glauben.

Good Practice 1: Ein Stephen-Hawking-Abend

Im konfessionslosen Ostdeutschland hat die Wissenschaft als Leitinstanz großen Einfluss auf die Weltanschauung. Eine Gemeindegründung im urbanen Kontext bietet daher in einem bekannten Café einen Stephen-Hawking-Abend an, und zwar am 14. März, dem Todestag des berühmten Physikers. Im Rahmen einer moderierten Dialogveranstaltung beleuchten ein querschnittsgelähmter Student, ein agnostischer Physikprofessor der örtlichen Universität und der Gemeindegründer als Theologe das Leben Stephen Hawkings aus unterschiedlichen Perspektiven. Das Café ist voll besetzt. Im Anschluss an die Redebeiträge sind Fragen aus dem Publikum möglich, die (angeregt durch die Impulse des Gemeindegründers) auch das Verhältnis von Glauben und Wissenschaft betreffen. Die Gründungsinitiative bleibt als Veranstalterin zwar dezent im Hintergrund, rückt aber dennoch an diesem Abend innerhalb des Stadtviertels stärker ins Bewusstsein. Einige Wochen später besuchen einige bisher kirchenferne Gäste die Open-Air-Gottesdienste und es stellt sich heraus, dass sie am Stephen-Hawking-Abend zum ersten Mal von dieser jungen christlichen Gemeinschaft gehört haben.

Good Practice 2: Einblick-Abende

Eine Gemeinde in einer Kleinstadt hat vor Kurzem ein neues, recht großes Gemeindehaus eingeweiht. Es soll auch als kulturelles Veranstaltungszentrum dienen, das man mieten kann. Auch die Lokalpresse hat davon Notiz genommen. In der Folge werden Gemeindemitglieder in ihrer Nachbarschaft oder auf der Arbeit immer öfter auf die Gemeinde angesprochen: „Wie habt ihr denn einen solchen Neubau gestemmt? Und was ist denn das genau – eine Freikirche?" Teilweise schwingt auch der gängige Sektenverdacht mit. Die Gemeindeleitung entschließt sich, sehr offensiv mit diesen Fragen umzugehen, und entwickelt das Format sogenannter „Einblick-Abende". Dabei wird die Öffentlichkeit zu lokalem Wein und Käse ins neue Gemeindezentrum eingeladen (→ Kapitel 14). Unter der Rubrik „Woher wir kommen" wird neben der konkreten Geschichte der Gemeinde auch transparent erklärt, was unter einer evangelischen Freikirche zu verstehen ist und dass Freikirchen bereits seit der Reformationszeit in dieser Region verankert sind. Unter der Rubrik „Was wir glauben" versucht man zu vermitteln, dass der christliche Glaube etwas mit unseren tiefsten menschlichen Sehnsüchten zu tun hat (→ Kapitel 8). Im anschließenden Diskussionsteil wird die Frage gestellt, ob man denn nun auch mal einen „richtigen Gottesdienst" besuchen dürfe. Immer wieder äußern Gäste auch, sie seien zwar nicht „gläubiger" geworden, stünden der Gemeinde aber nun weit weniger skeptisch gegenüber.

3) Glaubenskurse und gästesensible Gottesdienste

- *Biografisch orientierte Kurse*, die postmodernen, kaum noch christlich sozialisierten Menschen einen Zugang zum Glauben ermöglichen, indem sie der Geschichte und Bedeutung des eigenen Lebens nachspüren. Ein Beispiel wäre der *MyLife-Workshop*, der aus der Perspektive des Evangeliums tiefe Gespräche über das Leben ermöglicht.[175]
- *Entdeckerkurse* in unterschiedlichen Formaten, die säkularisierten Menschen die Möglichkeit geben, in einem geschützten Rahmen Fragen zu stellen, Einwände gegen den Glauben zu diskutieren, mit dem Leben und Wirken von Jesus vertraut zu werden und in der Bibel persönliche Entdeckungen zu machen. Zu den bewährten Formaten zählen das „Christsein Entdecken“-Material[176], das Entdeckerbibelstudium (EBS)[177] oder thematisch individuell orientierte Kurse[178].
- Auch der *Alpha Kurs* hat sich vielerorts als evangelistisch wirksamer Glaubenskurs für „Sinnsucher“ erwiesen.[179] Er scheint stellenweise einen etwas höheren christlichen Grundwasserspiegel vorauszusetzen als die eben genannten Entdeckerkurse und verbindet jeweils eine gemeinsame Mahlzeit mit einem biblisch-theologischen Impuls und anschließendem Gespräch.
- In *Predigten in gästesensiblen Gottesdiensten* wird der christliche Glaube und seine Auswirkungen auf das persönliche Leben erklärt (vgl. dazu ausführlicher → Kapitel 15).

Diese Veranstaltungsformate sind am zeitintensivsten und erfordern eine höhere Eigenmotivation. Die verschiedenen evangelistischen Glaubenskurse setzen an verschiedenen Stellen der Glaubensentwicklung an. Gemeinsam ist ihnen (bei aller gebotenen missionarischen Geduld) das Anliegen, die Teilnehmer gezielt zu einer Entscheidung für Jesus hinzuführen.

Good Practice 1: Entdeckerkurs

Eine Gemeinde bietet mehrmals im Jahr einen Entdeckerkurs an, der im Normalfall sechs Abende umfasst. Ein entsprechendes evangelistisches Angebot soll sich jeweils zeitnah anschließen. Die Abende werden von zwei Personen geleitet, die darin geübt sind, den Glauben argumentativ zu vertreten. Gemeindemitglieder nehmen nur dann teil, wenn sie eine noch-nicht-glaubende Person mitbringen, damit es zu keinem Überhang von Insidern kommt. Die Abende finden immer an einem „neutralen Ort" statt (meist einem Nebenraum eines Cafés oder einer Kneipe), um die Hemmschwelle für potenzielle Besucher zu senken. Die einzelnen Abende beginnen mit einem kleinen Snack, weil auch hier Tischgemeinschaft Vertrauen schafft und zu einer lockereren Atmosphäre beiträgt (→ Kapitel 14).

Meist wird eines von den drei Oberthemen behandelt: „Wer ist Jesus ... und was hat er mit uns zu tun?", „Zweifelsfall – Intelligente Skeptiker ringen mit intelligenten Fragen" oder „Sehnsüchte des Herzens". Bei jedem Treffen wird sich dabei anhand von Bibeltexten, Zitaten und Fragen auf einem Handout über ein Unterthema ausgetauscht und diskutiert.[180] Im Unterschied zu anderen Formen von Glaubenskursen wird hier auf längere Predigten oder Vorträge verzichtet. Den Teilnehmern wird zu Beginn des Kurses ausdrücklich die Garantie gegeben, dass jeder fragen darf, was er möchte (wenn auch nicht jede Frage zwangsläufig gleich im Verlauf des Abends beantwortet wird), dass jeder, der das wünscht, auch zu Wort kommt und dass niemand für seine Sichtweisen oder Überzeugungen belächelt oder gar verurteilt wird. Bereits auf den Kurs-Einladungen steht: „Alle deine Fragen haben Raum – ganz egal, von welchem Punkt du startest und was dich beschäftigt. Alles darf gesagt werden, alles darf gefragt werden, solange der Glaube und die Meinung der anderen respektiert wird."

Die Gemeinde hat die Erfahrung gemacht, dass bei diesem Format eine geistlich dynamische Atmosphäre entsteht, in der sich gerade auch noch sehr glaubensferne Teilnehmer überaus ehrlich mit Fragen, Zustimmung und Widerspruch am Gespräch beteiligen. Die Entdeckerkurse haben den Vorteil, dass sie auf Schwierigkeiten und Einwände, die Teilnehmer im Blick auf den Glauben haben, direkt und offen eingehen können. Gleichzeitig kann man die inhaltlich vorgegebenen Leitplanken nutzen, um die Fragen zu besprechen, deren Beantwortung für die Glaubensentwicklung der Teilnehmer von entscheidender Bedeutung ist. In den vergangenen Jahren sind mehrere, kaum christlich sozialisierte Menschen in dieser Gemeinde zum Glauben gekommen. Sie bestätigen auf Nachfrage, dass die Entdeckerkurse eine wichtige Schlüsselstation auf ihrem persönlichen Weg zum Glauben waren.

Good Practice 2: Themenabende zu den großen kirchlichen Festen

Auch im säkularen Umfeld sind die großen kirchlichen Feste nach wie vor kulturell verankert. Auch Personen, die mit den Festen nicht vertraut sind, sind mit ihnen konfrontiert, z. B. durch entsprechende Werbung, Produkte im Supermarkt oder Erfahrungen ihrer Kinder im Kindergarten. Eine Gemeinde nimmt das zum Anlass, Themenabende zu Weihnachten, Karfreitag, Ostern und Pfingsten durchzuführen.

Dabei gibt es zahlreiche Ansatzmöglichkeiten, z. B. bei den unterschiedlichen Erfahrungen mit entsprechenden Feiern in der Familie und/oder Kirche. Zutiefst menschliche Lebensthemen, die in diesen Festen aufleuchten, wie Geburt, Tod, Erneuerung, Liebe, Hoffnung oder Kraft, bieten hervorragende Anknüpfungspunkte, um die spezifisch christlichen Inhalte zur Sprache zu bringen.

Die Themenabende lassen sich auch je nach zeitlicher Anordnung mit entsprechenden Feierformen verbinden, sodass persönliche, inhaltliche und rituelle Facetten zusammenspielen und Kopf und Herz gleichermaßen angesprochen werden.

c) Einladende Gemeindepraxis kompakt

Missionarisch wirksame Gemeinden haben verinnerlicht, dass in einem nach-christentümlichen Kontext der lange Weg hin zum Glauben immer häufiger aus kleinen Einzelschritten besteht. Deshalb denkt man prozesshaft und entwickelt kreativ ein vielfältiges Spektrum an evangelistischen Zugängen. Jeder dieser Einstiegspunkte ist eine Einladung an Außenstehende, sich von ihrem persönlichen geistlichen Startpunkt aus intensiver mit dem christlichen Glauben auseinanderzusetzen und sich im Zuge dessen auch der christlichen Gemeinschaft anzunähern. Für kleinere Gemeinden mit begrenzten Ressourcen bietet es sich an, aus jedem Veranstaltungstyp ein passendes Format auszuwählen. Auch regionale Kooperationen mit anderen Gemeinden ähnlicher Prägung können eine Hilfe sein. Es lohnt sich auf jeden Fall, in die Schulung von Mitarbeitern zu investieren, die dann die nötige theologische und apologetische Kompetenz mitbringen, um entsprechende Angebote evangelistisch zielführend zu leiten.

Prozesshaft denken

Klar ist: In unserer kirchen- und glaubensfernen Gesellschaft wächst die Bedeutung der Veranstaltungstypen der Kategorien (1) und (2). Und im Blick auf die Angebote mit einem explizit christlichen Inhalt zeigt sich: Je säkularisierter die Zielgruppe, desto eher eignen sich Formate, die die aktive Beteiligung der Teilnehmer fördern und nicht nur auf frontale Inhaltsvermittlung setzen.[181] Wirkungsvoller sind kleinere Gruppen, die flexibel und doch zielorientiert wesentliche Glaubensinhalte und Glaubenshindernisse gemeinsam „erkunden“. Noch-nicht-glaubende Personen, die sich vorsichtig für das Evangelium öffnen, schätzen ein Setting, in dem sie mit ihren bisherigen Glaubens- und Wertepositionen respektvoll gehört, aber gleichzeitig einfühlsam herausgefordert werden, wichtige Fragen zu stellen und neue Blickwinkel einzunehmen.

Allerdings sollten wir nicht vergessen: Jedes noch so gute Veranstaltungsformat entfaltet seine Wirkung nur, wenn leidenschaftliche, Jesusliebende, glaubensmäßig überzeugte Bezugspersonen (→ Kapitel 12) im Vorfeld ausdauernd in tragfähige und vertrauensvolle Beziehungen investiert haben (→ Kapitel 16) und sich ausgehend von gästesensiblen Gottesdiensten ein „Klima des Einladens und Mitbringens" entwickelt hat (→ Kapitel 15c).

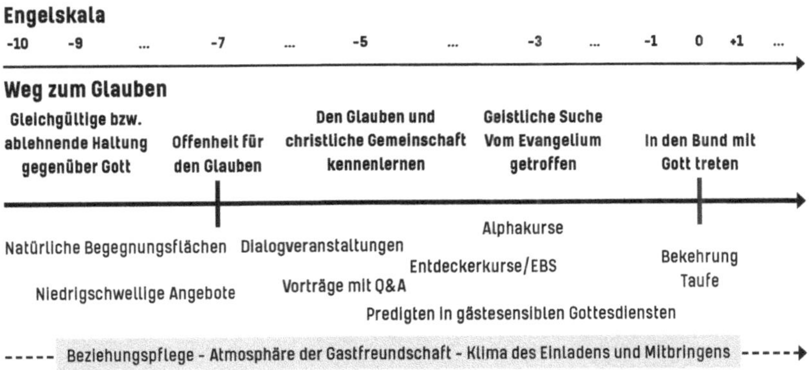

In der Praxis könnte die in diesem Kapitel beleuchtete Gesamtdynamik nun beispielsweise so aussehen:[182] Eine Gemeinde bemüht sich, auf vielfältige Weise natürliche Begegnungsflächen mit Noch-nicht-Christen zu schaffen. Durch die entstehenden Kontakte weicht bei einigen Außenstehenden die Abwehrhaltung gegen den christlichen Glauben zunehmend auf („Irgendetwas ist hier", „Da könnte was dran sein"). Schließlich lädt die Gemeinde zu einer Vortragsreihe ein. Die Vorträge thematisieren gesellschaftliche Vorbehalte gegen den christlichen Glauben und präsentieren das Evangelium von Jesus als Antwort auf die tiefsten menschlichen Sehnsüchte. An den Abenden werden Menschen, die jetzt ein stärkeres Interesse an Jesus verspüren („Irgendwie brauche ich das, aber kann ich das glauben?"), nicht direkt zur Bekehrung aufgerufen, sondern zu einem Glaubenskurs eingeladen. Der Glaubenskurs hat dabei die gleiche Funktion wie in der Alten Kirche der Taufunterricht bzw. das Katechumenat. Die Grundwahrheiten des Glaubens werden vermittelt. Es gibt viel Raum für kritische Fragen und Diskussionen. Vorbehalte und Zweifel werden ausgeräumt („Die Bibel ist wirklich wahr", „Jesus ist wirklich auferstanden"). Der Glaubensweg ist eingebettet in eine soziale Gemeinschaft, in der man miteinander redet und isst. Der Kurs mündet in einen Taufgottesdienst. Wer den Ruf von Jesus vernommen hat und bewusst in seine Nachfolge eintreten will („Ich lasse mich darauf ein"), hat so die Möglichkeit, öffentlich den Bund mit Gott einzugehen. Dieses prozesshafte Verständnis des Christwerdens entlastet evangelistische Angebote von emotionalen, manipulativ aufgeladenen Spontanreaktionen und ermöglicht informierte und überlegte Entschlüsse zur Jesusnachfolge. So fallen Umkehr und Taufe zeitlich zusammen – ein zusätzlicher Vorteil.

Epilog:

Plädoyer für einen hoffnungsvollen Realismus

„*Gemeinde mit Mission*" – das ist ein Geschenk Gottes. Sie beginnt und endet nicht mit missionarischen Programmen, sondern lebt aus der Gnade und der Verheißung Gottes. Wir sind überzeugt davon: Diese Sichtweise ist die Grundlage für eine gesunde und gelassene Einstellung zu missionarischem „Erfolg". Daher beenden wir unsere Überlegungen über unsere gesellschaftliche Situation und unsere Gemeindepraxis mit einem leidenschaftlichen Plädoyer für einen hoffnungsvollen Realismus, der die nüchterne Betrachtung der Wirklichkeit mit einer zuversichtlichen Orientierung an Gottes Verheißungen verbindet.

Hoffnung & Realismus

Diese realistische und gleichzeitig hoffnungsvolle Ausrichtung passt zum Gleichnis Jesu von der Saat, die auf vielerlei Boden fällt (Mt 13,1-9.18-23). Man kann das vierfache Ackerfeld als „Normalfall" der heutigen missionarischen Erfahrung betrachten. Jesus lässt keinen Zweifel daran, dass die Botschaft des Evangeliums reichlich „ausgesät" werden soll. Er macht aber auch deutlich, dass die Mehrheit der Menschen nicht hören will oder nicht versteht. Einige reagieren lediglich oberflächlich und viele lassen sich nicht dauerhaft in die Nachfolge rufen. Das deckt sich mit der Erfahrung vieler, die heute im Bereich des missionarischen Gemeindeaufbaus oder der Gemeindegründung aktiv sind. Wer diese Perspektive ausblendet, wird der Realität unseres gegenwärtigen säkularen Kontexts nicht gerecht. Doch der eigentliche Sinn und Zweck des „Säens" besteht darin, dass ein Teil der Saat auf guten Boden fällt und in der Folge vielfältige Frucht bringt. Durch diese Verheißung wird der angemessene Realismus durch eine unentbehrliche Perspektive der Hoffnung ergänzt. Die realistische Betrachtung des Normalfalls und die Ausrichtung auf eine hoffnungsvolle Vision schließen sich nicht aus.

Hoffnung: Gemeinden mit Mission leben jenseits von Eden als zuversichtliche Pilger in der Wüste und als hoffnungsvolle Priester im Exil (→ Kapitel 9). Dabei werden sie durch die Verheißung motiviert, dass Gott selbst seine Gemeinde gegen alle Widerstände baut (Mt 16,18) und die Gemeinde einer herrlichen Zukunft entgegengeht (Offb 21,3). Beflügelt von dieser Vision und in der Kraft des Heiligen Geistes (Apg 1,8) bezeugen wir Jesus Christus als Erlöser und Herr und verlieren das Ziel nicht aus den Augen, dass kirchen- und glaubensferne Menschen zum Glauben finden.

Realismus: Gemeinden mit Mission nehmen nüchtern wahr, dass in den gegenwärtigen gesellschaftlich-kulturellen Verhältnissen viele Zeitgenossen den christlichen Glauben nicht besonders plausibel finden (→ Kapitel 2). In einer nach-christentümlichen Zeit spricht wenig für großes zahlenmäßiges Gemeindewachstum. Diese realistische Sicht hilft uns, nicht an überbordendem Erwartungsdruck zu ersticken und mit Freude die eigene Identität als Teil der „einen, heiligen, katholischen und apostolischen Kirche" (→ Kapitel 6b) zu bewahren – auch dann, wenn die zählbaren Bekehrungserfolge und das Gemeindewachstum überschaubar bleiben.

Wenn Gemeinden es schaffen, *Hoffnung* und *Realismus* zusammenzubringen, verfallen sie nicht in fatalistische Lethargie oder Rückzugsmentalität. Sie lassen sich weder durch den säkularen Kontext entmutigen noch durch offenkundig geringes Wachstum. Sie definieren sich nicht über zählbaren Erfolg und messen die Erfüllung des Missionsauftrags (Mt 28,19) nicht ausschließlich an Resultaten, sondern stellen sich mit Geduld und Durchhaltevermögen den gegebenen missionarischen Herausforderungen. Sie reflektieren ihre gemeindliche Praxis angesichts eines veränderten Kontexts selbstkritisch und reformieren sie wo nötig. In

Schwachheit und Demut investieren sie viel Energie in einen nach außen gerichteten, kontextsensiblen Gemeindeaufbau.

Die Gemeinde hat den Auftrag, in einem säkularen Kontext Menschen mit Gott zusammenzuführen – so lautete die Hauptthese dieses Buchs. Die Herausforderungen einer missionarischen Gemeindepraxis in der heutigen Zeit dürften beim Lesen deutlich geworden sein. Wir machen uns keine Illusionen: Gemeinde mit Mission – das erfordert intensives Nachdenken und kostet Kraft und Einsatz. Wir wissen, dass es keine simplen Rezepte für eine positive Gemeindeentwicklung gibt. Nur mit einer optimierten Gemeindepraxis allein ist es nicht getan. Wenn die Anregungen in diesem Buch dennoch dazu anstiften, über Mission nachzudenken und bewusst Wege zu gestalten, wie Gott und Mensch zusammenkommen können, freut uns das sehr. Uns allen gilt der ermutigende Zuspruch, der in der Auferstehungshoffnung gründet:

„Darum, meine lieben Brüder und Schwestern,
seid fest und unerschütterlich
und nehmt immer zu in dem Werk des Herrn,
denn ihr wisst, dass eure Arbeit
nicht vergeblich ist in dem Herrn."
(1Kor 15,58)

Anmerkungen

1 Vgl. Helge Stadelmann/Stefan Schweyer, *Praktische Theologie: Ein Grundriss für Studium und Gemeinde*, Gießen: Brunnen, 2. überarb. und aktualisierte Aufl. 2020, 3-4.

2 Vgl. exemplarisch Jörg Stolz u. a., *Religion und Spiritualität in der Ich-Gesellschaft: Vier Gestalten des (Un-)Glaubens*, Zürich: TVZ, 2014.

3 Vgl. Charles Taylor, *Ein säkulares Zeitalter*, Frankfurt: Suhrkamp, 2012.

4 Vgl. exemplarisch Johannes Reimer, *Multikultureller Gemeindeaufbau: Versöhnung leben*, Marburg: Francke, 2011; Stephen Beck/Frauke Bielefeldt, *Mission Mosaikkirche: Wie Gemeinden sich für Migranten und Flüchtlinge öffnen*, Gießen: Brunnen, 2017.

5 Vgl. Michael Herbst, „Mission kehrt zurück. Internationale Gemeinden in Deutschland", in: *Theologische Beiträge* 41 (2010), 8-24; Tobias Faix, „Evangelisierung im Kontext der Neuformierung des Religiösen. Bestandsaufnahme eines umstrittenen Begriffs", in: *Zeitschrift für Pastoraltheologie* 41 (2021), 37-52, hier: 47-50.

6 Vgl. exemplarisch Judith Albisser/Arnd Bünker (Hg.), *Kirchen in Bewegung: Christliche Migrationsgemeinden in der Schweiz*, St. Gallen: edition spi, 2016; Gregor Etzelmüller/Claudia Rammelt, *Migrationskirchen: Internationalisierung und Pluralisierung des Christentums vor Ort*, Leipzig: Evangelische Verlagsanstalt, 2022.

7 Philipp Bartholomä, *Freikirche mit Mission: Perspektiven für den freikirchlichen Gemeindeaufbau im nachchristlichen Kontext*, Leipzig: Evangelische Verlagsanstalt, 2. Aufl. 2020; Stefan Schweyer, *Kontextuelle Kirchentheorie: Eine kritisch-konstruktive Auseinandersetzung mit dem Kirchenverständnis neuerer praktisch-theologischer Entwürfe*, Zürich: TVZ, 2007; Stefan Schweyer, *Freikirchliche Gottesdienste: Empirische Analysen und theologische Reflexionen*, Leipzig: Evangelische Verlagsanstalt, 2020.

[8] Zu diesen und weiteren Bereichen des Gemeindeaufbaus vgl. Stadelmann/Schweyer, *Praktische Theologie.*

[9] Vgl. Thorsten Dietz, *Menschen mit Mission: Eine Landkarte der evangelikalen Welt*, Holzgerlingen: SCM, 2022, zur Evangelisation: 69-97; zur sozialen Frage: 98-127.

[10] Vgl. zu dieser Perspektive exemplarisch Henning Wrogemann, *Lehrbuch Interkulturelle Theologie/Missionswissenschaft*, 3 Bände, Gütersloh: Gütersloher Verlagshaus, 2012–2015; Henning Wrogemann, *Religionswissenschaft und Interkulturelle Theologie*, Leipzig: Evangelische Verlagsanstalt, 2020; Hans Ulrich Reifler, *Handbuch der Missiologie: Missionarisches Handeln aus biblischer Perspektive*, Nürnberg: VTR, 2. Aufl. 2009.

[11] Philipp Bartholomä an der FTH Gießen, fthgiessen.de (zuletzt abgerufen am 24. August 2022); Stefan Schweyer an der STH Basel, sthbasel.ch (zuletzt abgerufen am 24. August 2022).

[12] Sabine Schröder, *Konfessionslose erreichen: Gemeindegründungen von freikirchlichen Initiativen seit der Wende 1989 in Ostdeutschland*, Neukirchen: Neukirchener, 2007.

[13] Jörg Stolz/Olivier Favre u. a., *Phänomen Freikirchen: Analysen eines wettbewerbsstarken Milieus*, Zürich: Pano, 2014.

[14] Noch detailliertere Angaben zu freikirchlichen Wachstumsprozessen finden sich an anderer Stelle, vgl. Bartholomä, *Freikirche mit Mission*, 31-38 und Philipp Bartholomä und Stefan Paas, „Mehr als bloße Zahlen: Eine missiologische Detailanalyse der Wachstumsstatistik des Bundes Freier evangelischer Gemeinden in Deutschland", in: *Biblisch erneuerte Theologie* 5 (2021), 121-145.

[15] Bartholomä, *Freikirche mit Mission*, 358-366.

[16] Vgl. zu dieser Typologie Johannes Zimmermann/Anna-Konstanze Schröder (Hg.), *Wie finden Erwachsene zum Glauben,* BEG-Praxis, Neukirchen: Neukirchener Verlag, 2. Aufl. 2011.

[17] Eine ausführlichere Darstellung dieses Gedankengangs findet sich bei Philipp Bartholomä und Stefan Paas, „„Die Zeiten haben sich geän-

dert' – Rahmenbedingungen für freikirchlichen Gemeindeaufbau im nachchristlichen Kontext", in: Timothy Keller, *Center Church Deutsch*, Gießen: Brunnen, 3. Aufl. 2018, 356-365.

18 Johannes Jüngst, *Der Methodismus in Deutschland: Ein Beitrag zur neuesten Kirchengeschichte*, Gießen: Töpelmann, 1906, 113-114; vgl. Patrick Streiff, *Der Methodismus in Europa im 19. und 20. Jahrhundert*, Stuttgart: Medienwerk der EmK, 2003, 111: „Die methodistische Mission entwickelte sich oft dort am besten, wo andere protestantische Erweckungsbewegungen einige Jahrzehnte früher schon tätig gewesen waren. Das Kommen der Methodisten entzündete dann die noch bestehenden kleinen Flammen."

19 Vgl. Reinhard Henkel, *Atlas der Kirchen und der anderen Religionsgemeinschaften in Deutschland: Eine Religionsgeographie*, Stuttgart: Kohlhammer, 2001, 131-210.

20 Vgl. dazu auch aus landeskirchlicher Perspektive Alexander Garth, *Untergehen oder umkehren: Warum der christliche Glaube seine beste Zeit noch vor sich hat*, Leipzig: Evangelische Verlagsanstalt, 2021, 67: „In der damals noch relativ homogenen Gesellschaft des 19. Jahrhunderts funktionierte das Angebot ‚kirchliche Versorgung für alle' noch einigermaßen. Es gelang weithin, die Menschen in die Kirche hinein zu sozialisieren. Man kannte die Lieder, sang die Liturgie mit, war einigermaßen vertraut mit den biblischen Texten, über die gepredigt wurde. Die Situation hat sich total gewandelt. Wir leben heute in einer ausdifferenzierten, diversen, bunten, postchristlichen Gesellschaft."

21 Die Mitgliederzahlen der römisch-katholischen Kirche und der evangelischen Kirchen in Deutschland sind in den vergangenen 30 Jahren von ca. 58 Mio. auf ca. 42. Mio. gefallen. Allein in den Jahren 2013 bis 2020 haben die Großkirchen 3,4 Mio. Mitglieder durch Kirchenaustritt verloren. Einige Studien zu Glaubensüberzeugungen in Deutschland sind zusammengefasst bei Heiner Meulemann, *Nach der Säkularisierung: Religiosität in Deutschland 1980–2012,* Wiesbaden: Springer,

2015; vgl. auch Heiner Meulemann, *Ohne Kirche leben: Säkularisierung als Tendenz und Theorie in Deutschland, Europa und anderswo,* Wiesbaden: Springer, 2018. Zur Schweiz vgl. Jörg Stolz/Jeremy Senn, *Generationen abnehmenden Glaubens: Religion und Säkularisierung in der Schweiz 1930–2020*, Lausanne: FORS, 2021.

22 Vgl. zum christlichen Traditionsabbruch in Deutschland Thomas Großbölting, *Der verlorene Himmel: Glaube in Deutschland seit 1945*, Göttingen: Vandenhoeck & Ruprecht, 2013.

23 Dieses Bild geht auf James K. A. Smith zurück.

24 Taylor, *Ein säkulares Zeitalter.*

25 Vgl. Heinzpeter Hempelmann und Bodo Flaig, *Aufbruch in die Lebenswelten: Die zehn Sinus-Milieus als Zielgruppen kirchlichen Handelns*, Wiesbaden: Springer, 2019, 12; Heinzpeter Hempelmann, *Gott im Milieu: Wie Sinusstudien der Kirche helfen können, Menschen zu erreichen*, Gießen: Brunnen, 2., erweiterte Aufl. 2013, 70-71. Im 2021 veröffentlichten Update des Sinus-Milieu-Modells haben sich kleinere Verschiebungen ergeben, einige Milieus wurden umbenannt – siehe dazu: www.sinus-institut.de/media-center/presse/sinus-milieus-2021 (zuletzt abgerufen am 24. August 2022).

26 Vgl. whatismetamodern.com (zuletzt abgerufen am 24. August 2022); metamoderna.org (zuletzt abgerufen am 24. August 2022).

27 Zum Postsäkularismus vgl. Jürgen Habermas, *Glauben und Wissen. Friedenspreis des Deutschen Buchhandels 2001*, Frankfurt: Suhrkamp, 2002.

28 Vgl. die Analysen von Pavol Bargár, „The Modern, the Postmodern, and … the Metamodern? Reflections on a Transforming Sensibility from the Perspective of Theological Anthropology", in: *Transformation* 38 (2021), 3-15.

29 Vgl. dazu Detlef Pollack, „Wiederkehr der Religion oder Rückgang ihrer Bedeutung: Religiöser Wandel in Westdeutschland", in: *Soziale Passagen* 8 (2016), 5-28.

30 Zur Vertiefung dieses Ansatzes vgl. u. a. Lynne und Bill Hybels,

Gemeinde neu entdeckt: Die Geschichte von Willow Creek, Aßlar: Gerth, 2006, sowie Kai Scheunemann, *Kirche für Distanzierte: Das Erfolgsgeheimnis der Willow Creek-Gemeinde*, Wiesbaden: Projektion J, 1995, siehe auch die entsprechenden Webseiten www.willowcreek.de und www.willowcreek.org (zuletzt abgerufen am 24. August 2022).

31 Vgl. zur „Missional Church"-Bewegung neben den in den folgenden Fußnoten genannten Titeln auch: Alan Hirsch, *Vergessene Wege: Die Wiederentdeckung der missionalen Kraft der Kirche*, Schwarzenberg: Neufeld, 2011; Martin Reppenhagen, *Auf dem Weg zu einer missionalen Kirche: Die Diskussion um eine „missional church" in den USA*, BEG 17, Neukirchen: Neukirchener, 2011; Stefan Schweyer, „Kirche als Mission. Einsichten und Ausblicke zum Konzept der ‚missional church' (Teil 1)", in: *Theologische Beilage zur STH-Postille* 3-4 (2009).

32 David J. Bosch, *Mission im Wandel: Paradigmenwechsel in der Missionstheologie,* Gießen: Brunnen, 2012, 458: „Mission [ist] nicht primär ein Handeln der Kirche, sondern ein Attribut Gottes. Gott ist ein missionierender Gott [...] Die Mission wird dabei als eine Bewegung Gottes zur Welt hin gesehen; die Kirche wird als ein Instrument dieser Mission verstanden [...]. Es gibt Kirche, weil es Mission gibt, nicht umgekehrt." Vgl. ganz ähnlich z. B. Roland Hardmeier, *Kirche ist Mission: Auf dem Weg zu einem ganzheitlichen Missionsverständnis*, Schwarzenfeld: Neufeld, 2009, 190: „Die Kirche hat nicht nur eine Mission, sie unterstützt nicht nur Mission, Kirche ist Mission. Ihre Verkündigung (die gehört werden kann), ihre Gemeinschaft (die beobachtet werden kann) und ihre Tätigkeit in der Gesellschaft (die gesehen und erfahren werden kann) sind ihre Mission."

33 So beispielsweise Dan Kimball, *Emerging Church: Die postmoderne Kirche – Spiritualität und Gemeinde für neue Generationen*, Aßlar: Gerth, 2. Aufl. 2006, 96-120.

34 Kimball, *Emerging Church*, 197-211, hier 201.

35 Michael Frost/Alan Hirsch, *Die Zukunft gestalten: Innovation und*

Evangelisation in der Kirche des 21. Jahrhunderts, Glashütten: C&P, 2008, 91.

36 Frost/Hirsch, *Die Zukunft gestalten*, 223-241. Vgl. zum gesellschaftsrelevanten Gemeindebau aus dem deutschen Kontext u. a. Johannes Reimer, *Die Welt umarmen: Theologie des gesellschaftsrelevanten Gemeindebaus*, Marburg: Francke, 2009, hier: 238; Tobias Faix/Johannes Reimer (Hg.), *Die Welt verstehen: Kontextanalyse als Sehhilfe für die Gemeinde*, Marburg: Francke, 2012.

37 Zur Vertiefung vgl. www.freshexpressions.de (zuletzt abgerufen am 24. August 2022), sowie Michael Moynagh (mit Philip Harold), *Fresh Expressions of Church: Eine Einführung in Theorie und Praxis*, Gießen: Brunnen, 2016; Michael Moynagh, *Fresh X: Das Praxisbuch*, Gießen: Brunnen, 2016.

38 Besonders in Deutschland verbindet sich das Fresh-X-Anliegen der Gründung neuer kontextueller Gemeinden mit der sogenannten Milieuforschung und der darin eingenommenen Lebensweltperspektive: vgl. Anm. 25.

39 Vgl. zur Vertiefung u. a. Stuart Murray, *Nackter Glaube: Christsein in einer nachchristlichen Welt*, Schwarzenfeld: Neufeld, 2014; Stanley Hauerwas/William H. Willimon, *Christen sind Fremdbürger. Wie wir wieder werden, was wir sind: Abenteurer der Nachfolge in einer nachchristlichen Gesellschaft*, Basel: Fontis, 2016.

40 Vgl. dazu insgesamt Stuart Murray, *Post-Christendom: Church and Mission in a Strange New World*, Eugene: Cascade, 2. Aufl. 2018.

41 Keller, *Center Church Deutsch*.

42 Keller, *Center Church Deutsch*, 96-97.

43 Dietrich Bonhoeffer, *Widerstand und Ergebung. Briefe und Aufzeichnungen aus der Haft*, DBW 8, Gütersloh: Gütersloher Verlagshaus, 1998, 560.

44 Als einer der Ersten hat der Soziologe Peter L. Berger diese Alternative in seinem Aufsatz „Zur Soziologie kognitiver Minderheiten“, in: *Internationale Dialogzeitschrift* 2 (1969), 127-132, umrissen.

45 Siehe dazu ausführlicher Schweyer, *Kontextuelle Kirchentheorie*, 349-362.

46 So beispielsweise auch Reinhard Spincke, *Gemeinde der Zukunft: Zehn Koordinaten für einen geistlichen Aufbruch*, Witten: SCM, 2020, 40.

47 Vgl. zum religionssoziologischen Befund Garth, *Untergehen oder umkehren*, 105-111.

48 Garth, *Untergehen oder umkehren*, 111-112.

49 So bemängelt von Dietz, *Menschen mit Mission*, 445.

50 Zur Unterscheidung von erstrangigen und zweit-/drittrangigen Glaubenslehren vgl. die Anleitung zu einer „theologischen Triage" bei Gavin Ortlund, *Finding the Right Hills to Die on: The Case for Theological Triage*, Wheaton: Crossway, 2020.

51 Ähnlich und in großer Ausführlichkeit Spincke, *Gemeinde der Zukunft*, 26-42.

52 So auch Alexander Garth, „Alte und neue missionarische Player", in: Michael Diener/Ulrich Eggers (Hg.), *Mission Zukunft: Zeigen, was wir lieben: Impulse für eine Kirche mit Vision*, Witten, SCM, 2019, 292.

53 Ansgar Hörsting, „Das Wesentliche", in: Michael Diener/Ulrich Eggers (Hg.), *Mission Zukunft: Zeigen, was wir lieben: Impulse für eine Kirche mit Vision*, Holzgerlingen: SCM, 2019, 52.

54 Siehe Garth, *Untergehen oder umkehren*, 51-82.

55 Garth, *Untergehen oder umkehren*, 77.

56 Garth, *Untergehen oder umkehren*, 81.

57 So Reinhard Müller im Juni 2022 in seinem Kommentar zu den neuesten Kirchenaustrittszahlen: www.faz.net/aktuell/politik/inland/rekordzahl-von-kirchenaustritten-ist-eine-chance-18132899.html (zuletzt abgerufen am 24. August 2022).

58 Zum Konzept einer „großzügigen Orthodoxie" vgl. Graham Tomlin, *Navigating a World of Grace. The Promise of Generous Orthodoxy*, London: SPCK, 2022; Graham Tomlin/Nathan Eddy (Hg.), *The Bond of Peace. Exploring Generous Orthodoxy*, London: SPCK, 2021.

[59] www.ekd.de/Apostolisches-Glaubensbekenntnis-10790.htm (zuletzt abgerufen am 24. August 2022); vgl. Stefan Schweyer, *Gesunder Glaube. Nahrhafte Impulse zum Apostolischen Glaubensbekenntnis*, Norderstedt: BoD, 2. Aufl. 2019. Hier könnte man sich neben dem Apostolikum u. a. an der Basis der Evangelischen Allianz, www.ead.de/ueber-uns (zuletzt abgerufen am 24. August 2022), und der Lausanner Verpflichtung, lausanne.org/de/lausanner-verpflichtung/lausanner-verpflichtung (zuletzt abgerufen am 24. August 2022), orientieren.

[60] www.ekd.de/Glaubensbekenntnis-von-Nizaa-Konstantinopel-10796.htm (zuletzt abgerufen am 24. August 2022).

[61] Siehe studyflix.de/biologie/dna-einfach-erklart-4092 (zuletzt abgerufen am 24. August 2022).

[62] Zur Bedeutung des Evangeliums für kirchliche Erneuerungsprozesse vgl. grundlegend Richard Lovelace, *Theologie der Erweckung*, Marburg: Francke, 1984.

[63] Vgl. neben den Ausführungen zur „Theologie des Evangeliums" bei Keller, *Center Church Deutsch*, 40-64 (auf den wir uns hier im Wesentlichen beziehen) v. a. Donald A. Carson/Timothy Keller (Hg.), *The Gospel as Center: Renewing Our Faith and Reforming Our Ministry Practices*, Wheaton: Crossway, 2012; Simon Gathercole, „The Gospel of Paul and the Gospel of the Kingdom", in: Chris Green (Hg.), *God's Power to Save: One Gospel for a Complex World?*, Leicester: InterVarsity, 2006, 138-154.

[64] Vgl. zu diesen Zusammenhängen Keller, *Center Church Deutsch*, 43-56.

[65] Keller, *Center Church Deutsch*, 42.

[66] Dietrich Bonhoeffer, *Nachfolge*, DBW 4, Gütersloh: Gütersloher Verlagshaus, 1989, 29-43, hier: 30.

[67] Bonhoeffer, *Nachfolge*, 29.

[68] Keller, *Center Church Deutsch*, 59.

[69] Charles Spurgeon, „Repentance after Conversion" [Sermon No. 2419], in: *The Metropolitan Tabernacle Pulpit*, Bd. 41, London, 1895, zitiert bei:

Bryan Chapell, *Holiness by Grace: Delighting in the Joy That Is Our Strength*, Wheaton: Crossway, 2001, 108.

70 Keller, *Center Church Deutsch*, 63.

71 Vgl. dazu neuerdings sehr ausgewogen Michael Reeves, *Gottesfurcht: Eine überraschend Gute Nachricht*, Bad Oeynhausen: Verbum Medien, 2022.

72 Ausführlicher in Schweyer, *Kirchentheorie*, 323-349.

73 Zur Diskussion dieser Kennzeichen vgl. Ralf Miggelbrink, *Einführung in die Lehre von der Kirche*, Darmstadt: WBG, 2003, 77-122; Sven Grosse, *Ich glaube an die Eine Kirche: Eine ökumenische Ekklesiologie*, Paderborn: Schöningh, 2015, 50-87; Tomlin, *Navigating a World of Grace*, 154-170.

74 Vgl. Martin Luther, WA 1, 13,38f; WA 7, 721,12f.

75 Zur Vertiefung vgl. Uwe Swarat, *Notae ecclesiae: Woran ist die Kirche Jesu Christi erkennbar?*, in: Helge Stadelmann (Hg.), *Bausteine zur Erneuerung der Kirche,* Gießen: Brunnen, 1998, 169-190.

76 *Confessio Augustana*, Artikel 7. Online-Version: www.ekd.de/Augsburger-Bekenntnis-Confessio-Augustana-13450.htm (zuletzt abgerufen am 24. August 2022).

77 So werden die Grundvollzüge der Kirche genannt, vgl. beispielsweise Klaus von Stosch, *Einführung in die Systematische Theologie*, Paderborn: Ferdinand Schöningh, 4., aktualisierte Auflage 2019, 247-248. Ausführlich in Petro Müller, *Eine kompakte Theologie der Gemeinde*, Berlin: LIT, 2007.

78 So ein Leitmedium der deutschen Marketingbranche: www.horizont.net/marketing/nachrichten/Opel-Manager-zu-Umparken-im-Kopf-Wir-wussten-sofort-dass-das-ein-Volltreffer-ist-138005 (zuletzt abgerufen am 24. August 2022).

79 Walter Klaiber, „Landeskirche und Freikirche: Deutsche Verhältnisse und internationale Trends“, in: Holger Eschmann u. a. (Hg.), *Freikirche – Landeskirche: Historische Alternative – Gemeinsame Zukunft?*, Neukirchen: Neukirchener, 2008, 21.

80 Vgl. dazu Anm. 59.

81 Diese Formulierung geht wohl ursprünglich auf Wolf Krötke zurück, bis 2004 Professor für Systematische Theologie an der Humboldt-Universität zu Berlin.

82 Alexander Garth, *Gottloser Westen? Chancen für Glauben und Kirche in einer entchristlichten Welt*, Leipzig: Evangelische Verlagsanstalt, 2017, 93.

83 Hans Joas, *Glaube als Option: Zukunftsmöglichkeiten des Christentums*, Freiburg: Herder, 2012, 55. Dass bei der Entwicklung hin zum heute weitverbreiteten Unglauben nicht nur rationale Argumente, sondern vor allem auch Emotionen eine Rolle spielten, zeigt eindrücklich Alec Ryrie, *Unbelievers: An Emotional History of Doubt*, London: Collins, 2019.

84 Luc Ferry, *Von der Göttlichkeit des Menschen oder Der Sinn des Lebens*, Wien: Zsolnay, 1997, 19.

85 Meulemann, *Säkularisierung*, 50-53, 223.

86 In Anlehnung an Herbert Schnädelbach, „Der fromme Atheist", in: *Neue Rundschau* 118 (2007), 112-119.

87 Taylor, *Ein säkulares Zeitalter*, 507-542, sowie Charles Taylor, *Das Unbehagen an der Moderne*, Frankfurt: Suhrkamp, 1995.

88 Ferry, *Göttlichkeit*, 19.

89 So fasst Harvard-Professor James Wood dieses Gefühl zusammen: „Is That All There Is? Secularism and Its Discontents", New Yorker, 15. August 2011, www.newyorker.com/magazine/2011/08/15/is-that-all-there-is (zuletzt abgerufen am 24. August 2022).

90 Matthias Horx, *Megatrends für die späten neunziger Jahre*, Düsseldorf: Econ, 1995, 101-129; Friedrich Wilhelm Graf, *Die Wiederkehr der Götter: Religion in der modernen Kultur*, München: C. H. Beck, 2007.

91 Meulemann, *Säkularisierung*, 158-159.

92 Garth, *Gottloser Westen?*, 88.

93 Garth, *Gottloser Westen?*, 88.

94 Paul M. Zulehner, *„Seht her, nun mache ich etwas Neues". Wohin sich die*

Kirchen wandeln müssen, Ostfildern: Schwabenverlag, 2011, 59, zitiert bei Garth, *Gottloser Westen?*, 89.

[95] Garth, *Gottloser Westen?*, 92.

[96] Garth, *Gottloser Westen?*, 92.

[97] Vgl. dazu auch Garth, *Gottloser Westen?*, 99-100.

[98] Vgl. zu diesem „Sehnsuchtsfaktor" auch die empirisch unterfütterten Ausführungen in Bartholomä, *Freikirche mit Mission*, 502-511.

[99] C. S. Lewis, *Pardon, ich bin Christ: Meine Argumente für den Glauben*, Gießen: Brunnen, 20. Aufl. 2009, 126.

[100] Tom Wright, *Warum Christ sein Sinn macht*, Lahr: Johannis, 2009, 13-60.

[101] Johannes Hartl, *Eden Culture: Ökologie des Herzens für ein neues Morgen*, Freiburg: Herder, 2021.

[102] Zur Funktion derartiger menschlicher Sehnsüchte als „Juckreiz" vgl. Daniel Strange, *Wie der Glaube magnetisch wird*, Waldems: 3L, 2022.

[103] Timothy Keller, *Glauben wozu? Religion im Zeitalter der Skepsis*, Gießen: Brunnen, 2019.

[104] Keller, *Glauben wozu?*, 12.

[105] Keller, *Glauben wozu?*, 12.

[106] www.cio.de/a/digitalisierung-wird-uebertrieben,3573729 (zuletzt abgerufen am 24. August 2022). Zur Aktualität der Sehnsucht nach Heimat vgl. auch www.stern.de/neon/feierabend/freizeit-wo-ist-zuhause--7176056.html (zuletzt abgerufen am 24. August 2022).

[107] Vgl. Stefan Paas, *Pilgrims and Priests. Christian Mission in a Post-Christian Society*, London: SCM, 2019; Hauerwas/Willimon, *Christen sind Fremdbürger.*

[108] Paas, *Pilgrims and Priests*, 178.

[109] Zur Vertiefung vgl. Elliot Clark, *Evangelism as Exiles. Life on Mission as Strangers in Our Own Land*, The Gospel Coalition, 2019. Clark entfaltet anhand des ersten Petrusbriefs, was es bedeutet, als Christ in einem säkularen Kontext zu leben.

[110] Clark, *Evangelism as Exiles*, 23.

[111] Hauerwas/Willimon, *Christen sind Fremdbürger*, 79.82.

[112] Vgl. dazu auch Timothy Keller, *Wie wir den Westen wieder erreichen*, Redeemer City to City, 2020, als eBook downloadbar unter www.restauratio.org/ressourcen (zuletzt abgerufen am 24. August 2022).

[113] *Zeit zur Aussaat. Missionarisch Kirche sein*, hg. vom Sekretariat der Deutschen Bischofskonferenz, (DtBis 68) 2000, 25.

[114] Vgl. Rod Dreher, *Die Benedikt-Option. Eine Strategie für Christen in einer nachchristlichen Gesellschaft*, Kißleg: fe, 2019.

[115] Clark, *Evangelism as Exiles*, 96.

[116] Vgl. Keller, *Wie wir den Westen wieder erreichen*, 14: „Wir treten in eine neue Ära ein, in der es an vielen Orten des Westens nicht nur keinen gesellschaftlichen Nutzen hat, Christ zu sein, sondern das Bekenntnis zum Glauben sogar einen gesellschaftlichen Preis hat."

[117] Arthur Schopenhauer, *Die Stachelschweine*, www.projekt-gutenberg.org/schopenh/stachel/stachel.html (zuletzt abgerufen am 24. August 2022).

[118] Hartmut Rosa, *Resonanz. Eine Soziologie der Weltbeziehung*, Berlin: Suhrkamp, 2018, 298.

[119] Rosa, *Resonanz*, 296-297, ausführlich 341-514.

[120] Vgl. Schweyer, *Freikirchliche Gottesdienste*, 430-434.

[121] Dietrich Bonhoeffer, *Gemeinsames Leben*, DBW 5, Gütersloh: Gütersloher Verlagshaus, 1987, 17-18.

[122] Astrid Eichler/Thomas Widmer-Huber u. a., *Es gibt was Anderes! Gemeinschaftliches Leben für Singles und Familien*, Witten: SCM, 2010; Thomas Widmer-Huber, *Gemeinschaft leben. Ein Plädoyer für die Gründung neuer Gemeinschaften und die Stärkung der Ortsgemeinden*, Winterthur: Schleife, 2019.

[123] Siehe zu den folgenden Faktoren Bartholomä, *Freikirche mit Mission*, 570-576; die zugrunde liegenden quantitativen und qualitativen Daten werden dort auf den Seiten 324-542 ausführlich entfaltet.

[124] Simon Sinek, *Frag immer erst: Warum: Wie Top-Firmen und Führungskräfte zum Erfolg inspirieren*, München: Redline, 2014.

[125] Vgl. Clark, *Evangelism as Exiles,* 58.

[126] Adaptiert aus Martin F. Saarinen, *Life Cycle of a Congregation*, New York, 1986.

[127] Zum kontextuellen Bewusstsein missionarisch orientierter Gemeinden vgl. Bartholomä, *Freikirche mit Mission*, 431-442, 492-511.

[128] In Anlehnung an Keller, *Center Church Deutsch*, 123-135.

[129] Martin Luther, *Großer Katechismus*, zitiert nach www.ekd.de/Grosser_Katechismus-Erste-Gebot-13480.htm (zuletzt abgerufen am 24. August 2022).

[130] Vgl. Keller, *Center Church Deutsch*, 130-131.

[131] Vgl Schweyer, *Kontextuelle Kirchentheorie*, 239-298; Paul G. Hiebert, *Kultur und Evangelium: Schritte einer kritischen Kontextualisierung*, Bad Liebenzell: VLM, 2005.

[132] Zur ausführlicheren Diskussion des Verhältnisses von Glauben und Zweifeln vgl. Patrick Todjeras, *„Emerging Church" – ein dekonversiver Konversationsraum. Eine praktisch-theologische Untersuchung über ein anglo-amerikanisches Phänomen gelebter Religiosität*, Göttingen: Vandenhoeck & Ruprecht, 2020, 539-570.

[133] Vgl. dazu ausführlicher Michael Reeves, *Delighting in the Trinity: An Introduction to the Christian Faith*, Downers Grove: InterVarsity, 2012.

[134] Vgl. hier und zum folgenden Abschnitt Harald Nikesch, *Gottesdienst ohne Mauern: Die neutestamentliche Gemeinde und ihre Wirkung auf Gemeindeferne*, Hammerbrücke: Jota, 2008, 87-95.

[135] Vgl. zu diesem Motiv der „Ansteckung" durch Gastfreundschaft die biblisch-theologische Studie von Craig L. Blomberg, *Contagious Holiness: Jesus' Meals with Sinners*, Downers Grove: InterVarsity, 2005.

[136] Zur ausführlichen Begründung vgl. Bartholomä, *Freikirche mit Mission*, 426-431, 483-489.

[137] Christopher B. James, *Church Planting in Post-Christian Soil*, Oxford University Press, 2017, 226-230, der in seinem Abschnitt mit der Überschrift „Prioritizing Hospitality as Cornerstone Practice" schreibt:

„[Missionarisch orientierte Gemeinden] highlight the importance of hospitality as a key practice of Christian mission (…) welcoming others into the community via relational means. (…) [They] reveal the preeminence of hospitality as an ecclesial practice for post-Christian contexts."

[138] In jüngerer Zeit sind eine Reihe von hilfreichen Büchern zu verschiedenen Aspekten der Gastfreundschaft und ihrem Beitrag zum Gemeindeaufbau erschienen: Vgl. u. a. Christine Pohl, *Making Room: Recovering Hospitality as a Christian Tradition*, Grand Rapids: Eerdmans, 1999; Tim Chester, *A Meal with Jesus: Discovering Grace, Community and Mission Around the Table*, Leicester: InterVarsity, 2011; Rosaria Butterfield, *Offene Türen öffnen Herzen: Radikal einfache Gastfreundschaft als Schlüssel für unsere nachchristliche Welt*, Dillenburg: CLV, 2021; Clark, *Evangelism as Exiles*, 130-149.

[139] So die wörtliche Übersetzung des englischen Originaltitels des in der vorhergehenden Fußnote genannten Buchs von Rosaria Butterfield, *The Gospel Comes with a House Key: Practicing Radically Ordinary Hospitality in Our Post-Christian World*, Wheaton: Crossway, 2018.

[140] Butterfield, *Offene Türen*, 38-39.

[141] Butterfield, *Offene Türen*, 38.

[142] Eine sehr hilfreiche Einführung in eine gästesensible und auf noch-nicht-glaubende Zuhörer eingehende Predigt bietet Timothy Keller, *Predigen: Damit Gottes Wort Menschen erreicht*, Gießen: Brunnen, 2017, 87-177.

[143] Auszug aus: Peter Fox, „Das zweite Gesicht", aus dem Album *Stadtaffe*, Warner Music Group, 2008.

[144] Wenn wir hier von „Gottesdienst" sprechen, meinen wir den Gottesdienst der versammelten Gemeinde – so wie wir den Begriff in unserer normalen Kommunikation verwenden, beispielsweise auf kirchlichen Webseiten. Zu diesen und weiteren Themen und Gestaltungsfragen rund um Gottesdienste vgl. Stefan Schweyer, *Gottesdienst verstehen* –

gestalten – feiern. Grundlagen und praktische Impulse, Gießen: Brunnen, 2021; Schweyer, *Freikirchliche Gottesdienste*.

145 www.fmg-adelboden.ch/index.php/veranstaltungen/gotesdienste (zuletzt abgerufen am 24. August 2022).

146 Henning Wrogemann, *Den Glanz widerspiegeln: Vom Sinn der christlichen Mission, ihren Kraftquellen und Ausdrucksgestalten – Interkulturelle Impulse für deutsche Kontexte*, Münster: LIT, 2. Aufl. 2012, 196-197.

147 Vgl. Schweyer, *Gottesdienst verstehen – feiern – gestalten*, 137-150.

148 Vgl. auch die Schilderung in Bartholomä, *Freikirche mit Mission*, 479-480.

149 Vgl. Schweyer, *Gottesdienst verstehen – gestalten – feiern*, 116-128.

150 So Johannes Zimmermann, *Ist der Gottesdienst eine „missionarische Gelegenheit"? Überlegungen zum Verhältnis von Gottesdienst und Mission*, in: *Theologische Beiträge* 39 (2008), 6-23.

151 Siehe dazu detaillierter Bartholomä, *Freikirche mit Mission*, 527-528.

152 Bartholomä, *Freikirche mit Mission*, 350-351.

153 Vgl. Stadelmann/Schweyer, *Praktische Theologie*, 350-351.

154 Ausführlich bei Michael Herbst, *Lebendig. Vom Geheimnis mündigen Christseins*, Holzgerlingen: SCM, 2018.

155 Herbst, *Lebendig*, 245-279.

156 Ein hilfreiches Tool zur Förderung eines missionalen Lebensstils ist Michael Frost, *Die Welt überraschen: Fünf Gewohnheiten für einen missionalen Lebensstil*, Hamburg: Movement Verlag, 2018. Vgl. auch Jeff Vanderstelt, *Saturate: Being Disciples of Jesus in the Everyday Stuff of Life*, Wheaton: Crossway, 2015.

157 Markus Schmidt, *Wachstum ist kein Zufall. Wie du zum Spezialisten für deine geistliche Entwicklung wirst*, Holzgerlingen: SCM, 2021.

158 In Anlehnung an Schmidt, *Wachstum ist kein Zufall*, 221-222.

159 „Empowerment" ist ein Zentralbegriff beispielsweise in Michael Domsgen, *Religionspädagogik*, Leipzig: Evangelische Verlagsanstalt, 2020.

[160] Schweyer, *Freikirchliche Gottesdienste*, 468-471. Zum inneren Zusammenhang von allgemeinem Priestertum und missionarischem Gemeindeaufbau vgl. Harald Brixel, *Gemeinde als allgemeines Priestertum: Ihr Profil und Wachstumspotenzial empirisch-theologisch entfaltet*, München: AVM, 2014.

[161] Angelehnt an das entsprechende Buch von Mike Cosper, *Stories We Tell: How TV and Movies Long for and Echo the Truth*, Wheaton: Crossway, 2014.

[162] Hilfreiche Perspektiven zur Durchführung solcher „popkultureller Analysen" finden sich auch in: Ted Turnau, *Popologetics: Popular Culture in Christian Perspective*, Philipsburg: P&R, 2012 und Daniel Strange, *Plugged In: Connecting your Faith with what you Watch, Read, and Play*, Epsom: Good Book, 2019.

[163] 42tage.feg.de (zuletzt abgerufen am 24. August 2022).

[164] Ausführliche Schilderung in Mark Mittelberg, *So wird Ihre Gemeinde ansteckend: Evangelisation und Mission neu entdeckt*, Aßlar: Gerth, 2001, 276-375. Ähnliche Aufzählungen findet man auch in anderen Materialien, z. B. thefour.com/content/uploads/sites/11/2020/02/Stilübersicht.pdf (zuletzt abgerufen am 24. August 2022).

[165] Einen Online-Fragebogen zu Evangelisationsstilen findet man beispielsweise unter thefour.com/ch/stil-test/test (zuletzt abgerufen am 24. August 2022).

[166] James, *Church Planting*, 227-228.

[167] Garth, *Gottloser Westen?*, 101.

[168] Vgl. Keller, *Wie wir den Westen wieder erreichen?*, 29.

[169] Bereits in → Kapitel 8 haben wir auf hilfreiche Titel hingewiesen. Vgl. Lewis, *Pardon, ich bin Christ*; Keller, *Warum Gott?*; Keller, *Glauben wozu?*; Hartl, *Eden Culture*; Strange, *Wie der Glaube magnetisch wird.* Daneben sind auch folgende Publikationen leicht zugänglich: Alexander Garth, *Zweifel hat Gründe, Glaube auch*, Witten: SCM, 2015; Rebecca McLaughlin, *Kreuzverhör: 12 harte Fragen an den christlichen*

Glauben, München: cvmd, 2022, Matthias Clausen, *Warum ich trotzdem Christ bin*, Gießen: Brunnen 2021.

[170] Weitere Glaubenshindernisse, die in diesem Seminar besprochen werden, lauten: „Die (Natur-)Wissenschaft hat den christlichen Glauben doch längst widerlegt und begraben“, „Ich sollte die Freiheit haben, so zu leben, wie ich will, solange ich niemandem damit schade“ und „Wir brauchen keinen Glauben an Gott, um eine Grundlage für moralische Werte und Menschenrechte zu haben“. Sehr hilfreiche Perspektiven zum Umgang mit diesen und anderen säkularen Glaubenssätzen finden sich in der in der vorherigen Anmerkung genannten Literatur, sowie bei Keller, *Predigen*, 113-147 (Kapitel 5: „Predigen und das spätmoderne Denken“) oder auch unter www.begruendet-glauben.org (zuletzt abgerufen am 24. August 2022).

[171] Ausführlicher in Stadelmann/Schweyer, *Praktische Theologie*, 378-382.

[172] Vgl. dazu auch Bartholomä, *Freikirche mit Mission*, 466-473, 534, 573.

[173] James F. Engel/H. Wilbert Norton, *What's Gone Wrong with the Harvest? A Communication Strategy for the Church and World Evangelization*, Grand Rapids: Zondervan, 1975, 43-47; auf Deutsch z. B. ähnlich in: James F. Engel, *Zeitgemäße christliche Kommunikation*, Bad Liebenzell: VLM, 1989, 38.

[174] Vgl. dazu Michael E. Wittmer, *Don't Stop Believing: Why Living Like Jesus Is Not Enough*, Grand Rapids: Zondervan, 2008, 106, der überzeugend darlegt, wie eine Betonung des „Belonging“ vor der Bekehrung mit einem gleichermaßen starken Fokus auf der Notwendigkeit der Umkehr und einer bewussten Glaubensentscheidung in der Gemeindepraxis verbunden werden kann (Kapitel 7: „Can you belong before you believe?“, 98-108).

[175] Mehr Informationen zu Inhalt und Durchführung finden sich unter www.mylifeworkshop.net/de (zuletzt abgerufen am 24. August 2022).

[176] *Christsein Entdecken – Der Kurs für Teilnehmer*, Waldems: 3L, 2010 und *Christsein Entdecken – Das Handbuch für Kursleiter*, Waldems: 3L, 2010.

177 Eine knappe Anleitung zum Entdeckerbibelstudium findet sich beispielsweise unter www.wiedenest.de/fileadmin/Weltweite_Mission/Interkultur/EBS/EBS_Anleitung.pdf (zuletzt abgerufen am 24. August 2022).

178 Vgl. dazu die Themenübersichten in Anm. 180. In sehr säkularisierten Kontexten haben sich auch unverbindlichere Formen von Entdeckergruppen als „Einstiegshilfen" bewährt. Hier lädt man regelmäßig in Cafés oder Kneipen ein und „redet über Gott und Welt".

179 Mehr Informationen zu Inhalt und Durchführung finden sich unter www.alphakurs.de bzw. www.alphalive.ch (zuletzt abgerufen am 24. August 2022). Vgl. auch *Warum bin ich hier? - Alpha Teilnehmerheft: Hat das Leben mehr zu bieten?*, Aßlar: Gerth, 2022.

180 Die Unterthemen zu den einzelnen Reihen lauten: *„Wer ist Jesus … und was hat er mit uns zu tun?"*: 1. Jesus, der Erstaunliches behauptet, 2. Jesus, der die Sehnsucht stillt, 3. Jesus, der sich kreuzigen lässt, 4. Jesus, der von den Toten aufersteht, 5. Jesus, der einzige Weg zu Gott?, 6. Jesus, der uns vor eine Entscheidung stellt. *„Zweifelsfall – Intelligente Skeptiker ringen mit intelligenten Fragen"*: 1. Ich bezweifle, dass Kirche heutzutage noch etwas bringt, 2. Ich bezweifle, dass Jesus mehr war als ein guter Lehrer, 3. Ich bezweifle, dass die Bibel mehr ist als ein religiöses Legendenbuch, 4. Ich bezweifle, dass die Bibel eine Offenbarung von Gott ist, 5. Ich bezweifle, dass Jesus von den Toten auferstanden ist, 6. Ich bezweifle, dass es nur eine wahre Religion gibt. *„Sehnsüchte des Herzens"*: 1. Sehnsucht nach Glück, 2. Sehnsucht nach Identität, 3. Sehnsucht nach Bedeutung, 4. Sehnsucht nach Frieden, 5. Sehnsucht nach Liebe, 6. Sehnsucht nach Freude.

181 Vgl. Bartholomä, *Freikirche mit Mission*, 531-532.

182 Vgl. auch die ähnlich gelagerte Skizzierung einer solchen Dynamik bei Keller, *Center Church Deutsch*, 258.

Schweyer, Stefan

Gottesdienst verstehen – gestalten – feiern

Grundlagen und praktische Impulse

224 Seiten, Paperback
ISBN Buch 978-3-7655-2124-9
ISBN E-Book 978-3-7655-7624-9

Der Autor Stefan Schweyer ist Professor für Praktische Theologie an der STH Basel und erklärt in seinem Ratgeber „Gottesdienst verstehen – gestalten – feiern" theologische Hintergründe und gibt zahlreiche praktische Tipps für die Gottesdienstgestaltung.

Im Gottesdienst kommen Himmel und Erde zusammen. Gott begegnet seiner Gemeinde. Was gibt es Schöneres als das? Diesem Geheimnis des christlichen Gottesdienstes geht Stefan Schweyer vor allem im Hinblick auf frei gestaltete Gottesdienste auf die Spur, wie sie in Freikirchen, freien Gemeinden, landeskirchlichen Gemeinschaften, aber immer öfter auch in Landeskirchen gefeiert werden.

Was geschieht eigentlich, wenn wir Gottesdienst feiern? Wie hängen sonntäglicher und alltäglicher Gottesdienst zusammen? Wie können Gottesdienste ansprechend gestaltet werden? Wie kann das Zusammenspiel von Gottesdienstleitung, Musik und Verkündigung gelingen?

BRUNNEN VERLAG GIESSEN
www.brunnen-verlag.de

Timothy Keller

Center Church Deutsch

Kirche in der Stadt

400 Seiten, gebunden

ISBN Buch 978-3-7655-0978-0

In Center Church entfaltet Timothy Keller seine theologische Vision für Gemeinde im 21. Jahrhundert: Wie kann Kirche in einer säkularen, nachchristlichen Gesellschaft aussehen, jenseits von Anpassung oder Abschottung, Liberalismus oder Gesetzlichkeit? Was bedeutet es, das Evangelium ins Zentrum zu stellen? Wie lassen sich Kontextualisierung, Gesellschaftstransformation und missionale Gemeinde biblisch bestimmen? Und was passiert, wenn Gemeinden, Organisationen und Projekte vor Ort sich miteinander vernetzen und zu einer Bewegung zusammenschließen? Der erfahrene Gemeindegründer aus Manhattan entwirft ein großartiges Panorama von Gemeinde und zeigt auf, wie Gottesdienst, Gemeinschaft, soziale Arbeit und die Integration des Glaubens in säkulare Berufe zusammenwirken können. Gastbeiträge von Praktischen Theologen und Gemeindegründern kommentieren, wie Kellers Ansätze auch im deutschsprachigen Raum anwendbar sind.

BRUNNEN VERLAG GIESSEN
www.brunnen-verlag.de

Stadelmann, Helge / Schweyer, Stefan

Praktische Theologie

Ein Grundriss für Studium

und Gemeinde

536 Seiten, gebunden
ISBN Buch 978-3-7655-9577-6
ISBN E-PDF 978-3-7655-7719-2

Helge Stadelmann und Stefan Schweyer präsentieren ein Lehrbuch der Praktischen Theologie, das sich von anderen abhebt:

- Es ist aus freikirchlicher Perspektive geschrieben und ergänzt so die Lehrbücher für Praktische Theologie aus volkskirchlichem Kontext.
- In das Zentrum ihres Entwurfs haben die Autoren den Gemeindeaufbau gestellt: Wie können Gemeinden qualitativ und quantitativ wachsen?
- Die Autoren sind überzeugt: Jede gute Praxis braucht eine gute Theorie, und in der Gemeinde wird gute Praxis immer auch theologisch reflektierte Praxis sein. Bloße Pragmatik genügt nicht.

Für die 2. Auflage wurden besonders die Kapitel zur Gemeinde und Religionspädagogik grundlegend überarbeitet.

BRUNNEN VERLAG GIESSEN
www.brunnen-verlag.de